STEFANIE STAHL
JULIA TOMUSCHAT

Nestwärme, die Flügel verleiht

Für unsere Eltern
Mona und Walter Stahl – Heide und Christian Tomuschat

INHALT

Zum Nachschlagen

NESTWÄRME UND FLÜGEL FÜR ELTERN UND KINDER

Alle Eltern wollen, dass ihre Kinder glücklich sind und später einmal lebenstüchtige Erwachsene werden. Sie wollen ihren Kindern eine innere Heimat geben, die ein Leben lang trägt – eine Nestwärme, die Flügel verleiht. Doch obwohl die meisten Eltern eine klare Zielvorstellung haben, scheint der Weg dorthin manchmal ungewiss, kurvig und voller Stolpersteine.

Was können wir tun, damit wir von unseren Erziehungsaufgaben nicht genervt sind? Wie können wir unser Kind lieben – auch wenn es sich anders verhält oder anders ist, als wir es uns wünschen? Kann man ein Kind zu viel lieben? Wie sollen wir Grenzen setzen? Wann müssen wir loslassen? Wodurch werden unsere Kinder als Erwachsene beziehungsfähig? Was sind die schlimmsten Fehler in der Eltern-Kind-Beziehung? Und wie vermeide ich sie? Wie schaffe ich es, dass mein Kind möglichst glücklich wird? Wie kann ich begangene Fehler wiedergutmachen? Wie kann ich mich selbst als Vater oder Mutter besser im Griff haben?

Das sind einige der Fragen, die uns in unseren Workshops von engagierten, manchmal auch bekümmerten, Müttern und Vätern gestellt werden.

Auf den ersten Blick möchte man meinen, dass all die verschiedenen Fragen auch nach recht unterschiedlichen Antworten verlangen. Tatsächlich ist es jedoch einfacher. Denn wir finden **alle Antworten** auf diese Fragen und **Lösungen** für diese Probleme, wenn wir die **drei existenziellen psychologischen Grundbedürfnisse** des Menschen betrachten.

DREI PSYCHOLOGISCHE GRUNDBEDÜRFNISSE

1. Unser Bedürfnis nach *Bindung.* Wir benötigen zwischenmenschliche Beziehungen, einen Anschluss an andere Menschen und die Gemeinschaft, um überleben zu können. Das gilt für Kinder ebenso wie für Erwachsene. Die Fähigkeit, die wir entwickeln müssen, damit dies gelingt, ist Anpassungsfähigkeit.

2. Unser Bedürfnis nach *Autonomie.* Neben der Anpassungsfähigkeit benötigen wir auch autonome Fähigkeiten, damit wir selbstständig leben und unseren eigenen Weg gehen können. Damit dies gelingt, ist Abgrenzungsfähigkeit am wichtigsten.

3. Unser Bedürfnis nach *Selbstwert.* Jeder Mensch hat ein tiefes Bedürfnis, sich wertvoll und angenommen zu fühlen. Ein gutes Selbstwertgefühl gibt uns Kraft und innere Sicherheit. Unser Selbstwertgefühl hat weitreichende Folgen für unsere Lebenszufriedenheit.

Bindung, Autonomie und der Selbstwert sind sozusagen die »Bausteine unserer Psyche«. So wie jedes Haus aus einem Fundament, Wänden und einem Dach besteht, ist die menschliche Psyche auf diesen drei Grundbedürfnissen aufgebaut. Dabei ist dies kein statisches Geschehen, sondern eher ein Prozess. Und alle drei Grundbedürfnisse wirken in einem engen Wechselspiel: Unser gesamtes Leben lang sind wir damit beschäftigt, unsere zwischenmenschlichen Beziehungen zu pflegen (Bindung) und gleichzeitig unsere eigenen Interessen und Wünsche durchzusetzen (Autonomie). Gelingt uns beides, so hat das eine positive Auswirkung auf unseren Selbstwert. Damit haben die psychologischen Grundbedürfnisse eine ungeheuer weitreichende Auswirkung auf unsere Persönlichkeit, auf unsere Beziehungen und nicht zuletzt auf das gesamte Weltgeschehen. Weltgeschehen – das ist nicht zu weit gegriffen. Denn Menschen, denen im Leben eine gute Balance zwischen Beziehung und Autonomie gelingt, müssen beispielsweise andere nicht abwerten oder ausgrenzen, um sich selbst besser zu fühlen. Das Miteinander von solchen »reifen« Persönlichkeiten gestaltet sich automatisch freundlicher und zugleich freier.

Mit diesem Wissen können wir uns selbst besser verstehen und zugleich die Beziehung zu unseren Kindern auf feste Füße stellen. Wer die drei psychologischen Grundprinzipien versteht und beherzigt, weiß, was eine gesunde Eltern-Kind-Beziehung und damit auch eine gute Erziehung ausmacht. Dann kann man viele Zweifel und Fragen rund um die »richtige« Erziehung hinter sich lassen und mit gutem Gefühl seinen Kindern alles mitgeben, was sie für ihr Leben brauchen: **Nestwärme, die Flügel verleiht**. Vor dem Hintergrund dieser drei Prinzipien wird vieles in der Kindererziehung leichter werden. Denn in allen Bereichen des Lebens lassen sich scheinbar komplexe Strukturen letztlich auf die Bedürfnisse nach Bindung, Autonomie und Selbstwert zurückführen. Kennt und versteht man diese Elemente, so kann man eine neue Sicht auf die Dinge gewinnen, die sowohl vertieft als auch vereinfacht ist.

WER WIR SIND

Bevor es jedoch weitergeht, wollen wir Autorinnen uns erst einmal vorstellen. Wir sind **Stefanie Stahl** und **Julia Tomuschat** und haben uns vor dreißig Jahren am Kaffeeautomaten vor einem Hörsaal an der Uni Trier kennengelernt. Seit damals sind wir miteinander befreundet. Wir haben zusammen das Psychologiestudium absolviert und auch später immer den Kontakt gehalten, obwohl es uns in unterschiedliche Regionen Deutschlands verschlagen hat. Seit zirka acht Jahren helfen wir den Teilnehmer/innen unserer Workshops und unseren Klienten dabei, beziehungsfähiger zu werden. Als **Beziehungsexpertinnen** wollen wir unser Wissen und unsere Erfahrungen endlich auch auf die Elternschaft und Erziehungsfragen übertragen, und das nicht nur, weil Julia inzwischen zwei halbwüchsige Kinder hat, sondern vor allem, weil Mütter und Väter uns immer wieder darum gebeten haben.

Noch eine Anmerkung: Eine Freundin von uns sagte einmal: »Bücher, in denen ich geduzt werde, lese ich nicht.« Sie findet, zwischen Autor und Leser sollte eine gewisse Distanz bestehen bleiben. Da sind wir allerdings anderer Meinung. Wir wollen gerne eine Brücke zu unserer Leserschaft bauen. Zudem haben wir festgestellt, dass sich die meisten Eltern sowieso duzen, egal ob sie sich auf dem Spielplatz oder beim Elternabend begegnen. Es scheint hier die natürliche Form der Ansprache zu sein. Da würden wir uns gerne anschließen, deshalb wählen wir auf den folgenden Seiten die Du-Form.

Mit diesem Buch wollen wir eine Einladung aussprechen. Eine Einladung an dich, ein bisschen Abstand von deiner Elternrolle einzunehmen und ganz entspannt, vielleicht bei einem Cappuccino, über eine deiner wichtigsten Beziehungen nachzudenken: über die Beziehung zu deinem Kind beziehungsweise zu deinen Kindern. Eine Beziehung, die auch für dich sicherlich höchstes Glück, tiefste Sorge und manchmal extreme Anstrengung mit sich bringt. Du liest also gerade keinen Erziehungsratgeber, sondern einen **Beziehungsratgeber**, und zwar einen Beziehungsratgeber für die

Einen besonderen Dank wollen wir an dieser Stelle auch unserer Freundin, der Psychotherapeutin Helena Muser, aussprechen. Sie stand unserem Manuskript mit ihrem Expertenwissen über Kinderpsychologie beratend beiseite. Auch bei unserer Lektorin Carola Kleinschmidt bedanken wir uns für ihre hervorragende Arbeit.

Eltern-Kind-Beziehung. Da es sich nicht um einen typischen Erziehungsratgeber handelt, werden wir dich auch nicht mit diesbezüglichen Ratschlägen belästigen. Wir sind der Meinung, dass Mütter und Väter heutzutage sowieso schon Außerordentliches leisten. Es nutzt weder den Kindern noch den Eltern, wenn man ständig den »Richtigmachdruck« erhöht und Letzteren ein schlechtes Gewissen einimpft. Perfekte Eltern gibt es ebenso wenig wie perfekte Kinder. **»Erziehen, ohne zu erziehen«** bedeutet zuallererst, die Beziehung zu unseren Kindern und zu uns selbst zu reflektieren. Das ist leichter, als du denkst, extrem interessant und macht sogar Spaß. Wir können dir viele Aha-Erlebnisse in diesem Buch versprechen und dazu null erhobenen Zeigefinger. Letztlich geht es in einer guten Eltern-Kind-Beziehung darum, WENIGER zu TUN, dafür aber BEWUSSTER zu SEIN. Hierdurch können wir genauer erkennen, was unsere Töchter und Söhne tatsächlich benötigen. Und oft ist es dann ganz leicht, ihnen genau dies zu geben.

Auf den Punkt gebracht, wird es vor allem um »Halt geben und Freiheit schenken« gehen. Denn genau das sind die Fähigkeiten, die wir für die Erziehung unserer Kinder brauchen, damit wir ihnen Liebe schenken können, die ihnen Flügel verleiht und sie stark und mutig für ihr Leben macht.

WENN ES SO EINFACH WÄRE …

Alle Eltern wünschen sich natürlich, dass sie ihr Kind vom allerersten Tag an von Herzen lieb haben und dass sich dann alles andere irgendwie von alleine ergibt. Sie wünschen sich, dass ihr Kind zu einem glücklichen und beziehungsfähigen Erwachsenen heranwächst. Und tatsächlich ist die Fähigkeit der Eltern, ihr Kind so anzunehmen und lieb zu haben, wie es ist, eine Grundvoraussetzung dafür, dass Kinder ihre ureigene Persönlichkeit entwickeln, innerlich stark und zufrieden werden. Leider stellt sich das in der Theorie einfache »Wir haben uns lieb« in der Praxis so manches Mal als große Herausforderung dar. Ohne es zu wollen, folgen wir häufig in der Erziehung nicht unseren eigenen Vorstellungen, sondern geben wie fremdgesteuert die Erfahrung weiter, die wir selbst als Kinder gemacht haben.

Fast jeder von uns kennt das: Man wollte nie so sein wie die eigenen Eltern. Doch plötzlich steht man im Flur oder im Wohnzimmer und schreit die gleichen Worte heraus wie einst der Vater oder die Mutter.

Ein Beispiel soll dies verdeutlichen: Susanne sitzt mit ihrer achtjährigen Tochter Marie am Küchentisch und übt mit ihr das kleine Einmaleins. Die Mutter ist unterschwellig unruhig, weil sie noch ein wichtiges berufliches Telefonat führen müsste. Und als Marie zum fünften Mal hintereinander nicht weiß, dass sieben mal acht sechsundfünfzig ergibt, sagt Susanne genervt zu ihrem Kind: »Du bist zu dumm, um ein Loch in den Schnee zu pinkeln.« Kaum hat sie das gesagt, erschreckt sie sich sehr. Genau mit diesem Spruch hatte ihr Vater sie immer wieder verletzt.

Wie kann es dazu kommen, dass wir, wie auf Autopilot gestellt, genau die gleichen Sätze sagen wie früher der Vater oder die Mutter? Was hier wirkt, sind »transgenerationale Übertragungsphänomene« oder alltagssprachlich: Wir sind in einem alten Film gefangen. Wir machen das Verhalten unserer Eltern nach. Sie waren unser Vorbild für Elternschaft, und das hat uns so tief geprägt, dass wir – obwohl wir uns fest vorgenommen hatten, nie so zu werden wie sie – in Abwandlung genau das Gleiche tun. Vielfach haben wir uns sogar ein Gegenideal entworfen und achten akribisch darauf, alles richtig zu machen. Doch vor allem, wenn es stressig wird, schnappt die Prägungsfalle zu und wir behandeln unsere Kinder so, wie wir es nie wollten. Wir torpedieren unser Erziehungsideal und schreien beispielsweise die Kinder an, obwohl wir sie keinesfalls anschreien wollten. Es scheint so zu sein, als wäre unser Wille, anders zu handeln, nicht ausreichend. Und mit diesem Gefühl liegen wir auch richtig. Ein gutes Modell, um die Begrenztheit des Willens zu verstehen, ist der Elefantenreiter. Der Reiter, unser Wille, sitzt zwar oben und hat auch die Zügel in der Hand. Aber wenn der fünftausend Kilo schwere Elefant nicht will, hat der Reiter keine Chance, sich durchzusetzen. Der Elefant steht für unsere emotionalen und teilweise unbewussten inneren Vorgänge, welche ihrerseits stark durch die Erfahrungen beeinflusst sind, die wir in der Kindheit gemacht haben.

LERNEN IN DER DOPPELSTRUKTUR

Unsere Erfahrungen mit unseren Eltern sind durch eine Art doppeltes Erleben geprägt. Wir lernen sozusagen die zwei Seiten einer Medaille gleichzeitig kennen: Einerseits sind wir »Opfer« oder, neutraler ausgedrückt, »Empfänger« der Erziehungsbemühungen unserer Eltern. Andererseits lernen wir auch, wie es ist, »Täter« beziehungsweise »Erziehungsausübender« zu sein, weil die Eltern automatisch auch unser Vorbild sind, wenn wir selbst einmal Kinder haben. Wir spüren beispielsweise als Kind, wie schlimm es ist, von den Eltern beschimpft zu werden, wenn sie uns richtig anmeckern. Trotzdem lernen wir in dieser Situation beiläufig, am Vorbild unserer Eltern, »die Kunst« der Beschimpfung. Beides ist in uns abgespeichert. Unbewusst lernen wir also in einer Doppelstruktur. Auf der einen Seite sind wir als Kind Empfänger der Erziehungsbotschaft unserer Eltern und auf der anderen Seite lernen wir von ihnen zugleich, wie die Elternrolle auszufüllen ist. Als Kinder können wir uns gegen diese doppelte Botschaft nicht wehren. Unsere Eltern sind unser Kosmos, unser erster Einfluss und unsere große Liebe. Und sogar, wenn wir ganz bewusst entscheiden: »Ich mache es NIEMALS wie meine Eltern«, klappt das häufig nur für eine gewisse Zeit.

Unter Druck oder in besonders stressigen Situationen verfallen wir in die gelernten Muster. Denn auch wenn wir noch so sehr in den Widerstand gehen, ist diese Doppelprägung in uns verankert und blitzt immer wieder durch. Es kann aber auch passieren, dass wir, im festen Vorsatz, es niemals zu machen wie unsere Eltern, in ein extremes Gegenteil verfallen und hierdurch vielleicht »zu viel des Guten« tun. Fühlten wir uns möglicherweise daheim vernachlässigt, neigen wir in diesem Fall zur Überbehütung unserer Kinder.

Genau aus diesem Grund ermöglicht uns erst ein tieferes Durchdringen der eigenen Geschichte, freier zu sein und die Weitergabe unglücklicher Familienmuster nachhaltig zu durchbrechen.

Dabei muss die Kindheit gar nicht schlecht gewesen sein: Die meisten Menschen haben auch viel Schönes mit ihren Eltern erlebt, das sie gern an ihre Kinder weitergeben. Aber jeder hat auch ein kleines oder sogar größeres Päckchen von negativen Prägungen aus der Kindheit zu tragen. Es gibt nämlich keine perfekten Eltern. Und wenn sie perfekt wären, wäre es vielleicht auch nicht so toll. Wer will schon perfekte Eltern haben?

Jeder von uns weist auch Kindheitsprägungen auf, die nicht so günstig sind. Und je bewusster wir uns dieser problematischen Prägungen sind, desto weniger laufen wir Gefahr, diese an unsere Kinder weiterzugeben. Dies sehen wir immer wieder bei unseren Klienten, die so mutig sind, sich mit ihren eigenen Geschichten zu konfrontieren, und so den Weg dafür ebnen, dass ihre Kinder bessere Erfahrungen machen dürfen als sie selbst. Zudem ist dein Kind anders, als du es warst. Es braucht vielleicht etwas ganz anderes, als für dich selbst in deiner Kindheit wichtig war. Vielleicht mehr Zuwendung, vielleicht mehr Freiheit, vielleicht mehr Grenzen. Die Fähigkeit, dies zu sehen, dein Kind in seiner Persönlichkeit zu akzeptieren und darauf einzugehen, erlangst du nur, wenn du den Autopiloten und die Prägungen deiner Herkunftsfamilie erkennst und durchbrichst.

GRUNDLAGEN DES LEBENS: BINDUNG UND AUTONOMIE

Ob du es willst oder nicht, ob du es so gewählt hast oder nicht, ob du es dir zutraust oder nicht – mit dem Tag der Zeugung deines Kindes, spätestens mit dem Tag der Geburt, bist du eine Beziehung eingegangen. Sobald das Baby auf der Welt ist, hast du die Erziehungsverantwortung für ein kleines Menschenkind. Als Mutter oder Vater müssen wir keinen Erziehungsführerschein machen. Kein Mensch prüft, ob wir für die Aufgabe »Kindergroßziehen« geeignet sind. Man macht es eben, so gut wie man kann und vielfach auch wirklich gut.

Dennoch ist es genau dieses intuitive Tun, welches auch unseren unbewussten Programmen und Verhaltensmustern Tür und Tor öffnet. Man kann gar nicht überschätzen, wie sehr unsere Lebenserfahrungen unsere Sicht auf die Wirklichkeit – und somit auch auf unsere Kinder – beeinflussen. Beispielsweise wirken unsere frühen Beziehungserfahrungen mit unseren Eltern wie eine Blaupause für alle weiteren Beziehungen in unserem Leben. Mit allen guten und weniger guten Facetten. Meist geschieht dies völlig unbewusst. Wenn wir als Kinder zum Beispiel gelernt haben, immer vorsichtig zu sein, weil uns sonst etwas passieren könnte, werden wir höchstwahrscheinlich diese latente Lebensangst auch an unsere Kinder weitergeben. Je genauer wir erkennen, was uns geprägt hat, desto besser können wir als Erwachsene

Wir gehen ganz selbstverständlich davon aus, dass wir intuitiv wissen sollten, wie man einen kleinen Menschen großzieht, und sprechen dann gern vom elterlichen Bauchgefühl.

frei darüber entscheiden, was wir als richtig und falsch empfinden. Wir sind dann sozusagen nicht mehr die Sklaven unserer unbewusst erlernten Verhaltensmuster und Einstellungen, sondern können frei wählen.

Um selbstbestimmter, gezielter und entspannter erziehen zu können, wollen wir uns die tragenden Säulen der Beziehungsfähigkeit einmal genauer anschauen. Die zwei wichtigsten Grundbedürfnisse in unserem Leben sind:

- das nach **Zugehörigkeit-Bindung** auf der einen Seite
- und das nach **Autonomie-Selbstständigkeit** auf der anderen.

Wie gut wir diese Bedürfnisse leben können, hängt zu Beginn unseres Lebens vor allem von unseren nächsten Bezugspersonen ab – meist sind dies unsere Eltern.

Die Art und Weise, wie unsere Eltern mit uns umgehen, hinterlässt tiefe Spuren in unserem Gehirn. Wir Menschen kommen nämlich mit einem unfertigen Gehirn auf die Welt. In den ersten sechs Jahren unseres Lebens entwickelt es sich ganz gewaltig. Diese Entwicklung verläuft in einem engen Wechselspiel mit unserer Umwelt. Alles, was wir in dieser Zeit lernen, hinterlässt tiefe Spuren in unserem Gehirn. Unsere Nervenzellen verknüpfen sich zu riesigen Datenautobahnen, grundlegende Verhaltens-, Fühl- und Denkmuster werden geprägt. Die ersten Beziehungserfahrungen mit unseren Eltern programmieren unser Gehirn in Sachen Beziehungen. Aus diesem Grund sind die ersten Lebensjahre so besonders prägend für unser gesamtes Dasein. So erwerben wir auch in den ersten zwei Lebensjahren das sogenannte **Urvertrauen.** Menschen mit Urvertrauen können in sich selbst vertrauen und zudem ein grundsätzliches Vertrauen in andere Menschen aufbringen. Sie haben in der Beziehung zu ihren ersten Bezugspersonen gelernt,

Wir Menschen brauchen zum Überleben sowohl Bindung als auch Eigenständigkeit. Das gilt für Väter, Mütter und Kinder gleichermaßen.

dass Bindung und Autonomie gut nebeneinanderstehen können. Diese Gewissheit ist in ihrem Gehirn tief verankert und schenkt ihnen ein Gefühl von innerer Sicherheit und Selbstvertrauen.

In unseren ersten zwei Lebensjahren ist die Beziehung zu unseren Eltern sehr körpernah. Hier geht es ums Wickeln, Getragenwerden, Baden, Anziehen, Füttern und Schmusen. Wir erleben also mit und durch unseren ganzen Körper, ob wir angenommen und geliebt werden. Deswegen speichert sich das Urvertrauen nicht nur im Gehirn, sondern auch als eine tiefe körperliche Empfindung ab, als ein Gefühl, das man mit: »Ich bin okay! Ich bin willkommen!« beschreiben könnte.

Am Anfang unserer Entwicklung steht die Bindung absolut im Vordergrund. Im Mutterleib sind wir völlig gebunden und verfügen über null Autonomie. Dann kommen wir auf die Welt und werden entbunden. Finden wir in dieser neuen Welt keine Bindungsperson, die sich unserer erbarmt, dann sterben wir.

Aber wir kommen nicht nur mit einem angeborenen Bindungswunsch auf die Welt, sondern auch mit einem angeborenen **Erkundungsdrang.** Wir wollen uns zu selbstständigen Menschen entwickeln. Kleine Kinder sind unheimlich stolz, wenn sie etwas ohne die Hilfe von Mama und Papa hinkriegen. Der Ausruf »Selber machen!« gehört bei vielen kleinen Kindern zum frühen Wortschatz.

Das Bedürfnis nach Bindung ist ein existenzielles psychisches Grundbedürfnis, das genetisch tief in uns verankert ist.

Unsere ganze Entwicklung richtet sich also darauf aus, dass wir einerseits immer mehr Fähigkeiten erwerben, um uns binden zu können, und andererseits immer selbstständiger und autonomer werden. So ist der Säugling am Anfang völlig davon abhängig, dass er versorgt wird, und die einzige autonome Handlung, über die er verfügt, ist Schreien. Man kann sich vorstellen, welche tiefe Erfahrung von Ohnmacht und abgrundtiefer Verlassenheit ein Säugling macht, wenn auf sein Schreien selten oder mit Wut reagiert wird.

In seiner weiteren Entwicklung erwirbt das kleine Kind immer mehr Autonomie: Es lernt Krabbeln, Laufen, Sprechen und seine Fähigkeiten bauen sich immer mehr aus, sodass es, wenn alles gut läuft, als junger Erwachsener ohne seine Eltern klarkommt. Entsprechend erweitert sich auch seine Bindungsfähigkeit: Am Anfang haben Säuglinge eine symbiotische Beziehung zu den Eltern, insbesondere zur Mutter. Dann rücken die Geschwister und andere Verwandte ins Blickfeld. Mit dem Kindergarten und der Schule erweitert sich der Bezugsrahmen des Kindes immer mehr und es lernt nach und nach, verschiedene Arten von Beziehungen zu gestalten. In der Pubertät werden dann zumeist die ersten Liebesversuche gestartet.

Durch Vernachlässigung und Aggression können sich im Gehirn des Säuglings bereits in den ersten Wochen traumatische Erlebnisse von Verlassenheit, Angst und Ohnmacht eingraben.

Bindung und Autonomie sind eng ineinander verschränkt und stellen zwei Seiten einer Medaille dar. Wenn ein Kind beispielsweise vernachlässigt wird und deshalb keine sichere Bindung zu seinen Eltern entwickelt, dann wird es auch in seiner autonomen Entwicklung gestört. Es kann sein, dass es übermäßig anhänglich wird, weil es immer Angst um die Bindung hat. Manche Kinder, die keine sichere Bindung erfahren haben, können bei ihren autonomen Bestrebungen Gefahren nicht richtig einschätzen. Sie gefährden sich selbst und verunfallen sogar. Normalerweise schaut ein kleines Kind noch einmal kurz zu seinen Eltern, bevor es sich wegbewegt. Es fragt mit seinem Blick: »Ist alles okay?« Greift die Bezugsperson nicht ein, weiß es: »Dann kann es losgehen.« Vernachlässigten Kindern fehlt diese Rückendeckung, infolgedessen können sie auch im späteren Leben Risiken weniger gut einschätzen. Die Bindung ist das Fundament von allem – und wenn dieses wackelt, dann wackelt auch alles, was auf ihm aufbaut. So wird das vernachlässigte Kind also nicht nur ein Defizit an Bindung haben, sondern kann auch keine gesunde autonome Entwicklung vollziehen. Es kann sich also zu einem Menschen entwickeln, der zu autonom ist, der also möglichst keinem vertraut und großen Wert darauf legt, allein zurechtzukommen. Oder es entwickelt sich zu einem Menschen, der zu wenig autonom ist, also einem Menschen, der immer andere benötigt, die ihm Entscheidungen abnehmen und ihn bildlich gesprochen »an die Hand nehmen und durchs Leben führen«.

Wir möchten in unserem Buch das fragile Gleichgewicht von Bindung und Autonomie, das wir in diesem Kapitel angerissen haben, durchleuchten und zu einem tieferen Verständnis für dieses existenzielle Wechselspiel führen. Außerdem möchten wir dir zeigen, wie du eine gute Balance zwischen Bindung und Autonomie in all deinen Beziehungen leben und gestalten kannst, damit deine Kinder diese ebenfalls erwerben.

KINDER TUN ALLES, UM GELIEBT ZU WERDEN

Man kann sich leicht vorstellen, dass in der langen Zeit des Aufwachsens einiges in der Interaktion zwischen Eltern und Kind schiefgehen kann. Manche Eltern sind überfordert und können dem Kind nicht die Zuneigung und Fürsorge gewähren, die es benötigt. Sie können also den Bindungswunsch ihres Kindes nicht wirklich befriedigen. In diesem Fall wird sich das Kind bemühen, seinen Eltern zu gefallen, damit die Eltern es annehmen oder es wenigstens nicht bestrafen. Kinder sind abhängig von ihren Eltern und tun alles dafür, um von ihnen geliebt zu werden.

Sind Eltern – aus welchen Gründen auch immer – damit überfordert, ihrem Kind ein sicheres Bindungsgefühl zu vermitteln, dann übernimmt dieses die Verantwortung für eine gelingende Beziehung zu seinen Eltern.

Dieser Prozess kann schon sehr früh in der Entwicklung eines Kindes einsetzen. So konnte man im Rahmen einer bewegenden Studie schon bei eineinhalb Monate alten Säuglingen feststellen, dass sie bemüht waren, es ihren Müttern recht zu machen. Für diese Untersuchung filmte man das Zusammensein bindungsgestörter Mütter mit ihren Säuglingen. In der Videoauswertung konnte man beobachten, dass Säuglinge ihre Mütter anlächelten, wenn sie zu ihnen schauten. Blickten die Mütter hingegen in eine andere Richtung, dann bekamen die Säuglinge einen verlorenen, eingefroren wirkenden Gesichtsausdruck. Das heißt, sie wussten auf einer tiefen, intuitiven Ebene: »Ich muss die Mama bei Laune halten, sonst geht das hier schief.« Sie spürten offensichtlich, dass es für sie um Leben und Tod ging. Ein sechs Wochen alter Säugling hatte also bereits die Verantwortung dafür übernommen, dass seine Beziehung zur Mutter gelingt.

Manchen Eltern gelingt es dagegen sehr gut, die Bindungsbedürfnisse ihres Kindes zu erfüllen, aber es fällt ihnen schwer, das Kind loszulassen. Sie fühlen sich am wohlsten, wenn das Kind in ihrer Nähe ist. Einige tun dies auch aus der Sorge heraus, dass ihm etwas zustoßen könnte. Sie überbehüten es und binden es zu eng an sich.

Es kann auch vorkommen, dass die Eltern Probleme haben, sodass sie keine Bindung aufbauen können. Das ist beispielsweise der Fall, wenn Mutter oder Vater an einem großen Kummer leiden, vielleicht sogar an einer Depression. Das Kind spürt dies sehr genau und kein Kind möchte seine Mama traurig erleben. Deswegen übernehmen Kinder auch in solchen Fällen die Verantwortung für die Mutter oder den Vater und bleiben beispielsweise öfter daheim, um das Elternteil glücklich zu machen, anstatt mit anderen Kindern zu spielen. Das Kind opfert also einen Teil seiner Autonomie, um den Kummer der Mutter oder des Vaters zu lindern.

Nehmen wir einmal an, eine Mutter – wir nennen sie Sabine – hat einen gravierenden Mangel an Zuneigung in ihrer

Kindheit erlitten. Sie hat sich also einen leichten »Bindungsschaden« zugezogen. Dann benötigt Sabine möglicherweise ihren kleinen Sohn Leon, um diesen Mangel zu kompensieren. Es ist ihr vermutlich nicht bewusst, aber ihre große Zuneigung und ihr Wunsch nach Nähe zu ihrem Kind hat letztlich damit zu tun, dass Leon für sie die Funktion hat, ihre Sehnsucht nach Liebe und Nähe zu stillen. Am liebsten würde Sabine ihren süßen Sohn ständig im Arm halten und knuddeln. Leon will aber nicht ständig beschmust werden. Da er nun aber sehr klein ist, kann er sich gar nicht gegen die Schmuseattacken seiner Mutter wehren, sondern muss sie über sich ergehen lassen. Für Leon bedeutet dies, dass er seine Autonomie, also seinen Wunsch nach etwas Luft und Freiraum, opfern muss, um die Nähebedürfnisse seiner Mutter auszuhalten. Vor allem, wenn Sabine ihr Verhalten beibehält und sie immer mehr Nähe haben will als ihr Sohn, dann wird Leon dies als tiefe Prägung mit in sein Erwachsenenalter übernehmen. Sein Gehirn wird Liebe und Bindung immer mit Näheüberflutung und Gefangensein assoziieren. Als Erwachsener wird er Schwierigkeiten haben, sich auf eine nahe Liebesbeziehung einlassen zu können, weil er bei seiner Mutter nicht gelernt hat, dass er sich in gesunder Weise abgrenzen kann. Hat Sabine also in der Beziehung zu ihrer Mutter einen »Bindungsschaden« durch ein Zuwenig an Zuwendung erlitten, so erleidet Leon einen durch ein Zuviel an Zuwendung.

Hier sieht man, wie Kinder und Eltern sich in ihren Bedürfnissen miteinander verweben – und wie die Bedürfnisse der Eltern sich mit denen der Kinder vermischen können.

Übrigens könnte Sabine den »Bindungsschaden« für ihren Sohn vermeiden, wenn sie **einfühlsamer** auf dessen Signale achten würde. So hat Leon bereits als Baby beispielsweise öfter sein Köpfchen weggedreht, wenn Sabine nach ihm greifen wollte. Hierdurch hat er im Rahmen seiner bescheidenen Fähigkeiten signalisiert, dass er seine Ruhe haben möchte. Leider hat

Sabine jedoch seine Signale damals zu oft übersehen. Sie müsste in einem ersten Schritt erkennen, dass sie selbst es ist, die die Nähe braucht – und nicht Leon. Dann könnte sie üben, die Distanzsignale ihres Kindes zu bemerken und ihren eigenen Nähewunsch für diesen Moment zurückzustellen. Man sieht schon: Es braucht eine gewisse Selbstreflexion, um sich selbst auf die Schliche zu kommen. Doch die Mühe lohnt: Zahlreiche Studien haben ergeben, dass das **elterliche Einfühlungsvermögen** das Königskriterium für Erziehungskompetenz ist. Hierauf werden wir in späteren Abschnitten noch ausführlich eingehen.

ALLER ANFANG IST BINDUNG

Wann fängt die Bindung zwischen Eltern und Kind an? Mit dem Tag der Zeugung? Während der Schwangerschaft? Mit dem Tag der Geburt? Zumindest werden wir mit der Geburt unseres ersten Kindes definitiv als Eltern angesehen und von der Gesellschaft als Vater und Mutter definiert. Von außen betrachtet, beginnt hier die Eltern-Kind-Beziehung. Faktisch sind wir schon vom ersten Tag an ein Teil der Eltern-Kind-Beziehung – und damit Teil einer Verbindung, die im Regelfall ein Leben lang bestehen bleibt.

Doch Beziehung ist nicht gleich Bindung. Lieben wir unser Kind automatisch? Sind wir an unser Kind gebunden? Nein. Wir können zwar die biologische Beziehung zu unserem Kind nicht abbrechen, aber es kann durchaus passieren, dass Eltern keine emotionale Bindung zu ihrem Kind aufbauen. Bindung ist ein aktiver Prozess auf beiden Seiten: auf der Seite des Kindes wie auf der Seite der Eltern. Der Säugling ist ganz auf Bindung ausgerichtet. So wendet er zum Beispiel seinen Kopf spontan dahin, wo es nach Mama riecht.[1] Die Mutter ist durch ihre Schwangerschaft, die Geburt und das Stillen, ebenso wie das Kind, biologisch auf Bindung vorbereitet. Sie erkennt zum Beispiel ebenfalls treffsicher den Strampler ihres Kindes am Geruch. Man könnte es auch so ausdrücken: Mütter haben gegenüber Vätern einen Bindungsvorsprung. Trotzdem müssen sich beide erst einmal an die Elternschaft gewöhnen. Damit sich eine echte Bindung zwischen Eltern und Kind aufbaut, braucht es eine Entscheidung. Die Entscheidung: »Ja, ich will Mutter sein« beziehungsweise »Ja, ich will Vater sein«. Dies bedeutet, dass die Eltern sich voll und ganz dazu bereit erklären, Verantwortung für den kleinen Menschen zu übernehmen und innerlich zu sagen: »Du gehörst zu mir. Ich nehme dich an, so wie du bist.«

Durch die stärkere körperliche Nähe zum Kind haben Mütter es meist etwas leichter, die Bindung anzunehmen.

Der Vater bleibt dann manchmal außen vor. Er muss sich unter Umständen mehr anstrengen, um das Kind innerlich anzunehmen. »Ich habe darauf gewartet, dass die große Vaterliebe über mich kommt«, berichtet uns ein Vater und resümiert etwas enttäuscht: »aber vergebens.« Manche schämen sich auch, weil sie sich eben (noch) nicht an das Kind gebunden haben und nicht die gleiche Vernarrtheit spüren, die die Mutter erfasst zu haben scheint. Und manchmal werden Väter sogar von Neid und Eifersucht geplagt. Sie neiden der Mutter (und dem Kind) den innigen Kontakt miteinander. Die Väter, die sich ihre Gefühle eingestehen, können sich oft besser dem Kind zuwenden, weil sie dann niemandem etwas vormachen müssen, weder sich selbst noch der Partnerin. Sie bleiben authentisch, wodurch auch eine echte Vater-Kind-Begegnung möglich wird. Denn auf der Basis von Heuchelei kann sich keine tiefe Liebe zum Kind entwickeln. Die Ehrlichkeit mit sich selbst gibt dem Vater die Möglichkeit, seine eigene Art von Bindung aufzubauen. Vielleicht ist sie am Ende wirklich etwas lockerer als die mütterliche. Doch das Kind wird spüren, dass es angenommen und geliebt ist.

Väter, die grundsätzlich die Entscheidung getroffen haben, ihr Kind anzunehmen, entwickeln hingegen schnell eine innige

Bindung zu ihm. Zum einen ist es gerade beim Säugling die körperliche Nähe, die Bindung vermittelt. Zum anderen zeigen Studien: Wenn Väter ihr Kind ganz selbstverständlich versorgen – es herumtragen, mit ihm schmusen, es anziehen und windeln –, dann wird bei ihnen das gleiche Bindungshormon freigesetzt wie bei den Müttern.

Du siehst: Bindung ist die Basis für jede Beziehungsfähigkeit. Sie ist das Fundament unserer Psyche. Doch sie ergibt sich nicht von allein. Sie entsteht immer im Wechselspiel zwischen Säugling oder Kind mit seiner Mutter und seinem Vater.

Zugewandte, liebende Väter haben genauso gute Chancen, eine sehr enge Beziehung zu ihrem Kind zu entwickeln wie liebende Mütter (siehe auch Exkurs: Mütter und Väter – die Stärken der beiden Elternteile *ab Seite 56).*

VATER-MUTTER-KIND – DAS FAMILIENSYSTEM

Vielleicht hast du dich schon gefragt, warum überwiegend von dir und deinem Kind die Rede ist, also von der Mutter-Kind- oder der Vater-Kind-Beziehung. Warum sprechen wir die Eltern nicht als Team an? Die meisten Eltern erziehen ihre Kinder ja zu zweit. Dennoch baut das Kind zu jedem Elternteil eigenständig eine Beziehung auf. Und deshalb sprechen wir jeden als Einzelperson an. Heutzutage existieren zudem die unterschiedlichsten Familienkonstellationen: Vater-Mutter-Kind oder in sogenannten Regenbogenfamilien auch Vater-Vater-Kind oder Mutter-Mutter-Kind. Die Alleinerziehenden machen inzwischen gut ein Fünftel aller Familien aus[2] – meistens haben die Kinder auch in dieser Familiensituation Kontakt zu dem Elternteil, der nicht (mehr) im gemeinsamen Haushalt lebt. In Patchworkfamilien erweitert sich die Familie und für die Kinder gesellen sich Bonuseltern und manchmal Geschwister hinzu. Es gibt auch

Co-Parenting-Familien, in denen die Eltern keine Partnerschaft haben und oftmals sogar in getrennten Haushalten leben. Die Beziehung dient hier vor allem dem Zweck, ein gemeinsames Kind großzuziehen. Es ist klar, dass das Familiensystem große Auswirkungen darauf hat, wie sich die Beziehung zwischen einem selbst und seinem Kind entwickelt. Eltern- und Paarebene sind auf komplexe Weise miteinander verwoben.

Wie stark Eltern- und Paarsein zusammenhängen, wird oft erst spürbar, wenn es Probleme gibt. Eltern mit Streit auf der Paarebene, vielleicht weil ein Partner fremdgegangen ist, kooperieren in der Regel auch als Väter und Mütter schlechter. Sie können sich dann eventuell nicht einigen, wer das Kind vom Kindergarten abholt. Aber die Schwierigkeit liegt letztlich nicht darin, dass dies ein unlösbares Problem ist, sondern das Paar trägt rund um das Abholen einen Konflikt aus, der eigentlich auf der Paarebene entstanden ist. Genauso wirkt sich die Elternebene auf die Paarebene aus: Erleben Eltern ihr Elternsein als sehr problematisch oder stressig, entstehen oftmals auch Probleme auf der Paarebene. Manchmal droht die Paarbeziehung unter dem Druck sogar zu zerbrechen. Unsere Rollen als Eltern können uns sogar so stark vereinnahmen, dass die Paarebene gar nicht mehr gelebt wird. Wir sind dann nicht mehr Frau und Mann, sondern »nur« noch Mutti und Vati.

Wenn alles gut läuft, ist uns dieses Zusammenspiel allerdings kaum bewusst. Dann erziehen wir einfach gemeinsam.

Kinder wünschen sich, dass sich ihre Eltern im Großen und Ganzen einig sind. Wenn die Eltern hin und wieder unterschiedlicher Meinung sind oder über Alltagsthemen miteinander streiten, können sie das allerdings gut wegstecken. Doch insgesamt sollten sich – aus Kinderaugen betrachtet – die Eltern vertragen. Sie sollten – wie man in der Fachsprache sagt – eine gute Elternallianz bilden. Dies erfordert, dass sie miteinander kooperieren und sich abstimmen.

Damit dies gelingt, sind einige Grundvoraussetzungen günstig. Viele Paare machen sich jedoch über diese Grundpfeiler einer guten Beziehung keine Gedanken. Es ist vielleicht auch nicht nötig, wenn man frisch verliebt ist und sich einfach nur super findet. Aber spätestens mit einem gemeinsamen Kind trägt man auch eine gemeinsame Verantwortung – und dann wird jede Schieflage in der elterlichen Beziehung sichtbar. Wir möchten an dieser Stelle nur einige typische Stolperfallen nennen.

Auf das Wesentliche reduziert, kann man den Wunsch von Kindern an die Paarbeziehung ihrer Eltern so beschreiben: Kinder möchten, dass Mama und Papa sich lieb haben.

Falls du erkennst, dass deine Beziehung in einer typischen Konfliktsituation steckt, wäre es wichtig, dass du dieses Thema anpackst. Denn wenn die Eltern nicht fähig sind, gut zu kooperieren, hat dein Kind automatisch ein Problem. Und auch wenn du dann als Einzelperson eine tolle Beziehung zu deinem Kind aufbaust, wird dieses Problem bestehen bleiben. Denn Kinder lieben nun einmal beide Elternteile.

HÄUFIG VORKOMMENDE PROBLEME

Typische Konflikte mit dem Potenzial, das Elternsein sehr zu erschweren, sind folgende:

- *Du bist in deiner Partnerschaft unglücklich.* Aber du verbirgst dies, um die Familie nicht zu zerstören. Was kannst du tun? Im ersten Schritt wäre es wichtig, dass du für dich herausfindest, was genau dich so unglücklich macht. Im zweiten Schritt könntest du mehr für dich und deine Bedürfnisse einstehen. Das klingt schwierig und eventuell brauchst du tatsächlich Unterstützung von einer Beratungsstelle. Aber der Aufwand lohnt sich, denn wenn du ständig weiter verbirgst, was dich bedrückt, und dich zurückhältst, unterhöhlst du eure Beziehung immer weiter und schwächst alle Beteiligten.

- *Du und dein Partner – ihr habt völlig unterschiedliche Erziehungsvorstellungen.* Häufig zeigen sich unterschiedliche Werte in einer Partnerschaft erst, wenn das erste Kind zur Welt kommt. Dann wird zum Beispiel deutlich, dass der eine Partner vielleicht sehr viel Wert auf Sicherheit legt – und am liebsten jeden Schritt des Kindes kontrollieren möchte. Der andere findet dagegen, dass Selbstständigkeit der wichtigste Wert in der Erziehung ist, und reagiert mit großem Unverständnis auf das ständige Kümmern des anderen Partners. Auch Unzuverlässigkeit oder sehr unterschiedliche Vorstellungen im Umgang mit Geld und der Frage, wofür man es ausgibt, können große Konfliktthemen sein. Was kannst du tun? In so einem Fall ist es wichtig, sich überhaupt darüber im Klaren zu sein, welche Werte man im Leben wichtig findet – und was man dementsprechend an seine Kinder weitergeben möchte.

> *Wenn du und dein Partner/ deine Partnerin euch noch einmal grundlegend Gedanken darüber machen wollt, welche Werte ihr in der Erziehung wichtig findet, empfehlen wir euch den Abschnitt* Wofür stehen wir? – Werte in der Familie *ab Seite 122.*

- *Ihr seid beide permanent überlastet.* In vielen Partnerschaften machen sich die Partner nicht klar, wie viele Aufgaben es am Tag gibt – und wie man sie bewältigt. Beide rödeln ständig und dennoch gibt es dauernd Streit über alles, was nicht klappt oder nicht erledigt wurde. Was kannst du tun? Setze dich mit deinem Partner oder deiner Partnerin zusammen und notiere alle Aufgaben rund um Familie und Beruf, die euch einfallen. Schreibt auch auf, welche persönlichen Interessen ihr unbedingt in eurem Leben verwirklichen wollt. Schaut gemeinsam, wie ihr die wichtigen Aufgaben gut bewältigen könnt, welche Pflichten weniger wichtig sind oder wo ihr euch Hilfe holen könnt. Betrachtet eure Familie an diesem Abend einmal wie ein kleines Unternehmen – wie managt man es sinnvoll?

- *In eurer Beziehung ist das Geben und Nehmen ungleich verteilt.* Vielleicht hast du das Gefühl, dass du alleine die Verantwortung für eure finanzielle Sicherheit trägst – und dein Partner oder deine Partnerin sich darauf ausruht. Vielleicht ist es aber auch eher die emotionale oder soziale Seite eures Familienlebens, die allein von dir getragen wird. Auf jeden Fall bist du davon genervt oder sogar schon so frustriert, dass es ständig Streit gibt. Was kannst du tun? Wir empfehlen dir Steffis Buch *Jeder ist beziehungsfähig*. Hier findest du eine ganz einfache Anleitung, mit der du herausfindest, wie du diese Schieflage verändern kannst. Hier findest du auch Lösungshilfen für die nächsten typischen Probleme:

- *Ihr beide seid nicht auf Augenhöhe.* Einer scheint wichtiger oder stärker zu sein. Es ist gar nicht so selten, dass in einer Partnerschaft nach einiger Zeit die Gleichberechtigung verloren geht. Besonders die Familiengründung verschiebt oftmals Aufgaben der Partner im Familienleben. Und selbst wenn man das gar nicht wollte, ändern sich nach einiger Zeit auch die Machtverhältnisse. Manchmal hat plötzlich der mehr zu sagen, der das meiste Geld nach Hause bringt. Oder der Partner mit dem schlechter bezahlten Job »darf« gar nicht mehr arbeiten gehen.

In späteren Kapiteln wirst du dazu in diesem Buch Anregungen und Hilfestellungen finden (vor allem dort, wo es um deine negativen Glaubenssätze und dein Schattenkind geht, ab Seite 75).

Oder derjenige, der sich mehr um die Kinder kümmert, spricht dem anderen Elternteil jegliche Erziehungskompetenz ab. Was kannst du tun? Dein Ziel sollte sein, mit deinem Partner wieder auf Augenhöhe zu kommen. Das ist möglich, wenn du dich innerlich entwickelst und dich nicht mehr klein fühlst.

Auch wenn die genannten Konflikte recht dramatisch klingen, möchten wir dir klar sagen: Sobald du dich deinen Themen stellst, kannst du sehr oft Lösungen finden. Häufig steht uns einfach im Weg, dass wir uns so sehr eine glückliche Familie wünschen, dass wir jede Irritation erst einmal abwehren.

Mach dir klar: Kinder großzuziehen ist eine echte Herkules-Aufgabe. Und es ist völlig normal, dass du auch in deiner Partnerschaft an deine Grenzen kommst und vieles neu sortieren musst, wenn ihr Eltern werdet. Das Bedürfnis der Kinder, dass die Eltern sich doch bitte gut verstehen und lieben sollen, stellt solche, die auf der Paarebene nicht mehr miteinander klarkommen und sich deswegen trennen, vor eine besonders schwierige Aufgabe. Denn man kann zwar als Paar auseinandergehen, aber die Elternrolle ist durch eine Trennung nicht beendet. Im Gegenteil: Man muss ein neues Miteinander finden, wenn man seine Rollen als Vater und Mutter für das Kind oder die Kinder gut ausfüllen möchte. Für Kinder ist es gut, wenn sich die Eltern trotz der Trennung auf der Elternebene weiterhin gut verstehen und wenn sie zumindest in den großen Erziehungsfragen Einigkeit herstellen. Das aber erfordert von den Eltern ein sehr reifes Umgehen mit Konflikten und die Fähigkeit, die Paar- und die Elternebene bei auftretenden Problemen und Konflikten voneinander zu trennen.

Wenn Papa und Mama sich nicht mehr lieb haben, wünscht sich das Kind, dass es beide Eltern lieben darf und dass es von beiden Eltern weiterhin geliebt wird.

Gerade bei Letzteren neigen wir allerdings dazu, auf »alte« Streitmuster aus unserer Kindheit zurückzugreifen. Das betrifft getrennte Paare ebenso wie zusammenlebende. Wir holen dann unschöne Kommunikationsformen aus der untersten Schublade hervor, machen Vorwürfe, kritisieren, nörgeln, werten den anderen ab oder verfallen in eisernes Schweigen.

Verbissene und verhärtete Konflikte zwischen den Eltern sind für Kinder kaum auszuhalten. Kleinere bekommen Angst, weil sie die Spannungen und Streitereien nicht einordnen können. Ältere Kinder können eher sagen, was sie wollen. »Bitte habt euch wieder lieb!« oder »Nicht streiten« bekommen die Eltern dann zu hören. Teenager und junge Erwachsene verdrehen die Augen, wenn die Eltern zanken, und stöhnen: »Jetzt geht das schon wieder los!«

Bitte verstehe unsere Anmerkungen zur Paarbeziehung jedoch nicht falsch: Wir sind weit davon entfernt, Eltern zu raten, »den Kindern zuliebe« in unglücklichen Partnerschaften zu bleiben. Wir wollen nur darauf hinweisen, dass Kinder unabhängig davon, ob die Eltern getrennt sind oder (noch) zusammenleben, beide Eltern lieben. Und es tut ihnen gut, wenn Eltern es schaffen, dass weiterhin beide für die Kinder da sind – und man zumindest in den großen Erziehungsfragen an einem Strang zieht. Kindern tut es dagegen gar nicht gut, wenn sie auf eine Seite gezogen werden. Oder wenn ein Elternteil ständig die Augen verdreht, wenn die Kinder von ihren Erlebnissen mit dem anderen erzählen. Oder wenn man vor ihnen den anderen schlechtmacht und dergleichen. Kinder wollen, dass ihr Nest, das ursprünglich aus der Bindung zwischen Mama und Papa entstanden ist, weiter besteht.

Auch wenn sich ältere Kinder besser abgrenzen können, sind sie ebenso im tiefsten Herzen von dem Wunsch beseelt, dass ihre Eltern sich verstehen.

Natürlich gibt es noch viele weitere Aspekte der Paarbeziehung, die in die Eltern-Kind-Beziehung hineinspielen. In diesem Buch zeigen wir vor allem auf, wie du dich als Mutter oder Vater gut aufstellen kannst – wie du Verantwortung für deinen Anteil in der Eltern-Kind-Beziehung so übernehmen kannst, dass dein Kind sich sicher gebunden und frei fühlt. Wir werden dir viele Fragen stellen und dich immer wieder dazu einladen, über dich nachzudenken. Wenn du dich auf dieses Abenteuer, diese Reise nach innen einlässt, wirst du dich vielleicht hie und da verändern. Und wer weiß, vielleicht profitiert auch dein Partner oder deine Partnerin von dieser Entwicklung.

ALLEINERZIEHEND – EINE MAMMUTAUFGABE

Im vorherigen Abschnitt sind wir zwar schon darauf eingegangen, was eine Trennung für ein Kind bedeutet, aber wir haben die Situation von Alleinerziehenden noch nicht genug gewürdigt. Sie ist nämlich alles andere als einfach. Nicht selten ist es so, dass der andere Elternteil nicht präsent ist oder extrem unzuverlässig. Oft gibt es auch erhebliche Probleme in der Kommunikation oder in der Kooperation mit dem Ex-Partner oder der Ex-Partnerin. Häufig haben die beiden auch unterschiedliche Erziehungsvorstellungen. Machtkämpfe, wer wie viel Zeit mit dem Kind verbringt und wer welche Aufgaben übernimmt, sind eher die Regel als die Ausnahme. Hinzu kommen häufig noch wirtschaftliche Sorgen und eine Unzufriedenheit mit der Familiensituation.

Für viele alleinerziehende Mütter (es gibt im Verhältnis dazu relativ wenige alleinerziehende Väter) ist die Familienkonstellation »allein mit Kind oder mehreren Kindern« nicht das, was sie sich ursprünglich gewünscht haben. Sie hätten lieber einen Partner an ihrer Seite.[3]

Selbstverständlich ist das nicht bei allen Alleinerziehenden der Fall. Manche alleinerziehenden Eltern sind bestimmt erleichtert, dass sie vom Partner oder von der Partnerin getrennt sind. Andere sind finanziell gut abgesichert und wiederum andere finden mit ihrem Ex-Partner oder ihrer Ex-Partnerin nach der Trennung eine gute freundschaftliche Ebene.

Doch fast alle alleinerziehenden Väter und Mütter haben eine sehr enge Beziehung zu ihren Kindern. Die kleine Familie rückt, bildlich gesprochen, im Nest noch enger zusammen. Für das Kind ist der Elternteil, mit dem es überwiegend zusammenlebt, die Hauptbindungsperson und damit der wichtigste Mensch – der hellste Stern am Himmel. Das Kind ist dadurch ganz besonders darauf angewiesen, dass die Mama oder der Papa einfühlsam und ausgeglichen ist.

Die Fragen »Kann ich meinem Kind die Nestwärme geben, die es braucht?« und »Kann ich mein Kind zum richtigen Zeitpunkt loslassen?« muss die oder der Alleinerziehende oft alleine beantworten.

Eine mit uns befreundete alleinerziehende Mutter hat es einmal so formuliert: »Meine Stimmung schwappt immer auf die Kinder über. Wenn ich morgens fröhlich aufstehe, stehen sie auch fröhlich auf. – If mama ain't happy nobody ain't happy.« Damit liegt auf den Schultern des alleinerziehenden Elternteils eine besonders große Verantwortung für die Gestaltung der Beziehung.

Viele Alleinerziehende berichten, dass sie sich müde und erschöpft fühlen. Kein Wunder. Auf ihnen lastet durchgängig der Druck, immer funktionieren zu müssen, ob Tag oder Nacht, im Job oder am Wochenende. Zu schwächeln ist nicht vorgesehen. Sogar wenn sie krank sind, müssen sie ihr Kind versorgen. Alleinerziehende sind »Mädchen für alles«. Die Wohnung putzen, zum Elternabend gehen, an den Kinderarzttermin denken – alles muss der oder die Alleinerziehende in der Regel alleine managen. Es fehlt die Zeit, die Seele baumeln zu lassen und einfach einmal abzuschalten. In solchen Belastungssituationen sind wir anfällig dafür, dass wir gestresst reagieren und in »alte« Prägungen und Muster verfallen. Wir sagen womöglich Dinge zu unseren Kindern, die wir hinterher bereuen.

Ines, eine alleinerziehende Mutter und Teilnehmerin eines unserer Seminare, hat uns erzählt, wie sie in einem stressigen Moment zu ihrer Tochter Luisa sagte: »Deinetwegen habe ich jetzt Kopfweh.« Dabei wollte sie sich derlei Bemerkungen um jeden Preis verkneifen. Sie hat nämlich selbst als Kind sehr unter den Schuldgefühlen gelitten, die ihre kränkliche Mutter ihr mit ähnlichen Bemerkungen eingeimpft hatte. In Stresssituationen sind wir dünnhäutiger und anfällig dafür, dass wir wie auf Autopilot alte Muster wiederholen. Die Prägungsfalle schnappt dann schneller zu. Damit das nicht passiert, müssen Alleinerziehende besonders gut für sich sorgen.

Jetzt wirst du als alleinerziehende Mutter oder als alleinerziehender Vater bestimmt denken: »Das geht bei mir nicht. Die haben ja keine Ahnung, wie durchgetaktet mein Alltag ist.« Sich trotz dieser Belastung Zeit für sich zu nehmen ist sicherlich alles andere als einfach. Die alleinerziehende Mutter und Autorin Alexandra Widmer weist in ihrem Buch *Stark und alleinerziehend*[4] darauf hin, dass es wichtig ist, nicht sofort das ganze Leben umkrempeln zu wollen, sondern mit kleinen Schritten anzufangen. Frage dich: »Was könnte ich noch in dieser Woche für mich tun? Was könnte das ganz konkret sein?« Formuliere dein Ziel so klein, dass du es auch umsetzen kannst. Vielleicht könntest du eine Freundin anrufen, die du schon länger nicht gesprochen hast? Dir dein Lieblingsessen kochen, obwohl die Kinder vielleicht meckern? Oder morgens etwas früher aufstehen und dich fünf Minuten in Ruhe mit der Zeitung hinsetzen? Das sind nur ein paar Ideen, in welche Richtung so ein kleines Selbstfürsorge-Projekt gehen könnte.

Weitere Tipps findest du im Abschnitt Selbstfürsorge ist Fürsorge *ab Seite 128.*

Alleinerziehend zu sein hat noch viele weitere Aspekte. Zum Beispiel leiden deine Kinder sehr wahrscheinlich unter der Trennung und du musst sie durch ihre Trauer um die alten Zeiten begleiten. Vielleicht gibt es Auseinandersetzungen mit dem oder

der Ex wegen des Umgangs oder des Unterhalts. Es würde den Rahmen sprengen, wenn wir hier auf alles eingingen. Aber gerade weil ihr, du und dein Kind, sehr aufeinander bezogen seid, sind wir davon überzeugt, dass du von der Klärung deiner Mutter-Kind- beziehungsweise Vater-Kind-Beziehung profitieren kannst, die wir dir in diesem Buch nahebringen wollen.

Die direkte Beziehung zwischen dir und deinem Kind ist die Basis für eine gute Elternschaft. Deshalb stehen hier ab jetzt zwei Menschen im Mittelpunkt: **du und dein Kind**. Alle weiteren Kapitel sind so geschrieben, dass du dich mit dir selbst als Mutter oder Vater auseinandersetzen kannst – wenn du möchtest. Das bedeutet, dass jeder Elternteil sich zunächst um seine eigenen Anteile kümmert. Solltest du in der Folge für dich zu Aha-Erlebnissen kommen oder dein Verhalten ändern, fließt dies ins Familiensystem zurück.

BINDUNG UND AUTONOMIE – WIE BALANCE GELINGT

Bindung und Autonomie beeinflussen unser gesamtes Leben. In jeder Beziehung – wie auch im Verhältnis von Staaten untereinander – geht es darum, zu kooperieren (Bindung) oder sich auseinanderzusetzen und seine Unabhängigkeit zu verteidigen (Autonomie). Wenn es unseren Eltern einigermaßen gut gelungen ist, sowohl unser Bedürfnis nach Bindung zu erfüllen als auch das nach Autonomie und Selbstständigkeit zu fördern, konnten wir beide Fähigkeiten erwerben. Die folgende Tabelle zeigt eine kleine Übersicht, worum es hier jeweils geht:

BINDUNGS-FÄHIGKEITEN	AUTONOMIE-FÄHIGKEITEN
◇ Anderen gefallen wollen	◇ Sich als unabhängig vom anderen erleben
◇ Sich einfühlen können, wahrnehmen, wie es dem anderen geht	◇ Eigene Wünsche und Bedürfnisse spüren
◇ Sich öffnen/zuhören	◇ Ziele setzen
◇ Sich anpassen können/kooperieren	◇ Diskutieren und argumentieren
◇ Nachgeben können	◇ Sich streiten können
◇ Vertrauen können	◇ Sich durchsetzen können
◇ Bleiben können, wenn es schwierig wird	◇ Sich trennen können

Menschen, die eine **gute Balance** zwischen autonomen und bindungsrelevanten Fähigkeiten aufweisen, die sich also sowohl anpassen als auch durchsetzen können, sind **beziehungs-, arbeits- und genussfähig.** Interessanterweise bilden diese Fertigkeiten auch die drei Säulen psychischer Gesundheit.

Man kann sagen: Unser gesamtes Wohlbefinden und unsere seelische Gesundheit fußen auf einem guten Gleichgewicht zwischen unserem Bedürfnis nach Bindung und Autonomie.

WENN DIE BALANCE GESTÖRT IST

Bei vielen Menschen ist dieses Gleichgewicht jedoch nicht ausgewogen – entweder zu Lasten der Bindung oder der Autonomie. Nicht wenige schwanken auch zwischen Bindung und Autonomie. Das heißt, mal sind sie überangepasst, dann wieder zu abgegrenzt und ichbezogen. Das kann sich auf die Handlungsebene so auswirken, dass diese Menschen über einen längeren Zeitraum hinweg bemüht sind, es einer anderen Person recht zu machen, indem sie viele ihrer eigenen Bedürfnisse unterdrücken. Auf Dauer lassen sich jedoch diese nicht verleugnen und dann ziehen sie sich von der anderen Person zurück, um wieder ihren persönlichen Freiraum zurückzuerobern, den sie zuvor freiwillig geopfert hatten.

Egal ob die innere Balance deutlich zu einer Seite gestört ist oder ob man zwischen Autonomie und Bindung schwankt – beide Arten von Ungleichgewicht haben große Auswirkungen auf die Art und Weise, wie man sein Leben und seine Beziehungen gestaltet, vor allem auch die Beziehungen zu seinen Kindern.

Viele Menschen, die eher zu autonom sind, sind im Herzen auch überangepasst. Eigentlich meinen nämlich auch sie, genau wie die Angepassten, sie müssten sich den Erwartungen ihres Gegenübers fügen. Das löst in ihnen jedoch Trotz und Widerstand aus, weswegen sie erst recht nicht tun, was von ihnen erwartet wird. Sie haben sich dann auf die Seite der Rebellion geschlagen. Die Entscheidung, ob man sich eher auf die autonome oder angepasste Seite schlägt, fällt unbewusst und häufig im Kindes- und Jugendalter. Älteren Kindern und Jugendlichen bleibt die Wahl, sich entweder an die Erwartungen ihrer Eltern anzupassen oder gegen sie zu rebellieren.

Die Rebellion gegen elterliche Erwartungen stellt vor allem in der Pubertät auch eine gesunde Ablösung vom Elternhaus dar. Manche Menschen bleiben jedoch auch als Erwachsene in dieser Antihaltung verhaftet. Sie können weder mit einem guten Gefühl »Ja« noch mit einem guten Gefühl »Nein« sagen. Wenn sie »Ja« sagen, ruft das in ihnen ein altes Kindergefühl hervor,

ZWEI TYPEN

- *Menschen, deren innere Balance zugunsten der Bindung aus dem Gleichgewicht ist,* sind häufig etwas naiv, harmoniebedürftig, überangepasst, wenig durchsetzungsstark und aggressionsgehemmt. Sie leben in einer diffusen und chronischen Angst, anzuecken und abgelehnt zu werden. Sie fühlen sich am sichersten mit einer Bindungsperson. Bindung bedeutet für sie Sicherheit. Deswegen sind sie stets bemüht, die Erwartungen anderer Menschen bestmöglich zu erfüllen.
- *Menschen, deren innere Balance zugunsten der Autonomie aus dem Gleichgewicht ist,* sind misstrauisch, wenig kompromissbereit, zielorientiert, durchsetzungsstark und sie benötigen viel persönlichen Freiraum. Für sie bedeutet Sicherheit, dass sie nicht vertrauen und es allein schaffen. Deswegen lassen sie niemanden richtig nah an sich heran und behalten stets einen kritischen Abstand.

sich den Erwartungen der Erwachsenen zu beugen, und wenn sie »Nein« sagen, beschleichen sie Schuldgefühle. Hieraus resultiert nicht selten eine sogenannte Jein-Haltung. Das heißt, sie positionieren sich letztlich nicht klar und drücken sich um Entscheidungen herum.

ANGEPASSTE UND AUTONOME ELTERN

Wir wollen einer einfachen sprachlichen Form halber jene, deren innere Balance zugunsten der Bindung aus dem Gleichgewicht ist, als die **Angepassten** bezeichnen. Diejenigen, deren innere Balance zugunsten der Autonomie aus dem Gleichgewicht ist, nennen wir die **Autonomen**. In beiden Begriffen soll dabei keinesfalls eine Wertung liegen – es erleichtert einfach nur die Formulierungen beim Schreiben.

Zunächst jedoch noch einmal dazu, wie sehr unsere Sicht auf die Wirklichkeit geprägt ist durch unsere frühen Erfahrungen. Liest du dir die auf Seite 34 genannten Fähigkeiten zu Bindung und Autonomie noch einmal durch, wirst du vielleicht mit Erstaunen bemerken: »Das sind genau die Fähigkeiten, die wir uns auch im Zusammenleben mit unseren Kindern wünschen.« Einerseits wollen wir unsere Söhne und Töchter lieb haben, uns in sie hineinversetzen und mit ihnen mitschwingen. Andererseits wollen wir uns als Väter und Mütter auch behaupten, eigene Bedürfnisse erfüllen und die Kinder als eigenständige Menschen wahrnehmen. Damit hast du auch recht. Wenn wir diese Balance in unserer Familie halten können, haben wir eine gute Basis für ein Miteinander, in dem sich alle wohlfühlen und entwickeln können.

Im Kapitel Wie war es bei mir daheim? *(siehe Seite 47) gehen wir auf die Herausforderungen für angepasste Eltern ein und danach auf jene für die Autonomen.*

MEINE SICHT AUF DIE WELT UND IHR EINFLUSS AUF MEINEN ERZIEHUNGSSTIL

Haben wir als Eltern das Ziel, unsere Kinder so zu erziehen, dass wir ihnen die nötige Geborgenheit und Bindung wie auch die nötige Freiheit und Autonomie geben, sollten wir als Erstes einen Blick auf unser Elternhaus und unsere Zeit als Kind werfen. Das gibt uns wertvolle Hinweise darauf, wie gut wir von Haus aus in Balance zwischen Bindung und Autonomie sind. Als Erwachsene haben wir oft das Gefühl, dass unsere Art, Beziehungen zu leben, einfach mit unserem Charakter zu tun hätte. Der eine ist eben extrem fürsorglich, der andere braucht viel Distanz. Der eine kann sich auf andere Menschen einlassen, der andere eben nicht. Doch wir übersehen, dass es weniger mit unserem Charakter zu tun hat, wie wir Beziehungen gestalten und die Pole Bindung und Autonomie leben, sondern sehr viel mehr mit unseren frühen Prägungen durch unsere Eltern. Sie sind die Basis für unser Fühlen, Denken und Handeln in Beziehungen. Und gerade im Kontakt mit unseren Töchtern und Söhnen und in unseren Rollen als Vater und Mutter kommen diese alten Muster sehr stark nach vorne.

Unsere grundsätzliche Bindungs- und Durchsetzungsfähigkeit hängt stark davon ab, wie gut es den Eltern gelungen ist, unsere Wünsche nach Bindung und Autonomie zu erfüllen. Wenn wir beispielsweise viel Liebe und Zuwendung durch beide erfahren haben, dann fällt es uns normalerweise auch leicht, diese Liebe an unsere Töchter und Söhne weiterzugeben. Hatten wir hingegen Eltern – oder auch nur einen Elternteil –, die beziehungsweise der uns nicht das Gefühl gegeben hat, dass sie/er uns bedingungslos liebt, dann könnte es passieren, dass wir Schwierigkeiten damit haben, unser Kind so anzunehmen, wie es ist. Es könnte aber auch so sein, dass wir mit guten Vorsätzen und in Abgrenzung von den Eltern unser Kind mit unserer Liebe schier erdrücken.

Man kann sich den Einfluss unserer Kindheit in gewisser Weise wie eine Brille vorstellen. Als Kinder erlernen wir durch die Interaktion mit unseren Vätern und Müttern, wie wir uns zwischen den Polen Bindung und Autonomie bewegen können. Können unsere Eltern uns bedingungslos lieben, uns Fürsorge und zugleich Freiheit bieten, dann lernen wir: Ich bin völlig in Ordnung, so wie ich bin. Ich kann Menschen lieben, ohne ihnen immer gefallen zu müssen. Ich kann tun, was ich tun möchte, ohne dafür bestraft zu werden.

Uns wird sozusagen eine Brille aufgesetzt, durch die wir die Welt sehen. Und diese behalten wir auch als Erwachsene auf. Unsere subjektive Realität ist deshalb auch in unserem Erwachsenenleben geprägt von Kindheitserfahrungen. Durch diese Brille nehmen wir auch unsere Kinder wahr – und reagieren entsprechend auf sie. Deswegen ist es so wichtig, dass wir diese Brille erkennen, denn nur dann können wir auch bewusst etwas an unserer Sicht auf unsere Kinder und an unserem Verhalten verändern.

In der Kindheit ist das elterliche Umfeld unsere bedeutsamste Realität. Das, was wir in dieser Zeit lernen, empfinden wir als unumstößliche Wahrheit.

So hat sich Elisabeth beispielsweise als Kind von ihren Eltern wenig verstanden gefühlt. Oft haben diese ihr vermittelt, dass es falsch ist, was sie fühlt und denkt. Deswegen hat sie wenig Vertrauen in ihre Fähigkeiten entwickelt. Das ist die Brille, durch die sie die Wirklichkeit wahrnimmt: Sie lebt in der beständigen Angst, zu versagen und abgelehnt zu werden. Nun hat sie selbst ein Kind. Automatisch ist ein wichtiger Impuls, den sie als Mutter verspürt, dass sie es vor Versagensängsten schützen muss. Sie sieht dabei nicht, dass ihre Ängste ihr persönliches Problem sind, das aus ihrer Erziehung gewachsen ist. Sondern sie denkt, diese Versagensangst sei eine reale Bedrohung, vor der man sich schützen sollte. Im besten Glauben, ihrem Kind damit etwas Gutes zu tun, fördert Elisabeth ihren Sohn also mit allen

Kräften. Sie möchte unbedingt, dass ihr Kind im Sport, im sozialen Leben und auch in der Schule sein Potenzial entfaltet, die bestmöglichen Leistungen bringt und niemals Angst davor haben muss zu versagen. Das Kind fühlt sich von den Leistungsansprüchen seiner Mutter jedoch erdrückt und entwickelt schließlich dieselben Versagensängste wie sie. Elisabeth bewirkt also genau das Gegenteil von ihrer eigentlich guten Absicht.

Die Kategorien Bindung und Autonomie sind dabei die wichtigsten Themen, die unsere Brille einfärben. Sie sind existenziell. Tragen wir beispielsweise eine unerlöste Sehnsucht nach Bindung in uns, kann es sein, dass wir unsere Kinder zu eng an uns binden. In diesem Fall nehmen wir vielleicht ihre Wünsche nach Autonomie und Selbstständigkeit zu wenig wahr. Haben wir hingegen ein übergroßes Freiheitsbedürfnis und befinden uns infolge unserer eigenen Kindheitserfahrungen eher auf der autonomen Seite, dann kann es sein, dass wir uns von den Bindungs- und Versorgungswünschen unserer Kinder eingeengt fühlen. In diesem Fall nehmen wir ihre Wünsche nach Versorgtwerden, Fürsorge und Verständnis vielleicht zu wenig wahr.

Das Beispiel von Elisabeth zeigt sehr deutlich, warum es so wichtig ist, dass wir unsere Prägungen gut erkennen. Andernfalls ist das Risiko groß, dass wir ihnen nur unsere eigenen Erfahrungen und auch Verletzungen aus der Kindheit überstülpen.

Solange wir durch unsere »Kindheitsbrille« auf die Welt schauen, ist unsere Wahrnehmung letztlich immer verzerrt. Verzerren bedeutet dabei, dass wir Details nicht wahrnehmen, ein Stück der Realität ausblenden, Informationen ignorieren oder sie so deuten, dass sie zu unserer Brille passen.

Zwei Beispiele zeigen, welche Auswirkungen diese Verzerrungen haben können: Die Eltern Hanna und Jonas haben eine Kindheitsbrille auf, die das Thema Nähe und Bindung extrem »groß« macht – denn beide haben in ihrer Kindheit ständig einen gewissen Mangel an Bindung erlebt. Sie schauen also mit der »Nähebrille« auf ihren Sohn Eric. Beide sind hingebungsvolle Eltern. Ihr Sohn ist ein Wunschkind. Eric ist Hannas erstes Kind, Jonas hingegen hat schon zwei erwachsene Kinder aus erster Ehe. Hanna hatte sich schon immer Kinder gewünscht und sie empfindet es als großes Glück, dass sie Jonas kennengelernt hat und nun auch noch mit Eric gesegnet ist. In ihrer Kindheit hatte sich Hanna immer ein bisschen einsam gefühlt. Ihr Vater betrieb ein Malergeschäft in einem kleinen Ort in Norddeutschland und die Mutter half ihm, den Laden am Laufen zu halten. Hannas Eltern waren zwar räumlich immer in der Nähe, da die Wohnung über dem Geschäft lag, dennoch hatte nie jemand wirklich Zeit für sie. Hanna spielte mit ihren Puppen oft unten im Laden und manchmal, ganz selten, spielte ihre Mutter mit ihr. Hanna kann sich noch gut an das Bimmeln der Türglocke des kleinen Geschäfts erinnern. Ihre Mutter sprang dann jedes Mal auf und eilte zur Ladentheke und das Spiel war abrupt vorbei. Kurzum: Hannas Nähebedürfnis wurde nicht ausreichend von ihren Eltern gestillt. Jonas ist dagegen eigentlich ein Typ, der viel Wert auf seine Freiheit legt, sich nicht gerne zu eng bindet. Bei seinen älteren Kindern war er deshalb ein eher distanzierter Vater. Jetzt, im Rückblick, sieht er seine überzogene Abgrenzung zu den Kindern kritisch. Mit seinem Sohn Eric hat er noch einmal eine Chance. Mit dem Kleinen will er alles besser machen, ein nahbarer und zugewandter Vater sein.

Wir alle kennen diese Verzerrungen. Und es kann deshalb relativ leicht passieren, dass Eltern regelrecht blinde Flecken in Bezug auf ihre Kinder haben.

Eigentlich ist ja alles paletti, könnte man meinen. Wenn man jedoch genauer hinschaut, sieht man, dass bei all der Nähe die Entwicklung des Kindes im autonomen Bereich zu kurz kommt: Eric wird auch mit drei Jahren noch immer mit Brei gefüttert. Der Grund: Oft verschluckt er sich, wenn er ein Stück Möhre oder Apfel isst, das er kauen müsste. Allerdings haben bei ihm zahlreiche medizinische Untersuchungen ergeben, dass es keine körperlichen Ursachen für die Schluckstörung gibt, die ausschließlich dann auftritt, wenn er etwas Festes essen soll. Hanna ist sich sicher, dass es einen organischen Grund dafür geben muss, dass ihr Junge keine feste Nahrung zu sich nehmen kann. Jonas hat das akzeptiert, da er sich nicht streiten möchte. Noch nie hat Eric feste Nahrung zu sich genommen und tatsächlich überlegt Hanna, ob sie den Kindergartenplatz für den Kleinen nicht vielleicht absagen soll. Denn die Erzieherinnen haben bereits angedeutet, dass sie nicht bereit sind, Eric zu füttern.

Was ist da passiert? Eric hat sich den Bedürfnissen seiner Eltern angepasst und, um die Bindung zu sichern, schließlich das Symptom einer psychisch bedingten Schluckstörung entwickelt.

Der Junge wird kleingehalten, weil seine Eltern aus ihrer Biografie heraus den Pol der Bindung in ihrer Elternrolle stark überbetonen. Beide bemerken dies sogar, aber statt tiefer zu reflektieren, sprechen sie manchmal von sich als »unsere kleine Familie« – und bewerten ihren Erziehungsstil als individuelle Eigenart. Aus der Sicht einer Kinderpsychologin sähe das jedoch anders aus: Hanna und Jonas wehren mit ihrem Verhalten die Außenwelt ab und leben ihr Nähebedürfnis voll aus – allerdings auf Kosten von Eric, der mit seinen drei Jahren noch nicht weiß, wie er alleine ein Stück Brot essen soll, und dessen Autonomiebestrebungen ignoriert werden.

Unser nächstes Beispiel zeigt, wie Eltern mit einer ausgeprägten Autonomiebestrebung ihren Kindern oft zu viel zumuten. Dieses Beispiel ist wahrscheinlich alltäglicher, aber gerade deshalb nicht weniger wichtig. Es handelt von Karina und Tom, zwei eher autonom geprägten Eltern. Beide wohnen und leben in Berlin und haben zwei Kinder (zwei und vier Jahre alt). Tom arbeitet als Kameramann und Karina ist selbstständige Online-Marketingberaterin. Wie so viele Eltern versuchen Karina und

Tom, Kinder und Karriere unter einen Hut zu bringen. Da Tom als Kameramann manchmal eine ganze Woche gar nicht nach Hause kommt, ist Karina mit der Doppelbelastung häufig alleine. Eine schwierige Situation, die sie dadurch löst, dass sie unterschiedlichste Betreuungsangebote für ihre Kinder organisiert. Neben der Kita gibt es noch vier verschiedene Babysitter und die Nachbarin springt auch ab und zu ein. Meist sieht Karina ihre Kinder nur morgens kurz und abends kommt sie oft erst dazu, wenn die Babysitter die Kleinen bereits bettfein machen. Ist Karina am Wochenende mit den Kindern allein, trifft sie sich am liebsten mit Freunden und Familien. Ihrer Ansicht nach sollten Kinder sich am besten mit anderen Kindern beschäftigen. Karina übersieht, dass sie ihre Kleinen damit überfordert. Ständig müssen sie sich auf neue Erwachsene einstellen. Nie haben sie das Gefühl, dass einer der Eltern sich wirklich Zeit für sie nimmt. Ihnen fehlt ein Heimathafen. Karina nimmt das nicht wahr, denn in ihrer eigenen Kindheit fühlte sie sich von ihrer Mutter erdrückt, die alles, aber auch alles von ihr wissen und für sie regeln wollte. Sie hatte keine Luft zum Atmen, deshalb zog sie auch nach Berlin, sobald sie achtzehn Jahre alt war. Endlich Großstadtluft.

Aufgrund ihrer »Autonomiebrille« hat Karina gar kein Gefühl dafür, was ihre Kinder wirklich brauchen. So kommt es, dass sie die beiden häufig mit Liebesbezeugungen wie: »Ihr seid das Tollste in meinem Leben« überschüttet – denn beide waren tatsächlich Wunschkinder. Andererseits erwartet sie, dass die Kinder sich ihrem Lebenskonzept unterordnen. Erst neulich hat Karina ihre Kinder zum Übernachten zu der neuen Babysitterin gebracht, die sie erst einmal gesehen hatten. Und obwohl beide Kinder weinten,

Die größte Gefahr in der Erziehung unserer Kinder besteht darin, dass wir ihre Bedürfnisse durch die Brille unserer Kindheitsprägungen wahrnehmen und deswegen – zumindest partiell – an den Bedürfnissen unserer Kinder vorbeihandeln.

verabschiedete sich Karina knapp und voller Überzeugung mit: »Das schafft ihr schon!« Und weg war sie. Bei ihren Kindern entsteht auf diese Weise ein unsicheres Bindungsgefühl. Auf der einen Seite fühlen sie sich geliebt, schließlich bekommen sie das immer wieder gesagt. Auf der anderen Seite sind sie sich der Zuneigung ihrer Mutter nicht ganz sicher, denn sonst hätte sie vermutlich mehr Zeit für sie. Während die kleine Tochter oft weint und an Karina »klebt«, hat die ältere schon gelernt, ihre Gefühle zu verstecken und tapfer zu sein. Unbewusst hofft sie darauf, dass die Mama sich ihr mehr zuwendet, wenn sie ihr Verlassenheitsgefühl nicht so zeigt.

ERZIEHEN, OHNE ZU ERZIEHEN

Wie du schon gemerkt hast, erfordert liebevolle Kindererziehung, dass wir es wagen, uns unserer Geschichte und unseren Kindheitsprägungen zu stellen. Denn bewusst oder unbewusst greifen wir bei der Erziehung immer darauf zurück, wie wir selbst erzogen wurden. Schon der Psychoanalytiker C. G. Jung hat darauf hingewiesen, dass wir aufmerksam prüfen sollen, ob das, was wir an Kindern ändern wollen, nicht »etwas sei, was besser an uns zu ändern wäre«.[5]

Es gilt also unsere »Kindheitsbrille« im ersten Schritt überhaupt zu erkennen. Dazu müssen wir reflektieren, was wir im Kontakt mit unseren Kindern tun, fühlen und denken. Reflexion bedeutet Selbstbeobachtung und hilft, den Blick auf sich selbst zu schärfen und zu erweitern. Wir nehmen die Vogelperspektive ein und schauen von oben auf uns selbst. Von dort können wir uns fragen: »Was mache ich da eigentlich?« Eine gewisse Entspanntheit dabei ist sehr wichtig.

Reflexion ist also eher eine möglichst wertfreie Selbstbeobachtung. Gelingt dies, hat sie den einen entscheidenden Vorteil: Wir sind im Moment des Beobachtens ein Stück weit von Emotionen befreit. Reflexion ermöglicht es uns, auf diese Weise unsere Eltern-Kind-Beziehung anzuschauen. Wir können uns dann auch fragen, warum wir etwas so und nicht anders machen. Und wir können in Ruhe überlegen, ob alles so weiterlaufen soll wie bisher oder ob wir die Beziehung in Zukunft anders gestalten möchten. So wird die Reflexion zum Ausgangspunkt für Veränderung und Transformation.

Wenn wir dagegen mitten in einer emotionalen Situation stecken, aufgewühlt, wütend oder traurig sind, ist es uns kaum möglich zu analysieren, was die wahren Gründe für unser Verhalten sind. Reflexion gelingt deshalb häufig erst im Nachhinein, wie das folgende Beispiel zeigt. Wer etwas an der Eltern-Kind-Beziehung verbessern möchte, sollte sich deshalb öfter einmal Zeit für die Reflexion nehmen – und nicht von sich erwarten, dass er in einer schwierigen Situation sofort neue Lösungen entwickeln kann. Dazu dieses Beispiel:

Es geht nicht darum, uns selbst kritisch in unserer Elternrolle zu beäugen und uns vielleicht sogar innerlich zu maßregeln. Es geht erst einmal schlicht darum, überhaupt zu sehen, was wir tun.

Markus ist vom Abendessentisch aufgestanden, um sich die Hände zu waschen. Das Gurkenglas war übergeschwappt und er wollte den klebrigen Essig loswerden, bevor er weiteraß. Als er wieder zum Tisch kommt, sieht er, dass der dreijährige Paul mit dem Finger drei Löcher in die Butter gebohrt hat. Er ist gerade dabei, mit seinem Zeigefinger das vierte Loch herzustellen. Markus flippt sofort aus: »Mit Essen spielt man nicht. Lass das!«, hört er sich brüllen und ist kurz davor, seinem heiß geliebten Paulchen mit Wucht auf die Finger zu schlagen. Erst kurz bevor er das wirklich tut, hält der Vater geschockt inne und fragt sich: »Was mache ich da?« Das Kind guckt ihn zudem völlig erschrocken an. Ganz offensichtlich ist es sich überhaupt keiner Schuld bewusst. Markus setzt sich und fühlt sich nach dieser Krise völlig erschöpft. Er spürt, dass gerade bei ihm etwas aus dem Ruder gelaufen ist. Er zieht die Butterdose von Paul weg und sie essen erst einmal fertig zu Abend.

Markus überlegt: Warum hat ihn das Matschen mit der Butter so in Rage gebracht? Es ist zwar eklig, aber kein wirkliches Drama. Warum bringt ihn das so auf die Palme? Erst später, als er seiner Frau davon erzählt, kommt er darauf, dass dahinter seine eigene Geschichte steckt. Als Markus klein war, hat seine Mutter sehr viel Wert auf Sauberkeit und Ordnung gelegt. Ständig hat sie ihm die Finger abgewischt. Bis heute hasst er das Gefühl, dass ihm etwas an den Fingern klebt, deshalb hatte er sich gleich die Hände gewaschen. Als er im Nachhinein an die Situation denkt, muss er fast lachen. Es stimmt, er hat einen Sauberkeitsfimmel. Aber muss er den auf seinen Sohn übertragen? Nein. Gemeinsam mit seiner Frau überlegt Markus, wie sie zukünftig mit einer solchen Situation umgehen möchten. Denn die nächste »Matscheritis« kommt bestimmt.

Selbstreflexion bedeutet hier also, sich zu fragen: Was sagt mir die Situation über mich selbst und meine »Kindheitsbrille«? Wie bin ich aufgewachsen? Wie haben meine Eltern in ähnlichen Situationen reagiert? Was habe ich darüber gelernt, wie Erziehung funktioniert? Mit welchen Gefühlen habe ich es hier zu tun? Und warum? Erst dann kann man wie bei einem Frühjahrsputz entscheiden: Was davon möchte ich behalten? Was möchte ich in veränderter Form übernehmen? Und was möchte ich über Bord werfen?

Wenn man wirklich in der freundlichen Selbstbeobachtung bleibt und nicht in Selbstvorwürfe rutscht, ist es gar nicht so schwer. Im Gegenteil. Es ist spannend und du erfährst sehr viel über dich selbst.

Vielleicht klingt das für dich jetzt etwas simpel dahergesagt. Natürlich ist es immer leichter gesagt als getan, etwas an seinem Verhalten zu verändern. Aber am Anfang jeder Veränderung steht die Selbstreflexion – damit machst du also bereits den ersten wichtigen Schritt.

Im Laufe dieses Buches findest du viele weitere Gelegenheiten, über dich, deine Geschichte und deine Kinder nachzudenken. Diese Haltepunkte zum Nachdenken sind als **Reflexionsinseln** gekennzeichnet. Jede Reflexionsinsel beinhaltet Fragen, denen du nachgehen kannst. Diese Fragen funktionieren wie ein Suchbefehl am Computer. Man stellt sich die Frage und nach und nach, je nachdem, wie viele Bilder, Erinnerungen und Gedanken auf deiner »Festplatte«, also in deinem Gehirn, gespeichert sind, findest du Antworten und Ideen, die deine Frage beantworten. Es geht direkt im nächsten Abschnitt damit los. Du kannst dich fragen: »Wie war es bei mir daheim?«

WIE WAR ES BEI MIR DAHEIM?

Wenn wir wissen wollen, wie wir in Bezug auf die Themen Bindung und Autonomie aufgestellt sind, kommen wir nicht umhin, uns mit unserer Kindheit zu beschäftigen. Manchen Menschen fällt das sehr leicht. Sie reflektieren gern, welchen Einfluss ihre Eltern auf ihre Persönlichkeit genommen haben. Andere tun sich hingegen schwer damit. Dies kann verschiedene Gründe haben: Manche haben Angst vor schmerzhaften Erinnerungen. Sie möchten am liebsten alles, was früher war, verdrängen und nicht mehr spüren.

Kinder müssen ihre Eltern auch idealisieren, weil sie ihnen schutzlos ausgeliefert sind.

Das ist ein sehr verständlicher Wunsch, wer möchte sich schon gern schmerzhaften Erlebnissen und belastenden Gefühlen stellen? Viele empfinden auch eine tiefe Loyalität zu ihren Eltern und ein kritisches Nachdenken über sie als Verrat. Sie fühlen sich ihren Eltern zur Dankbarkeit verpflichtet. Wieder andere sind zutiefst überzeugt, dass Kindheitsprägungen keine so große Rolle spielen, und fragen sich fast ärgerlich: Warum sollen jetzt meine Eltern an allem schuld sein?

Häufig ist es auch so, dass man in der Idealisierung der eigenen Eltern stecken bleibt. Alle Kinder idealisieren ihre Eltern, weil diese durch ihre Augen betrachtet groß sind und man selbst klein ist.

Wenn ein kleines Kind Eltern hat, die es lieblos behandeln, dann denkt und fühlt es sinngemäß: Ich bin falsch und meine Eltern haben recht, mich zu bestrafen. Und nicht: Die beiden haben eine Bindungsstörung und müssten in Psychotherapie! Dies tut es aus zwei Gründen:

- Zum einen sind kleine Kinder intellektuell überhaupt nicht in der Lage, eine moralisch unabhängige Bewertung ihrer Eltern vorzunehmen.
- Zum Zweiten müssen Kinder ihre Eltern als gut und richtig wahrnehmen, weil die Feststellung, dass der eigene Vater oder die eigene Mutter unfähig oder gar gefährlich sind, abgrundtiefe Gefühle der Verlassenheit und Angst in ihnen erzeugen würde – und das wäre immer schlimmer, als die unfähigen Eltern zu ertragen.

Mit der Idealisierung beschützen Kinder ihre Eltern in gewisser Weise – und damit auch sich selbst. Diese Idealisierung wird häufig mit in das Erwachsenenalter übernommen. Das heißt, auch als Erwachsener ist man davon überzeugt, dass die eigene Kindheit super war, obwohl sie das vielleicht gar nicht gewesen ist. Wir erleben in unserer Arbeit als Psychotherapeutinnen immer wieder, dass unsere Klienten oder auch Seminarteilnehmer plötzlich für sich erkennen, dass ihre Kindheit gar nicht so rosig gewesen ist, wie sie bislang angenommen hatten. Das ist im ersten Moment natürlich schmerzhaft. Aber dieser Schmerz führt letztlich zu mehr Freiheit.

Erst wenn wir damit anfangen, uns ein realistisches Bild von unseren Eltern zu machen, können wir unsere Prägungen erkennen und uns in gewisser Weise selbst begreifen.

Auf einmal verstehen die Klienten dann beispielsweise, warum sie so leicht zu verunsichern sind, wenn jemand sie kritisiert, oder warum ihnen der Wert Gerechtigkeit hoch und heilig ist. »Ich bin nicht wichtig – das habe ich in meiner Kindheit gelernt«, stellte eine Seminarteilnehmerin am Ende fest. Erst jetzt, mit diesem neuen Blickwinkel, erklärt sich ihr, warum sie sich so oft so ausgelaugt fühlt. Als Älteste von vier Kindern musste sie der Mutter helfen, ihre kleinen Geschwister zu versorgen. Ihre Mutter erwartete das von ihr und fragte nie, wie sie sich dabei fühlte. Das galt als selbstverständlich. Mit ihrer eigenen Familie lebt sie nun das Gelernte weiter: Erst kommen die Kinder, dann der Haushalt, dann ihr Mann und für ihre eigenen Bedürfnisse ist gar kein Platz mehr. Kein Wunder, dass sie manchmal mit ihren Kräften am Ende ist.

Es dürfte klar geworden sein, dass es immens wichtig ist, den Einfluss des Elternhauses auf die eigene Entwicklung zu kennen, um die persönliche Sicht auf die Realität (Stichwort: »Kinderbrille«) zu hinterfragen. Viele Probleme ergeben sich nämlich aus einer verzerrten Wahrnehmung der Realität beziehungsweise aus der Verdrängung der Realität aus dem Bewusstsein.

Würde beispielsweise Sabine, die ihren Sohn Leon am liebsten ständig knuddeln und abküssen würde, sich eingestehen, dass sie durch ihre Eltern ein Defizit an Nähe erworben hat und dass sie dieses an ihrem Kind wiedergutmachen möchte, dann würde sie das zu der Frage führen, ob sie mit ihrem Verhalten wirklich die Bedürfnisse von Leon beantwortet – oder vielmehr ihre eigenen. Sie würde erkennen, dass sie ihren Sohn mit ihrem Wunsch nach Nähe überfordert – und er häufig gar nicht so erpicht auf ihre Umarmungen ist. Daraufhin könnte sie sich neu entscheiden, das Kind, seine Signale und seine Entwicklung tatsächlich zu sehen und darauf zu reagieren, statt es mit ihrem Nähewunsch zu überfluten. Sie könnte entscheiden, dass sie künftig ihren Nähewunsch nicht mehr eins zu eins auf ihren Sohn überträgt, und ihr fast schon symbiotisches Verhältnis lockern. Das heißt, sie könnte leichter anerkennen, dass ihr Kind und sie getrennte Wesen mit nicht immer gleichen Wünschen sind. Unter dieser Voraussetzung könnte sie die Signale von Leon nach Ruhe und Distanz besser wahrnehmen.

Wir können die günstigen Prägungen durch unsere Eltern bewusst für das Miteinander mit unseren Kindern übernehmen. Die problematischen Kindheitsprägungen können wir jedoch genauer anschauen und in gewisser Weise aussortieren. Das heißt, wir übernehmen sie nicht unreflektiert und überkompensieren sie auch nicht, indem wir genau das Gegenteil von dem tun, was unsere Eltern getan haben, und damit wieder in ein Extrem geraten. Am besten ist es, wenn man einen gesunden inneren Abstand zu seinen Prägungen gewinnt und sie bewusst zur Seite stellen kann. Auf diese Weise reichen wir sie nicht an unsere Kinder weiter. Darin liegt eine große Freiheit. Denn so können wir Eltern sein, die ihre Kinder zu starken, bindungsfähigen und selbstbewussten Menschen erziehen – selbst wenn wir selbst eine eher problematische Kindheit hatten, die uns vielleicht bis heute hinderlich erscheint. Durch die Selbstreflexion können wir die Weitergabe vieler Probleme von einer Generation auf die nächste unterbrechen.

Wenn wir also den Mut haben, uns unseren Prägungen zu stellen und die Einflüsse unserer Eltern im Guten wie im Schlechten zu hinterfragen, dann können wir sozusagen die »guten ins Töpfchen« und die »schlechten ins Kröpfchen« tun.

DER BLICK ZURÜCK

Wenn wir uns unsere Kindheitsprägungen anschauen möchten, ist der erste Schritt, sich überhaupt erst einmal bewusst zu machen, in welcher Atmosphäre wir aufgewachsen sind. Wie sind meine Eltern mit meinem Autonomie-Bindungs-Bedürfnis umgegangen? War es ihnen möglich, beides zu erfüllen – mein Bedürfnis nach Nähe ebenso wie mein Bedürfnis nach Eigenständigkeit?

Die folgende Übung lädt dich dazu ein, die Prägungen deiner eigenen Kindheit aufzuspüren. Du legst eine Karte deiner Bindungserfahrungen an und bekommst so einen guten Überblick über deine Prägungen. Vielleicht kostet es dich etwas Mut, noch einmal so tief in deine Kindheit hineinzugehen, aber Bewusstheit über die innere Bindungslandkarte ist der erste Schritt auf dem Weg zur Veränderung. Denn erst wenn uns etwas bewusst ist, können wir es ändern. Und in diesem Fall ist es nicht nur für dich, sondern auch für deine Kinder eine extrem wichtige Veränderung.

Wenn du magst, kannst du deine Gedanken und Erinnerungen, die dir in der Auseinandersetzung mit deiner Kindheit in den Sinn kommen, aufschreiben. Vielleicht möchtest du dir für deine Notizen sogar ein »blank book« zulegen – ein schön gebundenes Heft. Das könntest du dann für die nun folgende Reflexionsübung benutzen, wie auch für alle weiteren.

REFLEXIONSINSEL: EIGENE KINDHEITSERFAHRUNGEN ERKUNDEN

Nimm dir für die Übung etwa 20 Minuten Zeit. Lies dir Frage für Frage durch. Lass jede einzeln auf dich wirken und die Antworten intuitiv entstehen. Es kann sein, dass vor deinem inneren Auge Bilder erscheinen oder vor deinem inneren Ohr Worte, Sätze und Geräusche auftauchen. Wenn du möchtest, kannst du deine Gedanken hierzu aufschreiben. Erst einmal ist es aber nur wichtig, dass du dich innerlich noch einmal in deine Kindheit begibst. Vielleicht machst du die Übung und nimmst dir dann noch etwas Zeit, um das Erlebte aufzuschreiben. Wichtig für dich zu wissen: Es kommt nicht darauf an, dass deine Erinnerungen »richtig« sind, also objektiv überprüfbar. Es geht vielmehr darum zu erkunden, wie du deine Kindheit empfunden hast. Es geht um dich. Es geht um deine subjektive Realität.

Finde deine Erinnerungsspur

- *Erinnere dich an dein Elternhaus und versuche, einen Zugang zur Atmosphäre von damals aufzubauen.*
- *Wo bist du aufgewachsen, als du klein (bis zum sechsten Lebensjahr) warst?*
- *Wie war eure Wohnung/euer Haus?*
- *Welche Zimmer gab es? Kannst du dich noch daran erinnern, welche Möbel ihr gehabt habt?*
- *Habt ihr immer an einem Ort gelebt? Oder seid ihr viel umgezogen?*
- *Weißt du noch, wie es gerochen hat, wenn du zur Tür reingekommen bist?*
- *Wer gehörte alles zu deiner Familie? Wer war oft da?*

Wenn es dir angenehm ist, kannst du zur Beantwortung der Fragen die Augen schließen. Falls du die Augen nicht zumachen möchtest, versuche, entspannt vor dich hinzuschauen. So kannst du die Aufmerksamkeit nach innen richten.

Wie gut haben deine Mutter und dein Vater deine Bindungswünsche erfüllt?

- *Nun spüre einmal in dich mit der Frage, wie gut du dich von deinen Eltern behütet, versorgt und geliebt gefühlt hast.*
- *Hast du dich sicher und aufgehoben gefühlt?*
- *War die Liebe deiner Eltern an Bedingungen geknüpft – oder wurdest du einfach für das geliebt, was du bist? Falls du hierzu nicht sofort ein Gefühl hast, kannst du dir einige typische Situationen mit deinen Eltern vorstellen – dann wirst du gut spüren können, wie sie mit dir umgegangen sind und wie sich das für dich angefühlt hat.*
- *Welche Gefühle tauchen in dir auf, wenn du darüber nachdenkst – eher warme oder eher schmerzliche?*
- *Gab es Unterschiede zwischen deinen Eltern – fühltest du dich von einem Elternteil mehr geliebt?*

- *Vielleicht hast du, zumindest ungefähr, ein Gefühl dazu bekommen, wie deine Eltern dein Bindungsbedürfnis erfüllt haben. Bevor du dich dem nächsten Fragenblock zuwendest, atme einmal tief durch. Denn jetzt geht es um dein Bedürfnis nach Eigenständigkeit und Selbstbestimmung.*

Wie gut haben deine Mutter und dein Vater deine Selbstständigkeit gefördert?

- *Nun spüre einmal in dich hinein, wie deine Eltern deine autonome Entwicklung unterstützt haben.*
- *Haben deine Eltern dir etwas zugetraut? Haben sie dich zur Selbstständigkeit angeleitet (dir beispielsweise beigebracht, wie man sich die Schuhe zubindet oder Bratkartoffeln zubereitet …)?*
- *Haben sie dir Mut gemacht, Dinge allein zu schaffen (zum Beispiel allein zur Schule zu gehen, einzukaufen, bei einer Freundin zu übernachten …)?*
- *Oder wurdest du eher überbehütet und deine Eltern haben dir zu viel abgenommen?*
- *Durftest du dich ohne Schuldgefühle von deinen Eltern lösen (zum Beispiel eine andere Meinung haben oder dir eine eigene Wohnung suchen)?*
- *Welches Vorbild waren sie dir in Sachen Selbstständigkeit?*

Wenn du magst, kannst du dir jetzt Notizen machen. Aber wirklich wichtig sind die Gefühle, die du beim Erinnern gespürt hast. Sie sagen dir, wie deine Bedürfnisse von Bindung und Autonomie von deinen Eltern beantwortet wurden.

Durch die Erinnerung an deine eigenen Kindheitserfahrungen hast du jetzt vielleicht schon ein Gespür dafür bekommen, wie deine Balance in Bezug auf Bindung und Autonomie aussieht. Ob sie im Gleichgewicht ist oder eher zugunsten der Bindung oder der Autonomie im Ungleichgewicht.

SEHNSUCHT NACH BINDUNG – ANGEPASSTE ELTERN

Vielleicht hast du dich von deinen Eltern nicht ausreichend geliebt und angenommen gefühlt und sehnst dich deswegen auch heute noch sehr nach Bindung und Zuneigung. Vielleicht versuchst du deswegen, möglichst alles richtig, am liebsten perfekt zu machen? Es könnte also sein, dass du, weil du dich so nach Anerkennung und Zuwendung sehnst, überangepasst bist und deine autonomen Fähigkeiten, also dein Durchsetzungsvermögen und deine Zielorientierung, deswegen etwas wenig trainiert sind. Deine Sehnsucht nach Anerkennung wirkt sich auch auf den Umgang mit deinen Kindern aus.

Wir gehen in dem Abschnitt Herausforderungen für angepasste Eltern *noch darauf ein, welche Auswirkungen es haben kann, wenn man als Eltern über zu wenig Durchsetzungskraft verfügt.* *Ab Seite 61 geben wir auch Tipps, wie du das ändern kannst.*

Womöglich fällt es dir schwer, dich zu positionieren und auf die Einhaltung von Regeln zu bestehen. Vielleicht versuchst du auch, dein eigenes Kuschelbedürfnis über deine Kinder zu stillen – wobei das an sich nicht verkehrt ist –, aber manchmal kann es dazu führen, dass du sie mehr betüdelst, als es ihnen eigentlich lieb ist.

Für dich sind die ersten zwei Lebensjahre deines Kindes wahrscheinlich am schönsten und am einfachsten, weil die Kleinen so viel Liebe und Zuwendung benötigen. Spätestens in der Trotzphase werden deine Kinder jedoch austesten, ob sie sich auf einen klaren Rahmen verlassen können. Sie wollen wissen, ob du standhaft bleibst oder ob du einknickst, wenn sie toben. Sie wollen wissen, ob deine Gebote stabil bleiben, auch wenn sie sich mit allen Kräften dagegen wehren. Deine Kinder brauchen neben deiner Zuneigung auch deine Durchsetzungsfähigkeit. Das gibt ihnen Sicherheit.

SEHNSUCHT NACH UNABHÄNGIGKEIT – AUTONOME ELTERN

Vielleicht gehörst du aber auch zu jenen Müttern oder Vätern, deren innere Balance eher zugunsten der Autonomie aus dem Gleichgewicht ist. Entweder weil du dich zu wenig von deiner Mutter oder deinem Vater geliebt gefühlt hast oder weil sie dich mit ihrer Liebe erdrückt haben.

Auch für dich haben wir auf den nächsten Seiten immer wieder hilfreiche Hinweise, wie du lernen kannst, eine gesunde Nähe zu anderen Menschen herzustellen und zu halten.

Wenn ein Kind sich von seinen Eltern – oder einem Elternteil – nicht richtig geliebt fühlt, kann es passieren, dass es (unbewusst) beschließt: Ihr könnt mich alle mal! Dieser Mensch verlässt sich also von diesem Moment an am liebsten nur auf sich selbst und hält immer einen gewissen Sicherheitsabstand zu anderen ein – auch zum eigenen Partner. Man lässt keinen so nah an sich herankommen, dass er einen tief verletzen könnte.

Manche Menschen haben sich jedoch auch von der Liebe ihrer Eltern erdrückt gefühlt. Deswegen haben sie sich quasi eine »Allergie« gegen zu viel Nähe zugezogen und fürchten sie regelrecht in Beziehungen zu anderen. Auch sie sind sehr darauf bedacht, ihre Autonomie zu bewahren, und fühlen sich schnell bevormundet, was nicht selten zu einem recht trotzigen Widerstand gegen die Ansprüche und Erwartungen anderer Menschen in ihrem Umfeld führen kann. Und da sind Kinder, insbesondere Babys, eine echte Herausforderung, denn sie brauchen viel Nähe und Anpassungsfähigkeit von ihren Eltern. Falls du also eher zu den autonomen Typen gehörst, kann es sein, dass die Anforderung, kleine Kinder versorgen zu müssen, bei dir eine ständige Anspannung erzeugt. Du fühlst dich fremdbestimmt und vereinnahmt und würdest am liebsten manchmal vor der ganzen Verantwortung davonlaufen.

ELTERN ZWISCHEN AUTONOMIE UND ANPASSUNG

Achtung! Nicht wenige Menschen pendeln zwischen beiden Polen – mal verhalten sie sich zu überangepasst, dann wieder zu autonom. Mal sehnen sie sich nach viel Nähe, dann benötigen sie wieder abrupt ihre Freiheit. Überangepasste können sich schlecht selbst behaupten, deswegen kann es passieren, dass sie sich nach einer Phase der Anpassung und Zuwendung wieder umso härter abgrenzen. In der Partnerschaft fahren sie hierdurch häufig einen Zickzackkurs zwischen Nähe und Distanz. In der Beziehung zu den Kindern kann sich das so auswirken, dass wärmste Gefühle der Liebe mit Fluchtfantasien und krasser Genervtheit einhergehen.

EXKURS: MÜTTER UND VÄTER – DIE STÄRKEN DER BEIDEN ELTERNTEILE

Vielleicht hast du bei der Bearbeitung der Reflexionsinsel *Eigene Kindheitserfahrungen erkunden* festgestellt, dass deine Mutter eher die Nähe-Versorgerin war und dein Vater eher der Autonomie-Befürworter. Das ist kein Zufall. Die Geschlechterverteilung auf den Polen »Nähe« und »Autonomie« hat typische Tendenzen. Frauen sind eher angepasst und Männer eher autonom. Wir schreiben hier ganz bewusst EHER, weil es sich wirklich nur um Tendenzen handelt. Denn es gibt auch angepasste Männer und autonome Frauen.

Wenn Paare Eltern werden, sind die Frauen zunächst die Hüterinnen des Nestes. Das Kind wächst im Mutterleib heran und gewöhnt sich dort schon an die Stimme, den Herzschlag und die Bewegungen der Mutter. Auch nach der Geburt übernehmen Mütter zumeist an erster Stelle die Babypflege. Sie geben dem Säugling die überlebenswichtige Wärme und Zuwendung. Sie sind »für-sorg-lich«, das heißt, sie sorgen dafür, dass das noch unfertige Menschlein alles bekommt, was es braucht, und dass ihm nichts passiert. Der Säugling bindet sich in dieser ersten Lebensphase stark an die Mutter. Sie ist seine erste Liebe. Ihr gilt meist das erste Lächeln. In der Regel beantwortet die Mutter mit ihrer Zuwendung das Bindungsbedürfnis des kleinen Kindes. Dafür sorgen auch Stoffwechselvorgänge in ihrem Körper: Das mütterliche Gehirn ist nach der Geburt vor allem durch das Bindungshormon Oxytocin auf Versorgung und Nähe eingestimmt. In der Bindungstheorie wird daher die Mutter als Hauptbindungsperson angesehen. Doch auch, wenn es meist so ist, dass eine Mutter Nähe etwas besser beantworten kann als ein Vater, gilt keinesfalls die Regel, dass ALLE Mütter IMMER bindungsorientierter sind. Väter können auch die Stelle einer Mutter einnehmen.

Manchmal übernehmen auch Großeltern, Adoptiv- oder Pflegeeltern die Funktion der ersten Bindungsperson. Sie können diese Rolle ebenso gut ausfüllen wie blutsverwandte Mütter oder Väter.

Die Psychologen Prof. Dr. Klaus Grossmann und Dr. Karin Grossmann von der Universität Regensburg haben umfangreiche Studien zum Bindungs- und Autonomieverhalten von Vätern und Müttern abgefasst. Dabei haben sie festgestellt, dass es über alle Kulturen hinweg eine typische Rollenaufteilung gibt: Die Mutter bildet die Versorgungs- und Kuschelbasis und der Vater agiert vor allem als Spiel- und Förderpartner. Er fordert die Kinder stärker heraus als die Mutter, spielt mit ihnen auch mal etwas gefährlichere Spiele.

Tendenziell können Väter es besser aushalten, wenn ihre Töchter und Söhne sich ausprobieren und die Welt erkunden wollen. Sie springen nicht sofort ein, wenn das Kind Schwierigkeiten hat und Neues versucht. So kommt es unter Umständen vor, dass die Mutter voller Anspannung sagt: »Nimm dem Kleinen die Schere weg«, während der Vater gelassen antwortet:

»Wieso? Lass ihn doch.« Väter unterstützen die Kinder in ihrem Autonomiestreben.

Hinzu kommt, dass viele Väter körperlichen Betätigungen oft mehr zugetan sind als Mütter. Sie toben, springen und sporteln in der Regel gern mit ihren Kindern. Ein weiteres typisches Beispiel hierfür ist das Laufenlernen. Wenn der Sohn oder die Tochter die ersten wackeligen Schritte macht, lässt der Papa eher mal die Hand los und ermutigt sein Kind, alleine ein paar Schritte zu tun. Der Vater traut dem Kind mehr zu. Studien zeigen sogar: Der Abstand zwischen ihm und seinem Kind ist größer, wenn er »Komm zu Papa!« sagt, als bei der Mutter. Die Mama kommt dem Kind eher entgegen und bietet ihm viel früher die helfende Hand an. Väter fördern so die Autonomie des Kindes.

»Im Vergleich zu Müttern fordern Väter kleine Kinder mehr heraus und verwirren sie stärker durch Neckereien. Sie fördern so Durchhaltevermögen, Problemlösungsfähigkeit und Selbstvertrauen«, beschreibt der Pädagoge und Väterexperte Axel Sichler die Stärke der väterlichen Rolle.[6]

Eigentlich hat die Evolution auf diese Weise tadellos für uns gesorgt. Wenn es gut läuft, können sich Vater und Mutter bereits bei der Betreuung des Babys und des Kleinkindes optimal ergänzen. Die Mutter nimmt, auch bedingt durch Schwangerschaft und Stillzeit, eher die pflegende und umsorgende Rolle ein. Der Vater steht für das spielerisch-fordernde Element. Daraus lässt sich ableiten, dass Mütter manchmal mehr Probleme haben können loszulassen und dass es für sie schwieriger ist, das Autonomiebedürfnis ihrer Kinder zu erfüllen. Vielleicht lassen sich so auch mütterliche Tränen am Einschulungstag erklären. Väter sind hingegen dafür manchmal nachlässiger, wenn es darum geht, die Kinder wirklich gut zu versorgen. Dazu das Beispiel unserer Freundin Andrea. Sie war mit ihrem Mann Uli und ihren Jungs (zweieinhalb und vier Jahre) in der Ostsee beim Baden. Als sie rausgingen, hatten die Kinder blaue Lippen und schlotterten vor

Kälte. Uli trocknete sich in aller Seelenruhe erst einmal selbst ab, Andrea kümmerte sich im Gegensatz dazu zunächst um die Kinder und rubbelte sie ordentlich trocken und warm. Erst als die beiden Kleinen in ihren Bademänteln im Strandkorb saßen, kümmerte sie sich um sich selbst – mittlerweile war ihr ziemlich kalt. Weder Andrea noch Uli dachten groß darüber nach, wie unterschiedlich sie in solch einer Situation agieren. Es ist einfach so passiert. Sie sind automatisch in ihre Rollen gesprungen und in letzter Konsequenz waren die Kinder ja gut versorgt.

Jetzt könnte man aus dieser Geschichte schließen, dass dann die althergebrachte Rollenverteilung genau richtig sei. Aber ganz so einfach ist es nicht.

Zwar werden im Gehirn einer Mutter bei der Geburt Glückshormone und Oxytocin ausgeschüttet. Auch das Stillen und der Hautkontakt mit dem Baby lassen die Hormonquelle sprudeln[7], sodass eine Mutter sich geradezu in ihr Kind verliebt und bereit dazu ist, die Strapazen seiner Pflege auf sich zu nehmen. Aber auch im väterlichen Organismus wird das Bindungshormon Oxytocin vermehrt produziert, wenn der Vater körperlichen Kontakt zum Baby hat, es hält, wickelt und berührt. Ist der Vater noch dazu die Hauptbezugsperson, stellt sich sein Hirn sogar noch stärker auf Versorgung ein.[8]

Die Forschung zeigt auch, dass Mutter und Vater grundsätzlich beide dazu in der Lage sind, sich feinfühlig auf ein kleines Kind einzustellen.

Wir können also sagen, dass letztlich beide Elternteile die fürsorgliche Rolle einnehmen können wie auch eine, die das Kind ermutigt, selbstständig zu sein. Tendenziell jedoch neigen Mütter eher zum fürsorglichen Pol – vor allem, wenn die Kinder noch sehr klein sind – und Väter fühlen sich dem Pol näher, der das Kind herausfordert und in die Selbstständigkeit bringt. Beide Stärken zusammen sorgen dafür, dass ein Kind am Ende gut versorgt ist UND mutig die Welt erkundet.

Wenn wir das akzeptieren und die Stärke in jeder Rolle sehen, könnten viele Streite vermieden werden. Leider ist es in modernen Partnerschaften manchmal so, dass jeder annimmt, seine Sicht auf die Dinge sei die richtige. Mütter nörgeln an Vätern rum, weil sie vergessen, auf einen Ausflug etwas zu essen fürs Kind mitzunehmen. Und Väter nörgeln an den Müttern rum, weil sie dem achtjährigen Kind den Turnbeutel in die Schule hinterhertragen. Hier wären etwas mehr Wertschätzung und Wohlwollen bei beiden Partnern gut.

Seit den siebziger Jahren des letzten Jahrhunderts hat sich die Vaterrolle kontinuierlich verändert. Die »neuen« aktiven Väter fühlen sich wie die Mütter für die Kindererziehung und das Gedeihen ihrer Kinder verantwortlich.

Durch die stärkere Beziehung zu ihrem Kind wird die Vaterrolle mit mehr Leben gefüllt und damit entsteht für einen Mann die Notwendigkeit, sich selbst als Vater neu zu definieren – vielleicht mütterlicher. Hierfür hat er aber häufig kein Vorbild, da der eigene Vater oft abwesend war und sich wenig um die Familie gekümmert hat. Junge Väter betreten deshalb Neuland. Sie sind auf der Suche nach dem richtigen Weg zwischen der Bindung an die Kinder und der Selbstbehauptung als Mann in ihrer Partnerschaft und im Beruf. Auf dieser Suche richten sie den Blick als Erstes auf die Erfahrungen mit dem eigenen Vater. Zwar finden die meisten kein passendes Vorbild, aber die Erinnerung an die Kindheit macht viele Erlebnisse wieder lebendig. Das kann auch schmerzhaft sein. Denn nicht selten reißen dann seelische Wunden auf, die der eigene Vater hinterlassen hat, weil er nicht fürsorglich, sondern abwesend und vielleicht auch abweisend gewesen ist.

Moderne Väter bringen sich auch zeitlich wesentlich mehr als frühere Generationen in die Kinderbetreuung ein.[9] Jeder dritte Vater nimmt Elternzeit.[10]

Mit der Reflexionsinsel auf Seite 51 kannst du dich gezielt alten Verletzungen zuwenden – sie dann aber auch bis zu einem gewissen Grad heilen und dich von der Vergangenheit frei machen, damit du deine eigene Väterlichkeit entwickeln kannst. Das Gleiche gilt auch für Mütter, die spüren, dass sie sich sofort mit ihren Erlebnissen aus der Kindheit verstricken, wenn sie an ihr Verhältnis zu ihrer eigenen Mutter denken.

Wenn du das Gefühl hast, dass du von aufwühlenden Emotionen überwältigt wirst, sobald du dich intensiver an deine Kindheit und dein Verhältnis zu deinem Vater erinnerst, empfehlen wir dir die Reflexionsinsel Heile dein Schattenkind *auf Seite 119.*

HERAUSFORDERUNGEN FÜR ANGEPASSTE ELTERN

Wenn du jemand bist, dessen inneres Gleichgewicht sich eher zur Bindung hin verschoben hat, gehörst du vermutlich zu den angepassten Menschen. Das Wort ist überhaupt nicht negativ gemeint. Es bedeutet schlicht, dass du bereit bist, deine eigenen Autonomiebestrebungen zugunsten der Bindung an andere Personen hintenanzustellen. Für deine Rolle als Vater oder Mutter hat das allerdings bestimmte Auswirkungen: Angepasste Eltern sind ihrem Kind gegenüber immer sehr zugewandt. Sie wollen für es das Beste und sind bereit, unter Umständen auch sehr viele Opfer zu erbringen. Sie setzen sich für ihren Sohn oder ihre Tochter ein, sie fördern und unterstützen ihn oder sie, wo es nur geht. All das sind tolle Fähigkeiten, von denen das Kind sehr profitiert.

Allerdings kann es auch passieren, dass sich die Angepasstheit eher negativ in der Beziehung zum Kind auswirkt: Zum einen fällt es einem überangepassten Elternteil nicht leicht, das Kind loszulassen und eine Trennung von ihm auszuhalten. Eine besondere Herausforderung kann für ihn dann zum Beispiel das **Trotzalter** sein. In dieser Phase testet das Kind seine Autonomie und seine persönlichen Grenzen aus. Um dies zu tun, benötigt das Kind Aggression. Man spricht auch von der sogenannten »Trennungsaggression«. Trotz ist letztlich eine Form von Aggression. Wenn nun das Kind der Mutter entgegenbrüllt: »Geh weg, du blöde Kuh!«, dann passiert es angepassten Müttern eher als den autonomen, dass sie die Wut zu persönlich nehmen und gekränkt reagieren. Das Kind erhält hierdurch die Botschaft: Wut macht meine Eltern (oder einen Elternteil) traurig. Wenn das Kind häufig diese Botschaft erhält, kann es passieren, dass es lernt, seine Wut in ungesunder Weise zu unterdrücken. Es wird aggressionsgehemmt. Meistens sind seine überangepassten Eltern dies auch, weil sie schon dieselbe Botschaft von ihren Müttern und Vätern erfahren haben.

Eltern sollten die Wut ihres Kindes nicht allzu persönlich nehmen, sondern als Ausdruck seiner Entwicklungsphase und Abgrenzungsbestrebungen bewerten. Nur wenn Wut für dich ein legitimes Gefühl ist und du einen guten Umgang damit findest, wird dein Sohn oder deine Tochter lernen, mit seiner Wut angemessen umzugehen. Und natürlich werden sich die Anlässe dafür auch im Lauf seiner weiteren Entwicklung verändern. Die Art und Weise, wie es Müttern und Vätern gelingt, mit der Wut ihrer Kinder umzugehen, hat also weitreichende Auswirkungen. Wer mit dem Gefühl angemessen umgehen kann, hilft den Kleinen bei der gesunden Entwicklung ihrer Autonomiebestrebungen. Reagieren Eltern dagegen auf die Wut ihrer Kinder extrem gekränkt oder ungehalten, behindern sie die autonome Entwicklung.

Um Missverständnissen vorzubeugen: Natürlich soll ein Kind nicht ungebremst seine Wut ausagieren. Aber grundsätzlich sollte das Gefühl erlaubt sein.

Aber nicht nur die trotzige Abgrenzung des Kindes gegen ihre Erwartungen kann für angepasste Eltern zu einem Gefühl des Getrenntseins führen, sondern auch seine Andersartigkeit. Überangepassten Eltern fällt es schwerer als autonomen, die

Individualität ihrer Kinder wahrzunehmen und zu respektieren. Bindungsmenschen sehnen sich nach Nähe. Man fühlt sich jedoch immer Menschen näher, die einem ähnlich sind – Ähnlichkeit minimiert das Gefühl von Distanz. Umgekehrt ausgedrückt: Andersartigkeit schafft eine Kluft zwischen Ich und Du. Deswegen besteht bei angepassten Eltern die Gefahr, dass sie der Individualität ihrer Kinder zu wenig Raum geben und sie manchmal auch nicht richtig wahrnehmen.

Außerdem neigen Angepasste dazu, ihre Kinder zu ängstlich zu behüten. Älteren Kindern wird dann beispielsweise verboten, alleine mit dem Fahrrad zu einem Freund oder einer Freundin zu fahren, weil dies zu gefährlich sei. Indem ein Kind jedoch immer wieder die Botschaft hört: »Sei vorsichtig – lass dir von Mama oder Papa helfen!«, hört es aus solchen Sätzen auch die Botschaft: »Wir trauen dir das allein nicht zu.« Das ist natürlich nicht die Absicht der besorgten Eltern. Aber es ist genau das, was durch Überbehütung passiert: Das Kind traut sich selbst wenig zu, weil die Eltern es zu wenig tun. Oder umgekehrt formuliert: Wie soll es Vertrauen in seine Fähigkeiten entwickeln, wenn die Eltern dieses nicht haben? Das Kind fragt irgendwann vielleicht gar nicht mehr, ob es mit dem Fahrrad jemanden besuchen darf.

Gerade weil angepasste Eltern sich ihren Kindern so nah fühlen, können sie übersehen, in welchen Aspekten sie sich von ihnen unterscheiden und andere Bedürfnisse und Eigenschaften als sie selbst haben.

Des Weiteren haben angepasste Menschen eine große Angst vor Ablehnung, die sich natürlich auch leicht auf die Kindererziehung überträgt. So fällt es ihnen teilweise schwer, konsequent auf Regeln zu bestehen, weil sie es sich nicht mit ihren Kindern »verscherzen« wollen. Sie möchten sich beim eigenen Nachwuchs nicht unbeliebt machen. Hierdurch können sie in der Erziehung recht wankelmütig agieren: Mal müssen die Schuhe vor der Türe ausgezogen werden, ein anderes Mal nicht.

Angepasste Eltern wollen zudem auch in der Welt »da draußen« alles richtig machen. Sie sind besorgt, auf Ablehnung und Kritik zu stoßen, und diese Sorge übertragen sie auch manchmal auf ihre Sprösslinge. Ihnen ist es schnell peinlich, wenn ihr Kind etwas falsch macht oder in einen Konflikt mit anderen Menschen gerät. Dies kann dazu führen, dass die angepassten Eltern zu früh eingreifen. Wenn das Kind sich zum Beispiel im Sandkasten um einen Bagger streitet, heißt es: »Jetzt gib dem Jan doch den Bagger.« Allerdings kann das Kind so nicht lernen, kleinere Konflikte selbst durchzustehen, und es wird in seiner Konfliktfähigkeit geschwächt. Bei älteren Kindern macht sich die Sorge der Eltern, negativ aufzufallen, natürlich auch gern in der Schule bemerkbar. Sorgenvoll werden die schulischen Leistungen des Kindes beäugt: »Kommt er/sie mit? Ist er/sie gut genug?« Ungewollt können die Eltern zu viel Leistungsdruck auf die Kinder ausüben. Diese reagieren hierauf entweder, indem sie eifrig bemüht sind, die elterlichen Erwartungen zu erfüllen oder – zum Beispiel, wenn sie in die Pubertät kommen – mit einer radikalen Abgrenzung gegen die elterlichen Erwartungen, also mit Rebellion.

Angepasste verspüren eine tiefe Sehnsucht nach Angenommensein, Harmonie und Liebe und all das möchten sie in ihrer Familie leben und erleben. Ihre Angst vor Zurückweisung und Versagen kann jedoch zu einer angespannten Atmosphäre führen und/oder auch dazu, dass sie sich als Eltern nicht klar genug positionieren.

HERAUSFORDERUNGEN FÜR AUTONOME ELTERN

Die Stärke autonomer Eltern besteht darin, gut alleine im Leben zurechtzukommen, und das trauen sie auch ihren Kindern zu. Im Gegensatz zu angepassten Eltern bauen sie eher darauf, dass jeder Mensch auch für sich stehen kann. Deshalb können sie sehr gut damit umgehen, wenn ihr Kind sich im Sandkasten abgrenzt und beispielsweise alleine spielen möchte.

Für stark autonome Menschen ist es daher manchmal ein Riesenschritt, sich überhaupt auf die Vater- oder Mutterrolle einzulassen. Jeder weiß, dass ein kleines Kind viel Betreuung und Zuwendung braucht. Sie haben Zweifel, ob sie wohl gute Eltern sein können, und zögern, die Verantwortung der Elternschaft auf sich zu nehmen. Das ist meistens kein bewusster Prozess, sondern eine diffuse Ahnung, dass die enge Beziehung zu einem Kind erdrückend sein könnte. Tatsächlich ist gerade die erste Zeit mit einem Baby, das viel Zuwendung und Aufmerksamkeit braucht, für autonome Eltern eine große Herausforderung. Um das verstehen zu können, müssen wir uns noch einmal den Hintergrund für den starken Wunsch nach Autonomie vor Augen führen. Autonome haben sich in ihrer Kindheit von ihren Eltern entweder zu wenig oder zu viel geliebt gefühlt. In beiden Fällen fühlen sie sich als Erwachsene am wohlsten, wenn ein kleiner Sicherheitsabstand zwischen ihnen und anderen Menschen besteht. Ihre sicherste Option in diesem Leben ist, sich von niemandem abhängig zu machen. Da ist ein kleiner Mensch, der immer etwas braucht und der umsorgt werden muss, das absolute Gegenprogramm. Das Baby ist hungrig, will getragen werden oder benötigt eine frische Windel – ein echter Kontrast zu dem selbstbestimmten Leben, das der Autonome eigentlich führen wollte.

Grenzen zu respektieren und wahrzunehmen gehört zu den Fähigkeiten der Autonomen. Sie haben auch weniger Probleme damit, dass die Kinder sich eines Tages von ihnen lösen werden. Es fällt ihnen eher schwer, Nähe zuzulassen.

Wenn dieser Zusammenhang mit der eigenen Kindheit nicht reflektiert wird, fühlt sich der Autonome einfach nur bedrängt und erdrückt von der neuen Lebenswirklichkeit als

Es werden Gefühle ausgelöst, die genau genommen in die eigene Kindheit gehören: »Mir ist alles zu viel. Es wird mir zu eng. Ich kann das nicht aushalten.«

Vater oder Mutter – und zieht im Ernstfall sogar die Reißleine. Deshalb gibt es nicht wenige Beziehungen, die kurz nach der Geburt des Kindes auseinandergehen. Meist ist es der Vater, der Mutter und Kind verlässt, weil er sich eingeschnürt fühlt. Manchmal geht er sogar mit schwerem Herzen. Aber seine Autonomie ist ihm einfach wichtiger als die Bindung. Er sieht keine andere Möglichkeit, als die Familiensituation zu verlassen und so die Spannung aufzulösen, welche er aufgrund der Nähe und Fremdbestimmung erlebt.

Für die autonome Mutter hingegen kann es ein Ausweg sein, sich nach innen zu flüchten. Eine unserer Klientinnen hat mehr oder weniger direkt nach der Geburt ihres ersten Kindes mit der Doktorarbeit begonnen. »Das war meine Rettung, sonst hätte ich es nicht ausgehalten.« Indem sie sich täglich für einige Stunden in ihre wissenschaftliche Arbeit vertiefte und das Kind derweil von ihrem Partner betreuen ließ, stellte sie die für sich notwendige Distanz zum Kind her. Auf diese Weise konnte sie ihre Angst, womöglich mit dem Baby zu verschmelzen und nie wieder sie selbst zu sein, in den Griff bekommen. Ein Säugling spürt, wenn seine Mutter nicht wirklich anwesend ist. Bereits Babys strengen sich an, um ihre Mutter in ihren Bann zu ziehen. Sie suchen Blickkontakt, wenden sich ihr zu, lächeln, weinen und gurren. Hält die innerliche Abwesenheit über längere Zeit an, wie zum Beispiel bei depressiven Müttern, geben die Babys irgendwann auf. Sie resignieren und werden ausdruckslos bis hin zur Depression.[11] Bei unserer Klientin war es eine gute Lösung, dass sie sich phasenweise »rausgezogen« hat. Ihre Tochter hat keinen Schaden davongetragen, denn unsere Klientin konnte sich nach jeder Arbeitsphase ganz bewusst und ausgiebig ihrem Kind zuwenden. Außerdem kümmerte sich der Vater sehr innig um die Kleine. Er nahm sogar die Rolle der Hauptbindungsperson ein. Der Mutter ging es mit diesem Arrangement gut und für das Kind war ebenfalls gut gesorgt.

Letztlich hat jeder Mensch das Bedürfnis, immer wieder einmal innerlich oder auch räumlich und zeitlich auf Abstand zu anderen Menschen zu gehen. Allerdings ist dieses Bedürfnis bei autonomen Menschen besonders stark ausgeprägt. Deshalb kommen autonome Eltern besser mit etwas größeren Kindern zurecht, da es im Zusammenleben mit diesen mehr Freiräume gibt. Gehen die Kinder zum Beispiel zur Kita, kann die nun kinderfreie Zeit selbstbestimmt gefüllt werden.

Je mehr Freiheit sie zurückgewinnen, desto leichter können sie sich dann auch wieder auf die Beziehung zum Sohn oder zur Tochter einlassen. Die Kinder werden auch reifer und selbstständiger. Man kann ihnen mehr auf Augenhöhe begegnen, wodurch die Eltern sich entlastet fühlen. Eine autonome Mutter aus unserem Bekanntenkreis beschreibt diese Erfahrung folgendermaßen: »Ich glaube, ich war keine gute Baby-Mama. Das war mir einfach zu stressig. Aber jetzt mit den Schulkindern blühe ich auf, auch als Mutter.«

Diese, wenn auch zunächst kleinen, Beziehungspausen vom Kind sind für die Autonomen wie die Luft zum Atmen.

Richtige Schwierigkeiten entwickeln sich für autonome Eltern und deren Kinder deshalb meist in der Zeit, in der die Babys sehr klein und abhängig von der ständigen Anwesenheit eines Erwachsenen sind: Das Kind spürt mit feinen Antennen, dass der autonome Elternteil öfter gestresst ist. Nun wird das kleine Kind nicht denken/fühlen: »Mama/Papa hat ein Problem mit Autonomie«, sondern es spürt: »Ich falle zur Last!« Wenn die Eltern immer wieder ausstrahlen, dass das Leben mit dem Kind ziemlich anstrengend ist, wird dieses verinnerlichen, dass es nicht wert ist, dass man sich um es kümmert – letztlich also, dass es nicht liebenswert ist. Manche Kinder bemühen sich dann besonders um die Liebe der Eltern. Wenn sie sprechen können, fragen sie zum Beispiel immer wieder: »Mama, hast du mich lieb?«, um sich sicher zu fühlen. Andere Kinder gewöhnen sich daran, weitgehend alleine zurechtzukommen. Sie lernen, genau wie ihre Eltern in der Kindheit, dass man sich in diesem Leben nur auf sich selbst verlassen kann.

Ähnlich wie die angepassten Eltern kreieren die autonomen Eltern, ohne es zu wollen, für ihre Kinder dadurch eine eher angespannte Atmosphäre. Eltern wie Kinder haben das Gefühl, sich anstrengen zu müssen. Dabei wünschen sie sich etwas anderes: ein Zuhause, in dem jeder so sein darf, wie er ist. Eine Familie, in der alle Mitglieder selbstbestimmt leben können.

Der Dreh- und Angelpunkt, der hier eine große Rolle spielt, ist das Selbstwertgefühl. Denn Menschen, die eine Balance leben, zeichnet vor allem ein gutes Selbstwertgefühl aus. Sie haben tief in sich selbst die Gewissheit: Ich bin okay, so wie ich bin. Und sie können auch gut aushalten, dass andere Menschen – und damit auch ihre Kinder – völlig in Ordnung sind, wie sie sind. Sie können sich auf Nähe einlassen und auch Abstand nehmen, wenn sie alleine sein möchten. Vielleicht klingt das für dich wie eine unrealistische Idealvorstellung. Deshalb wollen wir nun näher erklären, wie eng das Selbstwertgefühl mit den Themen Bindung und Autonomie verflochten ist und wie sich dies auf die Gestaltung unseres Lebens und die Beziehung zu unseren Kindern auswirkt.

Vielleicht fragst du dich nun, wie es für die Menschen ist, die ein Gleichgewicht zwischen Anpassung und Autonomie leben. Wissen sie immer, was zu tun ist? Sind ihre Kinder automatisch glücklich und perfekt erzogen?

EPIZENTRUM SELBSTWERTGEFÜHL

Unter Selbstwertgefühl verstehen Psychologen die Einschätzung des eigenen Werts: Fühle ich mich wertvoll? Bin ich es wert, geliebt zu werden oder etwas zu fordern oder auch Erfolg zu haben? Oder fühle ich mich ganz im Gegenteil eher wertlos? Es handelt sich um eine subjektive und gefühlte Einschätzung, die jeder Mensch ganz unwillkürlich in Bezug auf sich selbst vornimmt. Wie das Wort »Selbst-Wert-Gefühl« bereits nahelegt, gehört dazu, dass wir uns selbst wertschätzen und dass diese Wertschätzung durch ein klares Gefühl in uns verankert ist. Das heißt, wir müssen nicht lange darüber nachdenken, ob wir grundsätzlich okay sind. Vielmehr steht uns dieses Wissen intuitiv und von innen heraus zur Verfügung.

Das Selbstwertgefühl hat große Auswirkungen auf unser gesamtes Dasein, von Geburt an bis ins hohe Alter. Es ist sozusagen die Steuerzentrale unserer Psyche. Menschen, die über ein gutes Selbstwertgefühl verfügen, leben in Freundschaft mit sich selbst, was einschließt, dass sie sich auch Fehler verzeihen können. Sie vertrauen in ihre Fähigkeiten und können auch anderen Menschen vertrauen. Sie sind sowohl anpassungs- als auch durchsetzungsfähig. Mit anderen Worten ausgedrückt: Sie befinden sich in einer guten Balance zwischen Autonomie und Bindung.

Ein stabiles Selbstwertgefühl ist die beste Voraussetzung für ein zufriedenes Leben.

Doch wie entsteht dieses Selbstwertgefühl? Was kann es fördern und was behindern?

DAS GESPIEGELTE SELBSTWERTEMPFINDEN

Versetzen wir uns wieder in die Situation des Säuglings und Kleinkindes: Das sogenannte Urvertrauen eines Kindes entwickelt sich durch die liebevolle Zuwendung und Pflege seiner Eltern beziehungsweise seiner ersten Bezugspersonen. Hier findet ein Prozess statt, der als das »**gespiegelte Selbstwertempfinden**« bezeichnet wird.

Das bedeutet Folgendes: Unsere Mütter und Väter spiegeln uns durch die Art und Weise, wie sie mit uns umgehen, ob wir es wert sind, dass man sich um uns kümmert. Im Kontakt mit seinen Eltern registriert das kleine Kind: Sprechen sie mit mir? Schauen sie nach mir? Halten sie mich liebevoll? Versorgen sie mich gut? In der Zugewandtheit von Mutter und Vater erkennen wir unseren (Selbst-)Wert. Dieses Gefühl des Angenommenseins vermittelt sich dem Kleinen nicht nur durch eine liebevolle Fürsorge, sondern auch durch den Gesichtsausdruck der Eltern. In der Psychologie gibt es eine Redewendung, die besagt: »Im Glanz der Augen seiner Mutter erlebt das Kind seinen Selbstwert.« Wenn die Eltern also häufig lächeln und strahlen, wenn sie ihr kleines Kind anschauen, dann spiegelt dies ihm ganz unmittelbar: »Ich werde geliebt! Ich bin willkommen! Meine Eltern freuen sich über mich!« Dieser Selbstwertspiegel bleibt uns als tiefe Konditionierung ein Leben lang erhalten. Kein Mensch ist völlig unabhängig von den Reaktionen seiner Umwelt auf ihn. Die meisten freuen sich, wenn sie sich angenommen fühlen oder angelächelt werden, und sie sind traurig, ärgerlich oder wütend, wenn sie auf Ablehnung stoßen.

WIE SICH DAS SELBSTWERTGEFÜHL AUFBAUT

Ungefähr ab dem dritten Lebensjahr können Kinder sich als Verursacher wahrnehmen. Sie wissen dann: »Oh, ich habe die

Tasse heruntergeschmissen.« Stößt das Kind jetzt auf Ablehnung, kann es einsehen: »Ich habe etwas falsch gemacht.« Erst jetzt, wo es sich stärker seines Selbst bewusst ist, entwickelt ein Kind Schamgefühle. Es ist ihm peinlich, wenn es etwas nicht gut macht oder gerügt wird.

Scham sorgt dafür, dass wir unser Handeln den Tabus oder Vorgaben der Gesellschaft unterordnen. Das klingt hart, macht aber auch Sinn. Stell dir einmal vor, was es für unsere Gesellschaft bedeuten würde, wenn keiner Schamgefühle hätte?

Aber nicht nur die Elternliebe stärkt unser Selbstwertgefühl, sondern selbstverständlich sorgen auch unsere autonomen Fähigkeiten dafür, dass wir uns unseres Wertes bewusster werden, ein Selbstwertgefühl aufbauen. Es macht Kinder stolz und glücklich, wenn ihnen Dinge gelingen und sie ihre Fähigkeiten spüren. Ganz wichtig ist, dass sie die Erfahrung machen, dass sie Beziehungen mitgestalten können und anderen Menschen nicht ausgeliefert sind. Es tut Kindern also wirklich gut, wenn sie mitreden dürfen, wenn ihre Bedürfnisse und ihre Gefühle ernst genommen werden und sie sich auch mal durchsetzen können. Hierdurch lernen sie, dass sie etwas im Leben bewirken können – das ist das Gegenteil von Ohnmachtsgefühlen.

Die Evolution hat dies so eingerichtet, damit wir uns an die Gesellschaft anpassen. Wäre uns nichts peinlich, dann würde jeder machen, was er will, und wir wären nicht fähig, in einer größeren Gemeinschaft zu leben.

Wenn du dir dies alles durch den Kopf gehen lässt, bemerkst du vermutlich, wie stark die Entwicklung des Selbstwerts von einer guten Balance zwischen Bindung und Autonomie abhängt. Deshalb ist es auch so wichtig, dieses Gleichgewicht in der Kindererziehung halten zu können. So dürfen unsere Kinder einerseits nicht zu viel Macht bekommen, sodass wir nach ihrer Pfeife tanzen, und andererseits sollten sie auch nicht genötigt werden, sich ständig an unsere Bedürfnisse anzupassen.

Wenn Kinder die Erfahrung machen, dass sie geliebt werden, so wie sie sind, und sich für die Elternliebe nicht verbiegen müssen, dann stärkt das ihr Selbstwertgefühl. Und wenn sie dann auch noch die Erfahrung machen, dass sie etwas bewirken und erreichen können, dann stärkt das ihren Selbstwert ebenso.

GLAUBENSSÄTZE – DIE PROGRAMMIERSPRACHE DES SELBSTWERTGEFÜHLS

Die Überzeugung »Ich bin okay« beschreibt ein gesundes Selbstwertgefühl. Es ist also für sich genommen vor allem eine Empfindung und macht sich nicht an konkreten oder objektiven Eigenschaften fest. Auch im Gehirn wurde bislang kein spezifisches Zentrum gefunden, welches das Selbstwertgefühl eines Menschen repräsentiert. Dennoch spüren wir unser Selbstwertgefühl tagtäglich, in jedem Moment: Fühlen wir uns mit anderen auf Augenhöhe, überlegen oder unterlegen? Können wir in andere und die Welt vertrauen oder treibt uns ständig Misstrauen um? All dies sind Empfindungen, die von unserem Selbstwertgefühl abhängen.

Schauen wir uns unser Selbstwertgefühl näher an, können wir es am besten anhand unserer Glaubenssätze beschreiben. Diese sind tiefe Überzeugungen, die wir im Lauf des Lebens aufgrund unserer Erfahrungen in der Welt erwerben. Die meisten Glaubenssätze entstehen in unserer Kindheit. Wird ein Kind zum Beispiel von seinen Eltern häufig kritisiert und wenig gelobt, dann ist die Wahrscheinlichkeit groß, dass es einen Glaubenssatz entwickelt, der lautet: »Ich genüge nicht!« Aber kleine Kinder können sich kein unabhängiges moralisches Urteil von ihren Eltern bilden. Vereinfacht gesagt, geht ein Kind davon aus, dass die Eltern gut und richtig sind. Wenn sie sich über es ärgern, dann ist es in seiner Wahrnehmung selbst schuld daran und nicht die Eltern. Wenn der Vater das Kind regelmäßig schlägt, dann kommt das Kind zu der Annahme: »Ich bin schlecht.« Diese Überzeugung kann zu einem übergeordneten Schema werden und sich im Gehirn als eine Art Programm regelrecht einbrennen – zu einem Glaubenssatz. Diese Glaubenssätze aus Kindertagen übernehmen wir in unser Erwachsenenleben. Mithilfe der Glaubenssätze kann man die Eigenschaften der »Brille«, mit der wir durch die Welt laufen und die auch unser Selbstwertgefühl prägt, noch näher beschreiben und so deutlich machen, mit welchem Blick wir durch die Welt gehen.

Wenn ich nun beispielsweise den Glaubenssatz »Ich bin nichts wert« tief in mir abgespeichert habe, dann liegt es auf der Hand, dass ich viele Handlungen meiner Mitmenschen durch diese Wirklichkeitsbrille wahrnehme. Wenn mich jemand freundlich anlächelt, könnte mich das verunsichern: »Will der sich über mich lustig machen – oder warum grinst der so blöd?!« Außerdem ist die Wahrnehmung meiner Person stark eingefärbt durch diesen Glaubenssatz. Hier ist es wichtig zu verstehen, dass diese Sätze starke Gefühle in uns auslösen können, zum Beispiel von Scham und Minderwertigkeit. Um dieses Gefühl zu kompensieren, strenge ich mich vielleicht umso mehr an, es allen recht zu machen – und nicht nur das, ich versuche, möglichst perfekt zu sein. Dieses Perfektionsstreben beziehe ich möglicherweise nicht nur auf mich, sondern auch auf meine Töchter und Söhne. Weil ich mich selbst wertlos fühle, ist es mir umso wichtiger, dass meine Kinder vorzeigbar sind und gute Leistungen erbringen. Man kann also sehen, dass selbstwertbezogene Glaubenssätze und die dazugehörigen Gefühle von Minderwertigkeit riesige Auswirkungen auf unseren gesamten Erziehungsstil haben.

Werden beispielsweise meine Bindungswünsche häufig frustriert, dann kann sich diese Erfahrung in Glaubenssätzen verdichten, wie in: »Ich bin nichts wert! Ich bin nicht wichtig! Keiner liebt mich!«

Jeder Glaubenssatz hat eine »emotionale Ladung«. Das heißt, mit ihm sind starke Gefühle verknüpft. Und da wir seine Wahrheit nicht infrage stellen, empfinden wir auch die Gefühle, die mit ihm einhergehen, als unumstößlich wahr und berechtigt.

Wenn ich also denke: »Ich genüge nicht« und ich erlebe beispielsweise eine Situation der Ablehnung, wird mein Glaubenssatz aktiv. Ich bin dann fest davon überzeugt, dass die Ablehnung mit meiner Mangelhaftigkeit zu tun hat – und sofort kommen auch die zugehörigen Gefühle nach vorne: Traurigkeit, Scham, vielleicht auch Wut oder Ohnmacht. Selbstwertschwächende Glaubenssätze können uns runterziehen.

Weil wir die Glaubenssätze häufig so früh im Leben erwerben und sie sich tief im Unbewussten verankern, ist es nicht leicht, sie zu erkennen. Tatsächlich erkennen wir sie meist überhaupt nicht. Wie empfinden sie als die Wahrheit und passen sogar unsere Wahrnehmung an sie an. Das heißt, wir nehmen nicht das wahr, was geschieht, sondern vor allem das, was wir erwarten. Glaubenssätze verursachen dadurch eine verzerrte Wahrnehmung. Oder anders ausgedrückt: Sie dirigieren unsere Wahrnehmung. Sie bestimmen, wohin wir unsere Aufmerksamkeit lenken und welche Informationen wir ausblenden. Dies konnte in vielen wissenschaftlichen Experimenten nachgewiesen werden. Wenn ich beispielsweise im tiefsten Inneren davon überzeugt bin, dass ich »nicht genüge«, dann heilen mich auch große äußere Erfolge nicht. Im tiefsten Inneren denke ich auch nach zig Siegen, bestandenen Prüfungen oder Beförderungen immer noch: »Eigentlich genüge ich nicht, aber das ist anscheinend noch keinem aufgefallen!« Vor solchen Wahrnehmungsverzerrungen sind auch höchst erfolgreiche Menschen nicht gefeit, so wie der äußerst populäre Entertainer und Sänger Robbie Williams. Dieser hat in seiner Biografie *Reveal* offenbart, dass er glaube, er könne nicht gut singen. Um diesen Umstand zu kaschieren, versuche er, möglichst gut zu tanzen.

NEGATIVE GLAUBENSSÄTZE SCHWÄCHEN DEN SELBSTWERT

Das Vertrackte an Glaubenssätzen ist, dass sie uns geradezu aus dem Hinterhalt steuern können. Oft bemerken wir gar nicht, wie unsere selbstabwertenden Glaubenssätze unser Fühlen und Handeln bestimmen. Der Grund: Das größte Interesse unserer Psyche ist, seelische Schmerzen zu vermeiden. Um dieses Ziel zu erreichen, verdrängen wir auch die Realität, wenn es sein muss. Kurzfristig hilft uns diese Taktik auch, psychisch stabil zu bleiben. Aber langfristig entsteht durch die Versuche, Schmerz zu vermeiden, oft nur noch mehr Schmerz, wie die Geschichte von Veronika beispielhaft zeigt: Sie ist bei ihrer Mutter aufgewachsen. Ihr Vater hat die Familie verlassen, als sie drei Jahre alt war. Obwohl die Mutter ihr versicherte, es habe nichts mit ihr zu tun gehabt, dass der Vater wegging, war das Kind davon nicht zu überzeugen. Irgendetwas an ihr musste falsch gewesen sein, sonst würde der Papa sich doch um sie kümmern und sich um sie bemühen – so ungefähr kann man ihre kindlichen Gedanken zusammenfassen. Doch der Vater nahm sich nur sehr selten Zeit für Veronika. Der Glaubenssatz »Etwas an mir ist nicht liebenswert« hat sich deshalb tief in ihr verankert – und wirkt in ihr auch weiter, als sie längst erwachsen ist. Wenn sie an ihren Vater denkt, erfasst sie ein nagendes trauriges Gefühl in der Herzgegend, das sie schnellstens durch eine Ablenkung beseitigt. Mit vierundzwanzig Jahren heiratete Veronika und bekam zwei Kinder: Miriam und Adrian. Beide sollen es einmal besser haben als sie und in einer intakten Familie aufwachsen. Das war ihr fester Plan, weshalb sie auch alle Anzeichen einer Ehekrise leugnete. Es war für sie ein Riesenschock, als ihr Mann Ralf sie nach zwölf Ehejahren verlassen wollte, da er sich neu verliebt hatte. In der Zeit der Trennung strengte sich Veronika dann besonders an, um ihren Kindern den fehlenden Vater zu ersetzen. Ihr tiefer Wunsch: Die Kinder sollten sich »trotzdem« geliebt fühlen. Dieser Wunsch ist völlig normal, wenn Eltern sich trennen, doch bei Veronika überstrahlte er alle anderen Themen. Es half auch nichts, dass der Vater sich durchaus um Miriam und Adrian kümmerte und weiter als Elternteil präsent war. Jeden Tag nach der Schule fragte Veronika jedes Kind ängstlich: »Und? Geht es dir auch gut, mein Engel?« Miriam und Adrian, inzwischen zwölf und zehn Jahre alt, war das angstvolle Fragen unangenehm und sie versuchten, Veronika zu beruhigen. »Ja klar, alles wunderbar.« Um ihre Mutter zu schonen, behielten sie sogar ihre Probleme und Nöte für sich und wurden ihr gegenüber immer schweigsamer. Veronika spürte natürlich, dass sich ihre Kinder von ihr zurückzogen. Das nagende Gefühl in der Herzgegend stellte sich wieder ein. Sie war verzweifelt. Was machte sie falsch? Ihr Mann war weggelaufen, die Kinder zogen sich zurück – dabei tat sie doch alles, um ihnen eine sichere und heile Familie zu schaffen. In dieser scheinbar ausweglosen Situation suchte sie Rat bei einer Psychotherapeutin. In der Therapie setzte sie sich mit ihrer Kindheit auseinander und begab sich auf die Suche nach ihren Glaubenssätzen. Ihr wurde bewusst, dass der Satz aus ihrer Kindheit: »Etwas an mir ist nicht liebenswert« sie bis heute begleitet. Zusammen mit ihrer Therapeutin überlegte sie, welche Glaubenssätze für sie heute hilfreicher wären. Veronika fand zwei Sätze, die sie stärken. Erstens: »Ich bin liebenswert.« Und zweitens: »Ich kann vertrauen.« Natürlich glaubte Veronika nicht sofort an sie. Der alte Glaubenssatz war fest in ihr verankert, mehr jedenfalls als die neuen Sätze. In der Sitzung mit der Therapeutin hatte sie zwar das Gefühl, dass die neuen Glaubenssätze stimmig und wahr waren – und sie hatte mithilfe von Übungen auch gesehen, dass sie in ihrem Leben bereits die Erfahrung machen konnte, dass sie liebenswert sei und vertrauen

Mit neuen Glaubenssätzen verhält es sich so, als würde jemand mit einer Fehlsichtigkeit eine neue Brille bekommen. Obwohl diese ein besseres Sehen ermöglicht, braucht es erst eine Zeit der Eingewöhnung.

könne. Doch im Alltag spürte sie immer wieder, wie schnell sie an den neuen Überzeugungen zweifelte und versucht war, ihren alten Glaubenssätzen mehr Wahrheitsgehalt zuzusprechen.

Hierbei handelt es sich um ein paradoxes Phänomen. Glaubenssätze, die wir in der Kindheit erworben haben, behindern uns. Da wir uns aber schon viele Jahre daran gewöhnt haben, mit ihnen zu leben, können wir uns nicht vorstellen, dass eine andere innere Überzeugung stimmen könnte.

Deshalb musste Veronika die neuen Glaubenssätze erst einmal sacken lassen. Schließlich gelang es ihr jedoch zu sehen, dass diese Überzeugungen durchaus wahr waren, und sie konnte sich sozusagen eine neue Brille aufsetzen. Nach einer gewissen Zeit stellte sie fest, dass sie weniger angespannt war und sich weniger Sorgen um ihre Kinder machte. Der neue Glaubenssatz »Ich kann vertrauen« half ihr auch, im Umgang mit Tochter und Sohn gelassener zu bleiben.

Veronikas Erfahrungen illustrieren, wie einflussreich Glaubenssätze sind und wie sie den Umgang mit unseren Kindern steuern. Aber ihr Beispiel zeigt auch: Es lohnt sich wirklich, die eigenen Glaubenssätze zu erforschen – vor allem die negativen, den Selbstwert schwächenden – und einen bewussten Umgang mit ihnen zu finden. Denn unsere negativen Glaubenssätze behindern und verunsichern uns. Damit schwächen sie auch unser Selbstbewusstsein als Eltern.

Die folgende Übung kann dir dabei helfen, deine selbstwertbezogenen Glaubenssätze zu finden. Ergänze die Sätze intuitiv mit dem ersten Gedanken. Es geht hier nicht um Perfektion. Es kann sein, dass sich dir deine tiefer liegenden Glaubenssätze erst nach und nach offenbaren. Gerade unsere allerstärksten Sätze, die sehr tief in uns verankert sind, die sogenannten **Kernglaubenssätze,** sind nicht leicht zu entdecken. Du kannst dir das vorstellen wie bei einem Kopfsalat: Das Salatherz – der Kernglaubenssatz – ist durch viele äußere Blätter geschützt. Du musst die äußeren erst wegklappen, um ans Innere zu gelangen.

Aus diesem Grund wollen wir dich auch dazu ermutigen, dass du dir die Satzergänzungen immer wieder einmal anschaust. Vielleicht hast du Lust, die folgende Übung ein zweites Mal zu machen, wenn du dieses Buch zu Ende gelesen hast.

REFLEXIONSINSEL: NEGATIVE GLAUBENSSÄTZE ERKUNDEN

Unsere Glaubenssätze weisen immer bestimmte Formulierungen auf, wie »Ich bin…«, »Ich kann…« oder »Ich kann nicht…«, »Ich muss…«, »Ich darf…«…

Die meisten Menschen tragen positive wie negative Glaubenssätze in sich. Wir haben dir hier ein paar typisch positive wie auch typisch negative Glaubenssätze zusammengestellt.

Positive Glaubenssätze:

- *Ich bin liebenswert.*
- *Ich bin wertvoll.*
- *Ich bin wichtig.*
- *Ich genüge.*
- *Ich darf meine Gefühle zeigen.*
- *Ich kann lieben.*
- *Ich bin willkommen.*

Negative Glaubenssätze:

- *Ich genüge nicht.*
- *Ich bin nicht liebenswert.*
- *Ich darf keinem zur Last fallen.*
- *Ich bin nicht okay.*
- *Ich darf keine Gefühle zeigen.*
- *Ich bin schlecht.*
- *Ich bin nicht wichtig.*

In der Regel sind es die negativen Glaubenssätze, mit denen wir uns und manchmal auch unseren Kindern das Leben schwer machen. Deswegen wollen wir dein Augenmerk zunächst auf diese lenken. Mit den positiven Glaubenssätzen beschäftigen wir uns dann ab Seite 82. Um deine negativen Glaubenssätze zu finden, kann es hilfreich sein, dass du dir schmerzhafte Kindheitssituationen in Erinnerung rufst. (Für diese Übung ist es aber nicht nötig, dass du dir die allerschlimmsten Erlebnisse in Erinnerung rufst. Nimm eher Situationen, in denen du dich unwohl oder missverstanden gefühlt hast. Das reicht völlig, um deine Glaubenssätze aufzuspüren.) Wenn du dich erinnerst, kannst du in dich hineinspüren, welche Gefühle und Gedanken die Situation in dir ausgelöst hat. So wirst du herausfinden, welche Glaubenssätze durch diese Erfahrungen in dir entstanden sind. Du kannst aber auch an Situationen aus deinem Erwachsenenleben denken, in denen du dich immer wieder »schlecht drauf« fühlst oder in dieselben emotionalen Sackgassen rennst. Welche Glaubenssätze sind hier am Wirken? Ergänze die folgenden Satzanfänge. Sei dabei möglichst spontan. Denke nicht zu lange nach.

- *Ich bin …*
- *Ich bin zu …*
- *Ich bin nicht …*
- *Ich kann nicht …*
- *Ich darf nicht …*
- *Ich muss …*

Nun wirst du wahrscheinlich einige negative Glaubenssätze gefunden haben, die in deinem Leben eine wichtige Rolle spielen. Vielleicht musst du diese Erkenntnisse einen Moment sacken lassen. Pass jedoch auf, dass du nicht zu tief in Selbstmitleid abtauchst. Natürlich kann es manchmal traurig sein, wenn wir uns daran erinnern, was in unserer Kindheit schiefgelaufen ist. Falls du also traurig wirst, gib dir Raum dafür. Nimm dir eine Auszeit von dieser Lektüre. Trinke einen Tee und sei nett mit dir: All das hast du erlebt und bist trotzdem groß und eine großartige Person geworden. Und denke daran: In diesem Moment möchtest du deine negativen Glaubenssätze erkunden, weil sie dich in deiner Rolle als Vater oder Mutter behindern und du etwas daran ändern möchtest.

Frage dich nun: Welche Auswirkungen haben diese Glaubenssätze auf deine Beziehung zu deinem Kind? Wie beeinflussen sie deine Erziehung? Angenommen, du stößt auf den Glaubenssatz »Ich muss immer lieb und artig sein«, könnte es sein, dass du ihn auch auf deine Kinder ausweitest. Sie müssen also auch lieb und artig sein. Verstoßen sie nun gegen diesen Glaubenssatz und strecken beispielsweise der Nachbarin die Zunge raus, wird dir dies sehr peinlich sein.

Viele Menschen tragen auch folgenden Glaubenssatz in sich: »Ich bin schuld!« In diesem Glaubenssatz steckt normalerweise die Überzeugung, dass man für die Laune seines Gegenübers/seiner Mitmenschen verantwortlich ist. Was könnte dies für die Beziehung zu deinem Kind bedeuten? Vermutlich fühlst du dich extrem verantwortlich für alles, was ihm widerfährt? Vielleicht fällt es dir schwer, ein gesundes Maß zwischen Fürsorge für dein Kind und einer gesunden Selbstfürsorge für dich zu finden? Möglicherweise plagst du dich mit vielen Schuldgefühlen herum, was du in der Kindererziehung alles falsch gemacht hast oder falsch machen könntest? Möglicherweise hast du dieses Buch überhaupt nur deshalb gekauft, weil dich Schuldgefühle plagen?

Mehr zu dem Thema, wie man eigene Glaubenssätze auf die Kinder ausweitet, findest du ab Seite 87 in Kinder »drücken unsere Knöpfchen«.

Vielleicht beruhigt es dich zu hören, dass fast alle Eltern Schuldgefühle empfinden. Und gerade die verantwortungsbewussten, die sich wirklich um ihre Kinder bemühen, fühlen sich oft schuldig. Das ist einleuchtend. Denn je mehr wir über Elternschaft wissen und je differenzierter unser Bild davon ist, was »gute« Eltern ausmacht, desto eher fallen uns auch unsere »Fehler« auf. Insbesondere die Mutterrolle ist mit schier unerfüllbaren Erwartungen überladen. Die Mutter soll immer für ihr Kind da sein, sonst ist sie eine Rabenmutter; gleichzeitig soll sie arbeiten gehen, um ihren Kindern ein Vorbild zu sein – ein »Heimchen am Herd« ist schließlich kein attraktives Rollenmodell. Kurzum: Es ist unmöglich, diese widersprüchlichen Anforderungen perfekt zu erfüllen. Dem schlechten Gewissen stehen Tür und Tor offen. Wenn dann noch der Glaubenssatz »Ich bin schuld« im Hintergrund wirkt, werden die Gewissensbisse unerträglich. Da hilft nur eines: Man muss sich vom Perfektionsstreben verabschieden und den Glaubenssatz »Ich genüge nicht und bin schuld« durch den Glaubenssatz »Ich mache es so gut, wie ich kann« ersetzen.

Kinder verzeihen ihren Eltern sehr viel. Sie sind in gewisser Weise robust, weshalb es ausreicht, wenn ihre Mutter und ihr Vater **gut genug** sind. Kinder kommen mit Frustrationen zurecht. Sogar Babys kommen damit klar, wenn sie mal kurz weinen müssen, bevor sich jemand um sie kümmern kann. Der englische Psychoanalytiker und Arzt Donald Winnicott prägte dazu den Begriff der »good enough mother« und meint genau das. Wir müssen nicht alles richtig machen, wir müssen nur ausreichend gut sein, damit unsere Kinder ein gutes Selbstwertgefühl entwickeln, wachsen und gedeihen. Winnicott war sogar der Ansicht, dass gerade die kleinen Frustrationen dazu führen, dass sich ein Kind mehr und mehr an »das richtige Leben« gewöhnen kann und dass Eltern, die »gut genug« sind, ihm alles mitgeben, damit es in der Welt gut zurechtkommt. Gut genug! Mehr müssen wir wirklich nicht sein.

»Gut genug!« ist ein hilfreiches Mantra für Mamas und Papas. Wir müssen nicht perfekt sein. Gut genug reicht aus.

Fragst du dich, wie das gelingen soll – Glaubenssätze einfach ersetzen? Wir können dir versichern: Es geht. Im Abschnitt *Negative Glaubenssätze entmachten* ab Seite 84 zeigen wir dir, wie es dir gelingen kann. Zugegeben, es bedarf der Reflexion und auch ein wenig Mut und Ausdauer. Aber du wirst selbst merken, wie wahr dein neuer, selbstwertstärkender Glaubenssatz ist – und wie er vieles in deinem Leben verbessern wird.

POSITIVE GLAUBENSSÄTZE STÄRKEN UNS

Natürlich erwerben wir im Lauf unseres Lebens nicht nur negative Glaubenssätze, sondern auch positive, das heißt hilfreiche und förderliche. Neben negativen Sätzen wie »Ich bin nicht liebenswert« tragen wir auch positive Glaubenssätze wie »Ich schaffe das schon« in uns. Das liegt daran, dass wir als Kind mit unterschiedlichen Menschen unterschiedliche Erfahrungen machen. Veronika ist zwar von ihrem Vater verlassen worden und hat den Glaubenssatz verinnerlicht: »Irgendetwas an mir ist nicht liebenswert«, aber gleichzeitig hat ihre Mutter gut für sie gesorgt und sie in der Schulzeit sehr gefördert und unterstützt. Veronika war eine gute Schülerin, die von ihrer Mutter viel Anerkennung bekam, und sie hat dadurch auch den Glaubenssatz verinnerlicht: »Wenn ich mir etwas vornehme, schaffe ich das auch.«

Wenn Eltern den Kindern Nestwärme geben und für eine gute Bindung sorgen, dann entstehen Glaubenssätze wie: »Ich bin liebenswert. Ich genüge. Ich habe einen sicheren Platz.« Weitere positive Glaubenssätze entstehen, wenn die Kinder zudem auch in ihrer autonomen Entwicklung gestärkt werden – wenn sie ihre Meinung sagen dürfen, wenn sie mitbestimmen dürfen, wenn sie neugierig ihre Umgebung erkunden und ihren Interessen nachgehen dürfen. Dann entstehen Glaubenssätze, die besagen: »Ich bin okay, so wie ich bin. Ich darf mich entfalten. Ich kann etwas bewirken.« Oder auch: »Ich schaffe das schon.«

REFLEXIONSINSEL: MEINE POSITIVEN GLAUBENSSÄTZE

Um deine positiven Glaubenssätze aufzuspüren, erinnere dich an die schönen Situationen deiner Kindheit. Gib deinem Gedächtnis den Suchbefehl: »Zeige mir die hellen, frohen und glücklichen Momente aus meiner Kindheit und Jugend.«

Frage dich: »Wer hat mich gestärkt? Worauf war ich stolz? Was hat mir gutgetan? Wann war ich zufrieden?«

Während du dich erinnerst, kannst du in dich hineinspüren und so herausfinden, welche Glaubenssätze durch diese Erfahrungen in dir entstanden sind. Du kannst aber auch an Situationen aus deinem Erwachsenenleben denken, in denen es dir so richtig gut geht. Situationen, in denen du gerne Mutter beziehungsweise Vater bist, oder Momente des persönlichen Glücks.

Welche Glaubenssätze sind hier am Wirken?

- *Ich bin …*
- *Ich freue mich über …*
- *Ich vertraue …*
- *Ich kann (gut) …*
- *Ich liebe …*
- *Ich darf …*
- *Ich erlaube mir …*

Jetzt hast du hoffentlich einen ganzen Blumenstrauß aus positiven Überzeugungen gefunden. Wenn du magst, lies sie dir alle noch einmal in Ruhe vor und spüre ihre stärkende Wirkung. Alle positiven Glaubenssätze untermauern deinen Selbstwert. Und wenn du dich – so wie du bist – grundsätzlich annehmen kannst, wirst du auch in der Kindererziehung nicht so schnell aus der Bahn geworfen.

NEGATIVE GLAUBENSSÄTZE ENTMACHTEN

Vielleicht hast du beim Lesen gedacht: »Ach, eigentlich würde ich auch gerne meine negativen Glaubenssätze durch positive ersetzen.« Geht das denn? Kann man das eine gegen das andere austauschen? Veronika hat es schließlich geschafft. Das ging natürlich nicht von einem Tag auf den anderen, aber nach und nach konnte sie den alten Glaubenssatz »Etwas an mir ist nicht liebenswert« loslassen und den neuen »Ich bin liebenswert« etablieren.

- *Dabei besteht die erste Maßnahme darin, den negativen Glaubenssatz zu identifizieren.*

- *Als Nächstes wird der negative Glaubenssatz entmachtet*, das heißt, wir zweifeln ihn an. Dadurch entziehen wir dem Satz seine Macht über uns. Allein indem wir uns fragen: »Stimmt der Glaubenssatz? Oder stimmt er vielleicht doch nicht?«, hat er schon etwas von seiner negativen Wirkung eingebüßt. Er kann nicht mehr so schnell ein negatives Gefühl in uns hervorrufen, denn wir haben ein wenig Abstand zu ihm gewonnen. Bei Veronika hatte ihr Glaubenssatz ein ständig nagendes negatives Gefühl verursacht. Als sie diesen infrage stellte, verringerte sich die Intensität des Gefühls.

Hierfür kannst du die Übung Negative Glaubenssätze erkunden *auf Seite 78 nutzen.*

- *In einem weiteren Schritt überprüfen wir, wie uns ein Glaubenssatz beeinflusst.* Wir fragen uns: Wie wirkt sich der Satz auf mein Leben aus? Dadurch verdeutlichen wir uns, wie der Glaubenssatz in unser Leben eingreift. Veronika konnte durch diese Frage erkennen, dass ihr Glaubenssatz nicht nur das nagende Gefühl in ihrer Herzgegend hervorrief, sondern zudem die Beziehung zu ihren Kindern trübte.

Denn sogar ihren Kindern unterstellte sie: »Womöglich mögen sie mich nicht.« So eine Gedankenschleife ist natürlich keine bewusste Entscheidung. Aber ein Kernglaubenssatz wirkt sich oft auf die Beziehung zu anderen Menschen aus. Gerade diejenigen, die wir am allerliebsten haben, bekommen den negativen Nachhall aus unserer Kindheit zu spüren. Wird uns dies bewusst, motiviert es zumeist sehr, den Glaubenssatz wirklich loswerden zu wollen.

◇ *Abschließend drehen wir den negativen Glaubenssatz noch ins Positive um* und überlegen erneut, wie sich unser Leben verändern würde, wenn wir die Brille des positiven Glaubenssatzes aufgezogen hätten. Bei Veronika wurde aus dem Glaubenssatz »Ich bin nicht liebenswert« der Satz »Ich bin liebenswert«. Manchmal ist die »Verdrehung« ins Positive ganz einfach. Manchmal ist sie auch etwas kniffliger. Was wird zum Beispiel aus dem Glaubenssatz von Susanne? Sie hatte von ihrem Vater immer wieder gehört: »Du bist zu dumm, um ein Loch in den Schnee zu pinkeln.« Daraus hatte sie den Glaubenssatz entwickelt: »Ich bin zu dumm.« In diesem Fall muss man ein bisschen überlegen, wie der neue Glaubenssatz lauten kann. Wird daraus: »Ich bin klug« oder »Ich komme gut im Leben zurecht«?

Wir empfehlen, so lange herumzutüfteln, bis es sich für dich gut und stimmig anhört. Formuliere an der positiven Drehung so lange herum, bis der neue Glaubenssatz für dich attraktiv klingt.

◇ *Hast du Lust, es einmal für dich auszuprobieren?* Am besten, du beantwortest die folgenden Fragen der Reflexionsinsel auf der nächsten Seite schriftlich. Denn wenn wir etwas aufschreiben, ist das ebenfalls eine Möglichkeit, Distanz zum Glaubenssatz zu schaffen.

REFLEXIONSINSEL: EINEN GLAUBENSSATZ ENTMACHTEN

Bitte benenne den Glaubenssatz, den du hinterfragen möchtest, und schreibe ihn auf. Beantworte anschließend folgende Fragen:

- *Auf einer Skala von 0 bis 10: Für wie* ***wahr*** *hältst du diesen Glaubenssatz?*
- *Was spricht dafür, dass er* ***wahr*** *sein könnte? Welche Überlegungen dazu, welche Beweise dafür gibt es?*
- *Was spricht dafür, dass er* ***unwahr*** *sein könnte? Welche Überlegungen dazu, welche Beweise dafür gibt es?*
- *Wie beeinflusst dieser Glaubenssatz dein Leben? Wie wirkt er sich aus? Wie beeinflusst er deinen Erziehungsstil?*
- *Was würde sich verändern, wenn du diesen Glaubenssatz fallen lassen würdest? Wie würde dein Leben dann aussehen? Was würde sich in der Beziehung zu deinen Kindern verändern?*
- *Wie lautet der Glaubenssatz, wenn du ihn ins positive Gegenteil umdrehst?*
- *Wie würde sich dein Leben verändern, wenn der neue (positiv umgedrehte) Glaubenssatz wahr wäre?*

Schon allein die Tatsache, dass du dich in dieser kritischen Form mit deinen negativen Glaubenssätzen auseinandersetzt, nimmt ihnen ein Stück weit die Macht. Du wirst sehen: Auch wenn du noch daran zweifeln solltest, ob du deine Glaubenssätze einfach ins Positive verwandeln kannst, wirst du die heilende Wirkung dieser Übung spüren.

Bestimmt ist dir auf den letzten Seiten noch einmal klar geworden, wie weitreichend Glaubenssätze darüber bestimmen, wie wir uns und unsere Kinder wahrnehmen, und somit die Erziehung beeinflussen und geradezu lenken. Glaubenssätze regieren allerdings nicht immer über uns, vielmehr lösen sie in bestimmten Situationen etwas aus. Oft ist dies das Verhalten unserer Kinder. Sie sind dann vielleicht zu laut, zu ungezogen, zu frech, zu leise, zu ungestüm oder zu still. Die Kinder drücken im übertragenen Sinn unsere Knöpfchen und werfen damit den Glaubenssatz-Automatismus an.

KINDER »DRÜCKEN UNSERE KNÖPFCHEN«

Unser Selbstwertgefühl hat entscheidenden Einfluss auf unsere Gefühle und die Sicht auf die Welt. Wie gut und stabil es ausgeprägt ist, hängt davon ab, wie uns die Balance zwischen Bindung und Autonomie gelingt. Wer sein Selbstwertgefühl betrachten möchte, sieht es am deutlichsten in seinen Glaubenssätzen. Ein Kind, dem die Eltern ausreichend Nestwärme vermittelt haben und das gleichzeitig seine Flügel ausbreiten durfte, hat beispielsweise den Glaubenssatz entwickelt: »Ich bin okay, so wie ich bin.« Wird es erwachsen und bekommt selbst Kinder, ist das durch diesen Glaubenssatz entstandene Selbstwertgefühl immer noch vorhanden. Solchermaßen gestärkte Eltern lassen sich von ihren Kindern nicht so schnell aus der Fassung bringen. Sie besitzen ihnen gegenüber emotionale Stabilität. Und diese brauchen Eltern tagtäglich und besonders in herausfordernden Situationen. Wirft sich zum Beispiel der Vierjährige vor der Supermarktkasse auf den Boden und schreit, weil er noch ein Eis möchte, können sie ruhig bleiben. Sie versinken nicht vor Scham im Boden, sondern wissen: Mein Kind ist dabei zu üben, wie man seinen Willen bekommt. Das ist unangenehm, aber es ist kein Angriff auf meine Person und auch kein Zeichen dafür, dass ich eine schlechte Mutter bin. Auch wenn der fünfzehnjährige Sohn das Aussehen eines Elternteils kommentiert und etwa sagt: »Du hast einen riesigen Speckbauch – eklig«, können selbstbewusste Mütter und Väter innerlich ruhig bleiben. Denn die Bemerkung löst nicht sofort schlummernde Selbstzweifel aus, sondern sie können die Aussagen sehen als das, was sie sind: ein Austesten der Grenzen eines Heranwachsenden.

In umgekehrter Weise wirkt eine Erziehung nach, bei denen ein Kind von seinen Eltern nicht genug Nestwärme erhalten hat und in seinem Autonomiebedürfnis nicht ernst genommen wurde. Es entwickelt dann zum Beispiel den Glaubenssatz: »Ich genüge nicht.« Verhält sich ein Kleinkind nun wie ein Derwisch oder reibt einem ein Teenager unter die Nase, dass er einen hässlich oder unmodisch findet, dann kann das ganz schön verunsichern.

Ob wir uns schlecht fühlen, weil unser Kind sich schlecht benimmt, oder ob wir Abwertungen durch unseren Jugendlichen an uns abprallen lassen können wie Wassertropfen an einer glatten Fläche, hängt in erster Linie von unseren Glaubenssätzen ab.

Wenn mein Selbstwertgefühl von dem Glaubenssatz bestimmt ist, dass ich nicht genüge, dann ist das nicht nur ein Gedanke. Dieser Satz löst dann häufig Gefühle von Minderwertigkeit, Scham und Unsicherheit in einem aus. Schreit mein Kind voller Unlust und Trotz, dann kann dies meinen Glaubenssatz »Ich genüge nicht« triggern. Triggern bedeutet »auslösen« – glücklicherweise verspüren wir negative Glaubenssätze nicht ständig, sondern sie werden durch bestimmte Situationen oder Gedanken aktiviert. Eine solche Situation könnte sein, dass mein Kind einfach nicht das macht, worum ich es bitte.

Ein Beispiel verdeutlicht, wie das im Alltag aussehen kann: Alexander verwickelt sich ständig mit seinem fünfjährigen Sohn Julius in Machtkämpfe, egal ob es ums Aufstehen, Zähneputzen, Essen oder Zubettgehen geht. Was ihn dabei besonders belastet: Alexander erlebt sich oftmals als hilflos, wenn Julius ständig dagegenhält und nicht auf ihn hört. Er fühlt sich dann wie ein »Vater-Versager«. Alexander trägt unter anderem die folgenden Glaubenssätze in sich: »Ich bin nicht wichtig«, »Keiner sieht mich« und »Ich genüge nicht«. Man kann sich leicht vorstellen, wie sein Sohn diese durch sein trotziges Verhalten immer wieder triggert. Alexander bezieht das trotzige Verhalten seines Kindes also auf sich, er nimmt es persönlich. Immer wenn Julius gegen seine Autorität aufbegehrt, stellen sich bei Alexander sofort die Selbstzweifel ein. Mit seinen selbstabwertenden Gedanken verunsichert er sich jedoch, und dies führt dazu, dass er schnell die Nerven verliert und Julius anschreit, der daraufhin nur umso bockiger reagiert: Ein Teufelskreis entsteht. Wäre Alexander hingegen selbstsicherer, könnte er das Verhalten seines Sohns gelassener hinnehmen und als einen Ausdruck von dessen starkem Willen bewerten. Dann würde er sich nicht so sehr in Machtkämpfe verstricken.

Wir alle deuten die Welt da draußen und jede Situation, die wir erleben, durch die Brille unserer Glaubenssätze. Um beim Beispiel von Alexander und Julius zu bleiben: Gehorcht das Kind nicht, dann lautet die Interpretation des Vaters nicht: »Julius hat keine Lust« oder »Er hat einen starken Willen« oder »Er befindet sich mitten in der Trotzphase«, sondern: »Ich bin ein schlechter Vater«. Mit diesem Gedanken zieht er sich herunter – und reagiert dann auch so: verletzt und aufbrausend. So kommt es dazu, dass er das Kind anschreit: »Verdammt noch mal – zieh endlich deinen Schlafanzug an.« Das war wohl so laut und vehement, dass Julius zusammenzuckte und vor lauter Schreck weinte. Im Nachhinein tat es Alexander leid.

Es sind nicht die Ereignisse an sich, die uns die Probleme bereiten, sondern unsere Interpretation der Ereignisse.

Neben Wut kann ein Glaubenssatz auch Angst auslösen. Das Beispiel von Maja zeigt das: Sie glaubt, nicht für sich alleine stehen zu können. Ihr Glaubenssatz lautet: »Ich werde verlassen. Ich bin allein.« Durch ihren dreijährigen Sohn Leon fühlt sie sich geborgener und sicherer. Er ist ihr Schutzwall vor einer vermeintlich bösen Welt. Allein die Vorstellung, dass Leon einmal in den Kindergarten gehen soll, bereitet ihr Unbehagen. Sie interpretiert seinen bevorstehenden Eintritt in den Kindergarten durch ihre Kinder-Glaubenssatz-Brille und empfindet ihn sehr schmerzhaft als: »Ich werde verlassen. Jetzt bin ich wieder allein.« Doch statt ihrer Verlassenheitsangst ins Auge zu sehen, findet Maja Argumente, warum es für Leon besser ist, noch nicht in den Kindergarten zu gehen. Da fällt ihr mit dem Blick durch ihre Glaubenssatz-Brille einiges ein: »Der Kindergarten hat keinen guten Ruf«, »Leon ist zu zart« …

Kinder stupsen unsere selbstwertbezogenen Glaubenssätze an und lösen so Gefühle in uns aus. Manchmal sind diese Emotionen extrem heftig. Unsere Kinder streuen sozusagen Salz in unsere Wunden. Mithilfe der folgenden Übung kannst du herausfinden, welche Glaubenssätze dazu beitragen, dass eine Erziehungssituation sich für dich schwierig gestaltet.

REFLEXIONSINSEL: SCHWIERIGE SITUATIONEN UNTER DER LUPE

Denke für diese Übung an eine Erziehungssituation, die dir emotional noch in den Knochen steckt, in der du Wut, Angst, Scham, Schuld oder Traurigkeit gespürt hast. Häufig sind das Momente mit den Kindern, in denen wir überreagieren. Vielleicht sogar so stark reagieren, dass es uns hinterher leidtut.

Die folgenden fünf Fragen helfen dir, bestimmte Erziehungssituationen auszuleuchten. Am Beispiel von Caroline zeigen wir dir, wie du beim Beantworten der Fragen vorgehen kannst.

Caroline hat zwei schulpflichtige Kinder im Alter von acht und zwölf Jahren. Wenn diese mittags von der Schule nach Hause kommen, laden sie ihre Ranzen im Hauseingangsbereich ab. Auch die Schuhe und Jacken bleiben dort immer liegen. Caroline explodiert regelmäßig, wenn die beiden so achtlos Schuhe, Jacken und Ranzen in den Hausflur werfen. »Ich bin doch nicht euer Fußabtreter!«, schreit sie die Kinder an, nur um danach seufzend alles aufzuräumen.

1. ***Beschreibung der Situation: Was ist passiert? Was ist der Auslöser dazu gewesen?***
   Notiere eine Erziehungssituation, die dich noch nachhaltig umtreibt. – Caroline würde zum Beispiel aufschreiben: »Ich bin mal wieder ausgerastet, weil die Kinder ihre Sachen in den Flur geworfen haben.«

2. ***Interpretation der Situation: Welche Glaubenssätze/Gedanken werden in der Situation getriggert?***
   Welche Glaubenssätze wirkten bei dir im Hintergrund? – Caroline stößt beim Nachdenken auf die folgenden Glaubenssätze: »Meine Kinder sind respektlos«, »Ich werde nicht gesehen« und »Ich bin nichts wert«.

3. ***Gefühle: Welche Gefühle empfinde ich in dieser Situation?***
   Was sind deine vorherrschenden Gefühle? – Caroline wird klar, dass sie zunächst wütend ist und sich danach für ihren Ausbruch schämt. Die Gefühle sind: Wut und Scham.

4. ***Verhalten: Was tue ich?***
   Wie hast du konkret reagiert? – Caroline notiert: Erst brülle ich meine Kinder an und dann räume ich die Schuhe, Jacken und Ranzen an ihren Platz, während die Kinder schon längst in ihren Zimmern verschwunden sind.

5. ***Lösungsimpuls: Angenommen, deine Glaubenssätze und Gefühle wären nicht getriggert und du könntest ganz gelassen bleiben, welche Lösungen ergeben sich dadurch?***
   Welche Ideen und Handlungsmöglichkeiten hast du, wenn du die Situation einmal neu – ohne die Brille deines Glaubenssatzes – betrachtest? – Caroline wird bewusst, dass sie zwei Alternativen hat: Entweder sie räumt ihren Kindern hinterher, ohne sich aufzuregen, und formuliert für sich innerlich

den Satz: »Kinder sind eben so.« Oder sie bespricht mit beiden in Ruhe, dass ihr die Ordnung im Flur wirklich wichtig ist. Sie könnte gemeinsam mit den Kindern eine Idee entwickeln, wie das gelingen kann. Ein Plan? Erinnerungszettel? Ein Ritual? Vielleicht könnte sie sogar eine Belohnung für das Kind in Aussicht stellen, das eine Woche lang nach der Schule seine Sachen ordentlich verstaut.

Vielleicht denkst du jetzt: »Das habe ich doch schon alles ausprobiert. Das nutzt sowieso nichts.« Wir wollen dir trotzdem Mut machen, am Ball zu bleiben. Die Veränderung braucht auch Zeit. Vielleicht hast du in der Vergangenheit schon oft versucht, etwas zu verändern. Aber wenn du den (Miss-)Erfolg letztlich durch die Brille deiner negativen Glaubenssätze bewertet hast, warst du vermutlich frustriert oder enttäuscht.

Unserer Erfahrung nach ist das Gefühl, das durch einen Glaubenssatz getriggert wird, besonders einflussreich. Es wäre ja nicht wirklich schlimm, wenn Caroline ihren Kindern hinterherräumt, sofern sie das mit einem guten Gefühl tun könnte. Dann müsste sie auch nicht explodieren. Die grundlegende Veränderung besteht also darin, dass Caroline von dem Verhalten ihrer Kinder nicht mehr so aufgewühlt wird. Sie kann ruhiger und zugleich bestimmter mit der Situation umgehen. Sehr häufig wirkt allein das schon Wunder.

Mit einer anderen inneren Haltung und einem anderen Gefühl können wir es auch eher ertragen, wenn eine neue Idee nicht sofort zum Erfolg führt. Es ist normal, dass wir, und auch die Kinder, wieder in altes Verhalten zurückfallen. Caroline hat mit beiden ein ernstes Wort geredet, woraufhin alle gemeinsam beschlossen haben, jeden Tag fünf Minuten Speed-Aufräumen zu machen, wenn sie nach Hause kommen. Das neue Verhalten hat dann nur zwei Tage funktioniert. Danach schien alles wieder vergessen. Alles lag wieder im Flur wie eh und je.

Hier lauert eine Falle: Wenn es nicht gleich klappt, werden wieder unsere Glaubenssätze getriggert! Jetzt könnte Caroline denken: »Ist ja klar, ich bin also doch der Fußabtreter.« Nach einer »Niederlage« fallen wir womöglich, wie Caroline, in unsere kindlich geprägten Glaubenssätze zurück und denken: »Ach, sieh doch. Es klappt nicht. Ich bin also nichts wert. Ich werde nicht gesehen. Auch wenn ich mir noch so viel Mühe gebe. Hier ist der Beweis …«

Jetzt musst du standhaft bleiben. Ertappe dich auch hier. Überlege, wie du für dich sorgen kannst, dass dich auch ein Rückschlag oder Frustrationen nicht sofort umhauen. Gib dir zum Beispiel vier Wochen, in denen du dir vornimmst, dich für dein neues Verhalten einzusetzen und nicht aufzugeben. Du wirst sehen: Mit etwas Zeit und Dranbleiben verändert sich viel.

Eine ausführliche Beschreibung, wie du dich ertappen kannst, findest du im Abschnitt Ertappe dich! *auf Seite 109.*

Nun hast du vermutlich einige negative Glaubenssätze gefunden, die dazu führen können, dass du in manchen Situationen mit deinem Kind emotional überreagierst. Wenn du diese Sätze gut im Auge behältst, dann kannst du dich fortan rechtzeitig ertappen, wenn dein Glaubenssatz wieder »getriggert« wird, und dich dann leichter wieder einfangen und angemessen auf dein Kind reagieren.

EXKURS: WENN ICH MEIN KIND AM LIEBSTEN SCHLAGEN WÜRDE

Wir haben lange darüber nachgedacht, ob wir dieses heikle und komplexe Thema überhaupt anschneiden sollen. »Gewalt gegen Kinder« hat so viele Facetten, dass man zwangsläufig nicht auf alle eingehen kann. Aber natürlich können wir diese dunkle Seite von Elternschaft nicht aussparen, zumal es häufiger vorkommt, als wir vielleicht zunächst vermuten, dass Eltern im Affekt ihre Kinder schlagen. Viele Eltern haben uns erzählt, dass sie, obwohl sie es nicht wollten, ihr Kind schon einmal gehauen haben. Dabei berichten sie zögerlich und schämen sich für ihr Handeln. Umso wichtiger erschien es uns, dieses Tabuthema aufzurollen.

Welche Prozesse bringen Eltern dazu, die Hand gegen ihr Kind zu erheben? Nur wenn wir verstehen, was hinter den Handgreiflichkeiten steckt, können wir dem Verhalten einen Riegel vorschieben. Denn es ist niemals gut oder richtig, ein Kind zu schlagen – NIEMALS.

Gewalt gegen Kinder hat eine Geschichte

Der Einsatz körperlicher Strafe als Erziehungsmaßnahme war im letzten und vorletzten Jahrhundert noch gang und gäbe. Die (schwarze) Pädagogik war davon durchzogen, dass der Erwachsene mit allen Mitteln seine überlegene Position festigte – als Bestimmer. »Du tust jetzt sofort, was ich dir sage, sonst setzt es was.« Es gab eine klares Oben und Unten. Und wehe, ein Kind gehorchte nicht.

Beim althergebrachten autoritären Erziehungsstil gab der Erwachsene den Ton an und die Kinder wurden dazu gebracht zu folgen. Schläge waren zu Hause wie auch in der Schule nichts Ungewöhnliches. Kinder zu verprügeln war eine normale und gesellschaftlich abgesegnete Erziehungsmaßnahme. Über viele Jahre hinweg wurde Eltern das sogenannte Züchtigungsrecht zugestanden. Geschlagen zu werden gehörte über viele Jahrzehnte zu einer Kinderbiografie dazu. Unsere Großeltern, Urgroßeltern und Ururgroßeltern wurden sehr wahrscheinlich von ihren Vätern und Müttern und/oder Lehrern geschlagen.

Das hat sich Gott sei Dank gewandelt. Mittlerweile leben wir in einer Gesellschaft, in der Einigkeit darüber besteht, dass man Kinder nicht schlagen darf. Dies ist auch im Gesetz zur »Ächtung von Gewalt in der Erziehung« rechtlich verankert.

Trotzdem sind Gewalt und Gewaltandrohung Kindern gegenüber immer noch an der Tagesordnung. Man vermutet, dass in jedem Klassenzimmer zwei von körperlicher Misshandlung betroffene Kinder sitzen.[12]

Wie Misshandlung entstehen kann

Wie kommt es dazu, dass Eltern ihre Kinder schlagen? Was geht in ihnen vor? Nicht selten ist es so, dass Väter und Mütter, die ihre Kinder regelmäßig schlagen, selbst Opfer von elterlicher Gewalt gewesen sind. Das Vorbild ihrer Eltern hat sich – auch wenn sie dies gar nicht wollten – in ihnen eingeprägt und als Erwachsene konnten sie sich innerlich nicht davon lösen. Kleine Kinder empfinden das Verhalten ihrer Eltern immer als richtig, weil sie gar nicht den Überblick haben, sich ein moralisch unabhängiges Urteil von ihnen zu machen. Außerdem sind sie psychisch darauf angewiesen, ihre Eltern als »gut und richtig« zu empfinden, ansonsten würde sie eine übermächtige Angst davor befallen, völlig schutzlos in der Welt zu sein.

Mit diesem Winkelzug sorgt die kindliche Seele dafür, dass Vater und Mutter in den Augen des Kindes die guten Eltern bleiben, die es, wie jedes andere auch, zum Überleben braucht.

Sind die Eltern selbst jedoch die größte Gefahrenquelle in der Welt der Kinder, weil sie diese schlagen, dann müssen die Kinder in der Folge diese schlimmen Erlebnisse komplett innerlich wegsperren, um nicht in Panik und Orientierungslosigkeit zu verfallen.

Kleine Kinder identifizieren sich immer mit ihren Eltern – diese sind groß und mächtig und die Kinder fühlen sich ihnen ohne jeden Zweifel verbunden. Normalerweise lieben Kinder ihre Eltern. Immer. Wenn Eltern sie schlagen, verwandelt sich die Liebe in blinde Abhängigkeit. Tief in ihrem Innern fühlen sie sich aber ohnmächtig. Ein sehr unangenehmes Gefühl. Die

Kinder tun deshalb alles dafür, um Vater und Mutter bei Laune zu halten und weitere Schläge zu verhindern. So verscheuchen sie die eigene Ohnmacht und versuchen, die Beziehung günstig zu beeinflussen. Jeder Gewaltausbruch spornt sie noch mehr an. Die Bindung zu den Eltern ist dann sehr stark, aber nicht gut. Letztlich passiert etwas Paradoxes: Die Kinder von gewalttätigen Eltern identifizieren sich nicht nur einfach mit ihnen, sondern idealisieren sie zusätzlich. Das ist nötig, um beispielsweise die Schattenseiten des gewalttätigen Vaters zu übertünchen. Kinder haben keine Wahl. Sie müssen sich mit den Menschen identifizieren, bei denen sie aufwachsen.

In dieser unguten Beziehung lernen sie jedoch etwas, was sie später, wenn sie selbst Eltern werden, leicht zu Tätern werden lässt. Denn wenn Ohnmacht bedeutet, geschlagen zu werden, dann bedeutet Macht, selbst zu schlagen. Das Kind speichert also in seinem Erfahrungsschatz ab, dass der mächtige Mensch der physisch stärkere ist. Werden diese Erfahrungen später nicht reflektiert, so kann das misshandelte Kind als Jugendlicher und Erwachsener selbst ein sehr hohes Machtmotiv entwickeln und eventuell auch eine Tendenz zu Gewalt.

Nicht wenige Menschen bleiben, wenn sie erwachsen sind, in der Identifikation mit ihren Eltern verhaftet, ohne ihre Kindheitserfahrungen kritisch zu hinterfragen. Sie fühlen sich mit ihren Eltern loyal verbunden, egal, was gewesen ist. Sie gestehen sich nicht ein, wie schlimm es früher war. Zu groß ist oft die unterschwellige Angst, dass traumatische Erinnerungen sie sonst überrollen könnten. Manchmal erinnern sie sich gar nicht mehr an ihre Kindheit. Schon früh haben sie gelernt, ihre Gefühle wegzusperren, um die Situation daheim auszuhalten. Angst, Verlassenheit und Ohnmacht waren zu mächtig, um gefühlt werden zu dürfen.

Man nennt diesen Prozess auch Abspaltung. Die Abspaltung von Gefühlen, also das Nicht-Fühlen, ermöglicht es Opfern, emotional zu überleben.

Hierbei handelt es sich um einen sogenannten Selbstschutzmechanismus. In der Kindheit ist dieser Selbstschutz eine Überlebenstaktik. Doch diese Erfahrungen prägen unser Gehirn auf tiefster Ebene und sofern wir sie nicht reflektieren, nehmen wir diesen Blick auf die Welt mit in unser Erwachsenenleben. Wenn ein Erwachsener, der früher Gewalt erlebt hat, sich nicht mit seiner Vergangenheit auseinandersetzt, bleibt er also seiner kindlichen Prägung verhaftet.

Diese negativen Prägungen bezeichnen wir in der Psychologie auch als **Schattenkind**. Damit meinen wir die Seite unserer Persönlichkeit, in der sich Verletzungen, Vernachlässigungen und auch Gewalterfahrungen aus unserer Kindheit festgesetzt haben. Am deutlichsten zeigt sich das Schattenkind in unseren negativen Glaubenssätzen.

Menschen, die als Kind Gewalt erlebten, haben ein Schattenkind in sich entwickelt, das oftmals von seinen Gefühlen abgespalten ist. Diese Menschen mussten als Kinder ständig ihre negativen Gefühle wegschieben, um zu überleben – und tun dies auch als Erwachsene noch.

Die eigenen Gefühle sind jedoch die Voraussetzung für Mitgefühl. Wenn ich also selbst keinen (guten) Zugang zu meiner Angst, Trauer oder Hilflosigkeit habe, dann wird es mir auch nicht möglich sein, mich in die Gefühle meiner Kinder hineinzuversetzen. Die Abspaltung meiner Gefühle führt also zu einer starken Verrohung und Gefühlsblindheit, die es mir später ermöglicht, mitleidslos zu sein und zum Täter zu werden. Ein wichtiges, unbewusstes Motiv des Schattenkinds der Täter ist, sich nie wieder so gedemütigt und ausgeliefert zu fühlen, wie sie es bei ihren Eltern erfahren haben. Hierfür ein Beispiel: Marko ist Vater des dreijährigen Jimmy. Marko wurde von seinem Vater als Kind massiv misshandelt –

Im Kapitel Schattenkind, Sonnenkind und der innere Erwachsene *gehen wir auf das Schattenkind, seine Entstehung und seine Eigenschaften noch ausführlicher ein (Seite 106).*

die Mutter hat weggeschaut. Marko hat sich das Unrecht, das ihm widerfahren ist, aber nie eingestanden. Er bewundert seinen »starken« Vater bis heute und hat seine Kindheit und die Auswirkung auf sein emotionales Erleben nie reflektiert. Stattdessen dient sein Vater ihm unbewusst als Vorbild – auf der einen Seite. Auf der anderen Seite trägt Marko das gedemütigte Schattenkind in sich. Dieses will sich nie wieder so fühlen wie damals, wenn er ängstlich hoffte, dass sein Vater beim Abendessen nicht plötzlich wütend werden würde, weil er in seinen Augen irgendetwas falsch gemacht hatte. Manchmal brachte ihm schon ein lautes Klappern mit der Gabel eine Tracht Prügel ein. Deswegen hat Marko – genau wie sein Vater – unbewusst ein sehr hohes Machtmotiv entwickelt. Er muss in jedem Fall die Oberhand behalten. Nie wieder, so hat er sich vorgenommen, darf er ein ohnmächtiges Opfer sein. Nun kommt es aber, wie mit jedem Kind, auch mit Jimmy immer wieder zu Machtkämpfen. Wenn sein Sohn ihn also aus frechen Augen anblickt und bockig auf eine seiner Anweisungen reagiert, dann kocht sofort die Wut im Vater hoch: Der Junge hat keinen Respekt! Gerade weil Marko selbst als Kind keinerlei Respekt von seinem Vater erfahren hat, reagiert er immer außerordentlich empfindlich, wenn er das Gefühl hat, dass jemand seine Machtstellung infrage stellt. Der herausfordernde Blick seines Sohnes triggert sein Schattenkind in Sekundenschnelle – er wird wütend und schlägt sein Kind.

Dieses Beispiel von Kindesmisshandlung zeigt, wie ein ehemals gedemütigtes und misshandeltes Opfer im Erwachsenenleben zum Täter werden kann.

Deswegen ist es so außerordentlich wichtig, sich mit seinen Prägungen und seinem Schattenkind auseinanderzusetzen, insbesondere beim Thema Gewalt. Wenn man das aber tut, hat man eine sehr gute Chance, seine negativen Erfahrungen nicht an die eigenen Kinder weiterzugeben, sondern diese mit Liebe und Respekt zu behandeln.

Wenn liebevollen Eltern die Hand ausrutscht

Neben schwerer Kindesmisshandlung kommt es vor, dass Eltern – wie man so schön sagt – »die Hand ausrutscht«. Johanna erzählt: »Ein einziges Mal habe ich meinen Sohn geschlagen. Ich stand in der Küche und wir haben uns darum gestritten, wer den Abwasch macht. Er hat irgendetwas Freches zu mir gesagt und da habe ich ihm eine Ohrfeige gegeben. Danach fühlte ich mich schrecklich und habe mich wohl tausendmal bei ihm entschuldigt – oh weih.« In unseren Gesprächen mit Eltern haben viele zugegeben, dass sie ihr Kind schon einmal geschlagen haben. Trotzdem wird darüber nicht viel geredet. Eltern wissen, dass es unrechtmäßig und falsch ist, und schämen sich zumeist für den Ausrutscher. Wieso kommt es aber dazu?

In unserem Beispiel war die Situation folgende. Johanna trägt seit ihrer Kindheit den negativen Glaubenssatz in sich: »Ich muss immer lieb und artig sein, sonst liebt mich keiner.« Auch jetzt als Erwachsene scheut sie Konflikte und Auseinandersetzungen aus Angst vor Ablehnung. Gerne würde sie etwas von der Hausarbeit an ihren achtjährigen Sohn und ihren Mann übertragen, traut sich aber nur halbherzig, die Hilfe einzufordern. Doch jetzt, an diesem Tag, läuft das Fass über. Die Bemerkung ihres Sohns holt all den Frust über die jahrelange Anpassung nach vorne. Das war kein bewusster Vorgang, aber sie fühlte sich auf einmal in die Enge gedrängt und war plötzlich fest davon überzeugt: »Jetzt muss ich mich behaupten, sonst gehe ich unter!« Zu lange war sie dem Glaubenssatz ihres Schattenkindes gefolgt. Ihr Sohn war der unfreiwillige Auslöser für diese innere Explosion und Stellvertreter für alle diejenigen, denen Johanna gerne einmal die Meinung gesagt oder gegen die sie sich gerne

Wie kann es passieren, dass sehr zugewandte Väter und Mütter sich nicht mehr anders zu helfen wissen? Meistens hat das Kind auf ein bestimmtes Knöpfchen gedrückt. Es hat etwas gesagt oder getan, das einen negativen Glaubenssatz triggert.

einmal gewehrt hätte. Sie schlägt ihren Sohn, der nichts dafür kann. Er hat nur den »Knopf« gedrückt.

Will Johanna in Zukunft solche Überreaktionen vermeiden, dann müsste sie ihre Gefühle besser im Auge behalten. Es ist nämlich so, dass sie die vielen kleineren Verletzungen ihrer inneren Grenzen gar nicht bemerkt und einfach »wegsteckt«. Erst wenn ihr Ärger eine gewisse Schwelle übersteigt, registriert sie ihn, aber dann ist es oft schon zu spät. Hierzu ist anzumerken, dass Wut und Ärger Gefühle sind, die uns Stärke verleihen. Wut lässt uns die Angst überwinden. Mit ihrer Hilfe können wir unsere Grenzen verteidigen und, wenn es sein muss, sogar unser Leben. Konfliktscheue Menschen haben Angst – auch bei ihren Kindern –, auf Ablehnung zu stoßen. Manchmal müssen sie erst richtig wütend werden, um diese Angst zu überwinden. Und dann kann es passieren, dass sie aus einem nichtigen Anlass ins Gegenteil verfallen und explodieren. Deswegen wäre es wichtig, dass Johanna ihre Gefühle und ihr Schattenkind gut wahrnimmt, um rechtzeitig zu erkennen, wenn ihr etwas gegen den Strich geht. Je früher sie ihren Unmut registriert, desto angemessener kann sie reagieren.

Erste Hilfe für Eltern

Solltest du in die Gefahr geraten, dein Kind schlagen zu wollen, ist das ein deutliches Kennzeichen von Überforderung und du brauchst sehr schnell eine Entlastung. Die folgenden Maßnahmen können dir helfen.

◇ *Akuthilfe:* Am besten gehst du in solch einem Moment sofort aus der Situation heraus und verlässt das Zimmer. Ist dein Kind noch sehr klein und kann nicht unbeaufsichtigt bleiben, setze es nach Möglichkeit noch in sein Gitterbett oder an einen anderen sicheren Ort – vorausgesetzt, du kannst es ohne die Wucht der Wut. Dann versuche, dich zu beruhigen, indem du dich bewegst. Du kannst dich richtiggehend schütteln, die Arme, die Hände und die Beine ausschütteln. Schüttle die Wut aus dir heraus.

◇ *Durch Atmung die Gefühle regulieren:* Atme tief ein und aus. Nimm beim Einatmen einen wirklich tiefen Atemzug und beim Ausatmen atme alle Luft aus. Selbst wenn du das Gefühl hast: »Da ist keine Luft mehr zum Ausatmen«, dann quetsche noch das letzte Quäntchen Luft aus deinen Lungen heraus. Lass die nun folgenden drei bis vier Atemzüge natürlich kommen.
Danach kannst du noch einmal nach dem obigen Schema tief ein- und ausatmen. Eine auf diese Weise vertiefte und verlangsamte Atmung signalisiert unserem Gehirn, dass kein Grund zur Aufregung besteht. Wer langsam und tief atmet, ist in aller Regel recht gelassen. Es besteht in unserem Gehirn eine Verknüpfung zwischen unserem Atemmuster und unseren Gefühlen: ruhiger Atem – ruhige Gefühle. Das machen wir uns zunutze. Wenn wir nun bewusst tief und ruhig atmen, kommt das ruhigere Gefühl in aller Regel hinterher. Probiere es aus.

Am besten, du übst diese emotionsberuhigende Form des Atmens ein, wenn du nicht wütend bist. Denn dann kannst du sie im Falle eines Falles leichter einsetzen.

◇ *Weitere Maßnahmen:* Überlege im Nachhinein, was dich genau angepikst oder getriggert hat. Setz dich damit auseinander. Überlege: Was habe ich über mein Kind gedacht, als ich so wütend wurde? Welcher Glaubenssatz in mir ist angesprungen?

Gute Anregungen zum Nachdenken findest du auch bei der Reflexionsinsel *Schwierige Situationen unter der Lupe,* siehe Seite 90.

Geht es dir um Respekt? Wartest du manchmal zu lange, bis du deinen Unmut kundtust? Denk darüber nach, wie du deine Grenzen aufzeigen kannst, ohne übergriffig zu werden. Was könntest du konkret sagen oder tun?

Sprich mit deinem Partner oder deiner Partnerin über diese Erfahrung. Überlegt gemeinsam, wie ihr euch entlasten könnt. Es muss ja nicht jeder alles machen. Der eine findet es vielleicht nervenaufreibend, mit dem Kind einkaufen zu gehen, fährt aber lieber zum Kinderarzt mit ihm, was der andere hasst. Tauscht euch darüber aus, in welchen Situationen mit dem Kind ihr besonders angespannt seid und ob euch da der Partner/die Partnerin zu Hilfe kommen kann. Alleinerziehende können ein ähnliches Gespräch vielleicht mit anderen Menschen im Umkreis des Kindes führen. Vielleicht kann der Opa, die Oma oder eine Freundin aushelfen? Wir raten allen betroffenen Eltern, sich möglichst bald Unterstützung zu holen!

Sehr gute Hilfen bieten auch Erziehungsberatungsstellen, Kinderschutzzentren und Partner-, Ehe-, Familien- und Lebensberatungen. Kinder- und Jugendnotdienste sind Anlaufstellen für Kinder, Jugendliche und Eltern in akuten Krisen.[13]

KINDER SPIEGELN UNSEREN SELBSTWERT

Unseren Selbstwert entwickeln wir im Kontakt mit unseren Eltern. Sie spiegeln ihn, indem sie uns anlächeln oder – im ungünstigen Fall – unbestimmt oder negativ auf uns reagieren. Diese Konditionierung bleibt uns ein Leben lang erhalten. Es ist normal, dass wir in Beziehungen darauf achten, wie andere auf uns reagieren. Lächelt uns jemand an? Zieht er die Augenbrauen hoch, wenn er uns sieht? Wenn ich als Kind nicht erfahren habe, dass ich geliebt wurde, bleibt mir als Erwachsener eine übertriebene Sensibilität für mögliche Abwertungen und Angriffe erhalten.

Beim Beispiel von Alexander und Julius fühlt sich der Vater in seinem Selbstwert bedroht, weil das Kind ihm »scheinbar« spiegelt, dass er keine Respektsperson ist. Es ist wichtig für Alexander, dass er diesen Mechanismus durchschaut und sich so klarmachen kann, dass das Verhalten seines Kindes nichts über seinen Wert als Vater und Mensch aussagt. Er sollte das Verhalten seines Sohns nicht als einen Spiegel für seine Wertigkeit als Vater fehldeuten. Eigentlich könnte Alexander wissen, dass sich Julius in der Trotzphase befindet und deshalb rebelliert. Da er aber aufgrund seiner Geschichte keinen stabilen Selbstwert aufbauen konnte, ist er sehr empfindlich, wenn er sich nicht respektiert fühlt. Wenn Julius nicht sofort gehorcht, zieht Alexander die Schlussfolgerung: »Julius ist bockig, also bin ich ein schlechter Vater und wertlos.« Dieser Gedankengang funktioniert blitzschnell, unerwünscht und unbewusst – und löst die heftigen Gefühle bis hin zu Wut und Aggression aus, die Alexander immer wieder im Kontakt mit seinem Sohn überwältigen.

Bei einem schwach ausgeprägten Selbstwertgefühl achtet man immer darauf, ob man wohl ankommt und ob man respektiert wird. Der Selbstwertspiegel ist so groß, dass man sein Selbstwertempfinden von der Reaktion seines Kindes abhängig macht.

Wollte er diesen ungünstigen Automatismus unterbrechen, müsste er die Verbindung »Julius ist bockig – ich bin also wertlos« für sich auflösen. Wenn unsere Kinder uns in unserem Selbstwertempfinden bedrohen, wie Julius bei Alexander, dann drücken sie sozusagen unseren Selbstwertknopf. Diesen können wir entkoppeln, wenn wir uns die Konfliktsituation noch einmal bewusst vor Augen führen und unser Kind mit seinem Verhalten nicht länger als »Spiegel unseres Selbstwerts« betrachten. Alexander könnte also zunächst die Situation mit Julius analysieren und sich dann mit der folgenden Übung bewusst aus dem Selbstwertspiegel herausnehmen.

REFLEXIONSINSEL: AUS DEM SELBSTWERTSPIEGEL HERAUSTRETEN

Vielleicht hast du bei unseren Ausführungen zu Alexander und Julius darüber nachgedacht, ob du dich vom Verhalten deines Kindes auch so schnell verunsichert fühlst und an dir zweifelst? Dann kann es sein, dass du das Verhalten deines Kindes zu stark auf dich beziehst. Mithilfe der nun folgenden Schritte kannst du aus der Selbstwertspiegelung heraustreten. Am Beispiel von Alexander verdeutlichen wir, wie du die Übung ausführen kannst.

1. ***Ziehe in deiner Vorstellung eine Glaswand zwischen dich und dein Kind.*** *Du stellst dir also vor, dass zwischen dir und ihm eine durchsichtige Mauer existiert. Du kannst es dann zwar sehen, aber ihr seid in zwei durch die Glaswand getrennten Räumen. Das verschafft dir* ***etwas Abstand*** *und hilft dabei, dass du das Verhalten deines Kindes nicht unmittelbar auf dich beziehst. – Alexander stellt sich vor, wie zwischen ihm und Julius eine Plexiglaswand aus dem Boden wächst – wie bei einem Autofenster. Nachdem die Scheibe eingezogen ist, atmet er erst einmal tief durch.*

2. ***Übernimm die Verantwortung für deine Anteile an der Situation,*** *in dem Wissen, dass dein Kind nicht daran schuld ist, wenn du so aufgewühlt oder aufgebracht bist. Durch diesen Schritt kommst du aus den Gefühlen heraus und sprichst den vernünftigen erwachsenen Teil in dir an. Man muss erwachsen sein, um Verantwortung für sich und sein Verhalten zu übernehmen. – Alexander sagt sich innerlich: »Ich übernehme die Verantwortung für meinen Ärger. Ich fühle mich von Julius gekränkt. Das ist nicht sein Fehler. Die Kränkung füge ich mir selbst zu, indem ich es zulasse, dass sein Verhalten meine negativen Glaubenssätze triggert und mein Schattenkind aktiviert. Dann fühlt es sich so an, als respektiere Julius mich nicht.«*

3. ***Überlege in Ruhe,*** *ob das Verhalten deines Kindes wirklich etwas* ***über deinen Wert*** *(als Vater/als Mutter/als Mensch) aussagt. – Erst jetzt fällt Alexander wieder ein, dass seine Beziehung zu Julius auch oft schöne Seiten hat. Das ist typisch für unser Gedächtnis. Sind wir sehr emotional, können wir nur an Dinge denken, die unser Gefühl bestätigen. Bei Alexander war es der Ärger. Durch den Abstand der imaginierten Glaswand wird ihm bewusst, dass Julius' Verhalten gar nichts mit ihm zu tun hat. Er spürt auch, dass er ein guter Vater ist.*

4. ***Versuche zu verstehen,*** *was mit deinem Kind los ist, was also* ***seine Botschaft an dich*** *ist. Dafür kannst du auch das Kapitel zum Einfühlungsvermögen ab Seite 139 heranziehen. – Als sich Alexander in Julius hineinversetzt, wird ihm klar, dass Julius sich im Trotzalter befindet und dass es ganz normal ist, wenn er häufiger Widerworte gibt oder nicht tut, was man ihm sagt. Er sieht, dass es ein wichtiger Schritt in der Entwicklung des Kindes ist – und er ist das erste Mal sogar ein wenig stolz darauf, dass sein Sohn jetzt schon so groß ist, dass die erste Ablösungsphase beginnt. Ihm wird auch klar, dass Julius mit ihm in gewisser Weise seine Kräfte messen will und dass es schon okay ist, standhaft zu bleiben – allerdings ohne die Wut, die einem gekränkten Selbstwert entspringt, sondern einfach als verantwortlicher Vater, der sich nicht von Wutanfällen manipulieren lässt.*

Versuche auch in Zukunft, dein Selbstwertgefühl nicht vom Verhalten deines Kindes abhängig zu machen. Du wirst merken, dass dann eine Last von dir abfällt und Streitereien weniger schnell eskalieren.

SCHATTENKIND, SONNENKIND UND DER INNERE ERWACHSENE

In den letzten Kapiteln ging es viel um Prägungen aus der Kindheit und wie sie uns auch als Erwachsene beeinflussen. Die Gesamtheit aller Erfahrungen, die wir als Kinder gemacht haben, sind fest in uns verankert. Sie sind ein Teil unserer Persönlichkeit. Häufig sind uns diese frühen Prägungen jedoch nicht bewusst, aber wir nehmen sie als »psychisches Programm« mit in unser Erwachsenenleben.

Für dieses innere Programm gibt es in der Psychologie ein Bild: **das innere Kind**. In jedem von uns steckt ein inneres Kind, das wesentlich mit darüber bestimmt, wie wir denken, fühlen und handeln. Es repräsentiert unsere Glaubenssätze sowie die Gefühle, die mit diesen Sätzen einhergehen. Auch wie wir in den Themen Autonomie und Bindung aufgestellt sind, ist dem Persönlichkeitsanteil des inneren Kindes zuzuordnen, weil es sich auch hierbei um frühe kindliche Prägungen handelt.

Das Bild vom inneren Kind drückt aus, dass wir uns nicht zwangsläufig als erwachsen erleben, obwohl wir es längst sind. Oder: Selbst wenn wir erwachsen sind, haben wir unsere Kindheit nicht völlig abgelegt. Um das zu verstehen, kann man sich unsere Psyche wie ein Haus mit mehreren Bewohnern – verschiedenen Persönlichkeitsanteilen – vorstellen. Einer von ihnen ist das innere Kind.

Die Jahre bis zu unserem sechsten Geburtstag sind besonders prägend für unsere Persönlichkeit.

Wir unterscheiden in der Beschreibung des inneren Kindes noch einmal zwischen dem Persönlichkeitsanteil des **Schattenkindes** und des **Sonnenkindes**. Während das Schattenkind eine Metapher für unsere problematischen Kindheitsprägungen ist, steht das Sonnenkind für unsere positiven Prägungen sowie dafür, was wir uns heute als Erwachsene selbst an positiven Einstellungen aneignen können. Schließlich sind wir jetzt groß und nicht mehr abhängig von unseren Eltern. Wir sind in der Lage, neue und gute Erfahrungen zu machen und diese in uns zu verankern. Hierdurch können wir das Sonnenkind in uns stärken. Das Sonnenkind steht zudem für alle positiven Kräfte in uns, wie Neugier, Spontaneität, Lebensfreude, Kreativität, Genussfreude, Tatendrang und so weiter. Wenn wir also im Folgenden vom Schattenkind sprechen, dann meinen wir jenen Persönlichkeitsanteil, der durch negative Glaubenssätze geprägt ist und sich eher nach zu viel Bindung oder zu viel Autonomie sehnt.

Vielleicht hast du bei der Lektüre des Abschnitts Negative Glaubenssätze schwächen den Selbstwert *auf Seite 75 und in der Reflexionsinsel* Negative Glaubenssätze erkunden *auf Seite 78 bereits herausgefunden, wie dein Schattenkind tickt.*

Sprechen wir vom Sonnenkind, dann meinen wir damit deine Ressourcen und den starken und lebensfrohen Anteil deiner Persönlichkeit. Das Sonnenkind ist durch unsere positiven Glaubenssätze geprägt (siehe dazu auch Seite 82).

Schließlich gibt es noch den **inneren Erwachsenen** als einen weiteren Persönlichkeitsanteil. Dieser wird in der Psychologie auch häufig als das Erwachsenen-Ich bezeichnet. Hierunter versteht man den logisch denkenden Verstand. Das Erwachsenen-Ich kann unaufgeregt und neutral über Dinge nachdenken. Es wird nicht von Gefühlen bestimmt. Aus dem Erwachsenen-Ich heraus ist es uns möglich, in Ruhe und nüchtern abzuwägen, welches Handeln in welcher Situation wirklich Sinn macht. Auch die Fähigkeit, ÜBER uns nachzudenken, also ein wenig aus der Adlerperspektive auf uns selbst zu gucken, ist im Erwachsenen-Ich beheimatet.

Wenn du dich auf unsere Reflexionsinseln einlässt, dann wirst du dies zunächst mit deinem Erwachsenen-Ich tun. Denn nur mit deinem klar denkenden Verstand kannst du über dich selbst reflektieren. Der oder die Erwachsene in dir sagt dann zum Beispiel: »Das schaue ich mir jetzt einmal in aller Ruhe an. So wie es derzeit läuft, gefällt mir das nicht. Eigentlich möchte ich meine Kinder mit mehr Leichtigkeit und Souveränität erziehen und mehr Freude im Familienalltag erleben.«

Mithilfe des Erwachsenen-Ichs können wir uns auch bewusst unseren negativen Glaubenssätzen nähern, ohne dass wir sofort in Ängste oder Minderwertigkeitsgefühle abrutschen. Wir können uns aus ihm heraus unserem Schattenkind nähern und es besser kennenlernen. Wir können sehen, welche negativen Glaubenssätze es in sich trägt – und wie sich diese auf unsere Wahrnehmung und unser Handeln auswirken. Auf diese Weise können wir lernen, bewusster mit unserem Schattenkind umzugehen. Dann können wir uns willentlich für einen neuen Umgang mit unseren Kindern entscheiden und anfangen, dieses neue Verhalten zu üben.

Ein Beispiel zeigt, wie das im Alltag aussehen kann: Elisabeth ließ sich von ihren Versagensängsten steuern und trieb deshalb ihre Tochter zu Höchstleistungen an. Ihr Schattenkind hatte die Führung übernommen, ohne dass ihr dies bewusst war. Erst mithilfe ihres Erwachsenen-Ichs konnte sie ihr Handeln hinterfragen. Es befähigte Elisabeth dazu, überhaupt zu merken, dass es ihr Schattenkind ist, das die Tochter immerzu antreibt. Erst jetzt hatte sie eine Chance, genau hinzuschauen, was ihr Kind wirklich brauchte, – und ihr Verhalten zu verändern. Unser Schattenkind kennenzulernen ist der erste wichtige Schritt, um unsere negativen Prägungen besser in den Griff zu bekommen, um dann neue, bessere Entscheidungen in allen Beziehungs- und Erziehungsfragen zu treffen.

Nun soll es darum gehen, dass du dein Schattenkind überhaupt kennenlernen kannst. Der erste wichtige Schritt dorthin ist: Du musst dich selbst ertappen.

ERTAPPE DICH!

»Ertappe dich!« – Das ist eine Aufforderung, die dir vielleicht erst einmal seltsam erscheint. Aber genau darum geht es, wenn wir uns selbst und unserem Verhalten als Eltern auf die Schliche kommen wollen. Im alltäglichen Trubel mit unseren Kindern fällt uns oft gar nicht auf, was wir gerade machen. Wir reagieren aus dem Bauch heraus und schimpfen beispielsweise mit unserem Kind. Normalerweise denken wir dann nicht darüber nach: »Mache ich es richtig? Wollte ich wirklich schimpfen?«, sondern wir handeln spontan – aus der Dynamik des Augenblicks heraus. Oder anders ausgedrückt: Wir sind in diesem Moment in der **Feldperspektive** gefangen.

> *Diesen Blickwinkel nehmen wir immer dann ein, wenn wir mit Haut und Haaren in einer Situation stecken: Wir sind mittendrin und schauen kein Stück über den Tellerrand.*

Im Gegensatz dazu steht die **Beobachterperspektive**. Sie ermöglicht es uns, dass wir uns selbst mit etwas Abstand, von außen, wahrnehmen. Beobachte ich mich, kann ich mich sehen und bin nicht im Gefühl verhaftet. Die Beobachterperspektive ist gleichzusetzen mit unserem Erwachsenen-Ich, denn hier zählt nur der klare Verstand. Erst aus ihrem Blickwinkel kann ich eine Situation bewerten und erkennen, was für ein Spiel gerade gespielt wird. Alexander, der sich angesichts der Bockigkeit seines Sohnes wie ein Vater-Versager fühlte, konnte aus der Beobachterperspektive erkennen, dass er sich in einen Machtkampf verstrickt. Das funktionierte in der Feldperspektive nicht. Denn da reagierte er nur nach vertrauten Mustern.

Die Feldperspektive

Die Feldperspektive ist nicht per se schlecht. Jeder kennt den Rat, man solle doch mehr im Hier und Jetzt leben. Genau das entspricht ihr. Wir brauchen sie, damit wir schöne Begebenheiten voll auskosten können. Nehmen wir an, wir sitzen mit den Kindern im Eiscafé. In der Feldperspektive können wir diesen Moment mit allen Poren genießen. Wir schmecken das süße Eis auf der Zunge, spüren die Wärme der Sonne auf der Haut, hören das Lachen der Kinder und das innere Sonnenkind kommt voll auf seine Kosten. Hier wäre die Beobachterperspektive sogar störend und würde uns aus dem Sonnenkind-Gefühl herausreißen. Denn wenn wir uns von außen sehen, wie wir im Eiscafé sitzen, und uns dabei vielleicht noch fragen, ob wir gerade alles richtig machen, ist der Genuss zerstört. Sobald wir uns von außen sehen, sind wir nicht mehr fühlend anwesend. Der Trick besteht also darin, schöne Erlebnisse in der Feldperspektive wahrzunehmen.

Die Beobachterperspektive

In unangenehmen Situationen, wie bei einem Streit oder wenn wir uns bedroht oder in die Ecke gedrängt fühlen, wäre es hingegen oft gut, die Beobachterperspektive einzunehmen und sich zu fragen: »Was mache ich da eigentlich?« Denn nur aus diesem Blickwinkel – also aus der Perspektive unseres Erwachsenen-Ichs – können wir uns dabei ertappen, wie wir aus unserem Schattenkind heraus agieren. Doch leider ist es oft so, dass wir gerade in diesen unangenehmen Momenten voll in der Feldperspektive gefangen sind – insbesondere dann, wenn unser Schattenkind getriggert ist. Die negativen Empfindungen, die hier beheimatet sind, ziehen uns ruckzuck in die Feldperspektive hinein. Wir halten unsere Gefühle, wie Wut oder Angst, und unsere negativen Glaubenssätze für wahr. Aus der Feldperspektive heraus können wir unser Schattenkind nicht erkennen, da wir eins mit ihm sind.

Denken wir noch einmal an Markus, den es so aufgeregt hatte, dass sein kleiner Sohn Paul mit der Butter spielte. Markus ist es gelungen, sich zu ertappen. Immerhin konnte er sich so weit wieder einfangen, dass er seinen Sohn nicht geschlagen hat. Trotzdem hat er sein Schattenkind erst im Nachhinein wirklich erkannt, als er *über* die Situation mit seiner Frau gesprochen hat. Im Gespräch erinnerte er sich daran, wie wichtig seiner Mutter die Sauberkeit gewesen ist. Ständig hatte sie geputzt. Er und seine Schwester durften bloß keinen Dreck ins Haus schleppen. Markus war ein artiger Junge, der sich darum bemühte, es seiner Mutter recht zu machen. Er hat ihre Erziehungsprinzipien verinnerlicht. Deshalb hat er selbst einen leichten Sauberkeitsfimmel entwickelt.

Mithilfe seines Erwachsenen-Ichs ist Markus im Gespräch mit seiner Frau in die Beobachterperspektive geschlüpft und hat die »Butter-Eskalation« mithilfe der Fragen auf Seite 104 genauer unter die Lupe genommen.

Seine Erkenntnis: Der Auslöser für seine Wut war, dass Paul Löcher in die Butter bohrte. Folgende Glaubenssätze wurden bei Markus losgetreten: »Mit Essen spielt man nicht«, »Das darf man nicht. Das ist widerwärtig« und »Das ist böse«. Seine Gefühle waren Ekel und Wut. In der Folge schrie er Paul an. In Zukunft würde er gerne seinem Sohn in Ruhe sagen: »Ich möchte nicht, dass du mit Lebensmitteln spielst.« Bereits die Analyse der Situation mit dem klaren Verstand hilft ihm, etwas Abstand zu seinem Schattenkind zu bekommen.

Doch wie stellt Markus sicher, dass er sich zukünftig rechtzeitig ertappt? Sollte Paul einmal wieder mit Essen herumspielen oder in eine Matschpfütze springen, wird sein Schattenkind vermutlich erneut getriggert. Ein wichtiger Hinweis sind die Gefühle. Spürt Markus »Ekel und Wut«, kann er schon wissen: Vorsicht! Hier agiert mein Schattenkind. Wenn er sich rechtzeitig ertappt, kann er sofort in die Beobachterperspektive, also sein

Erwachsenen-Ich, umschalten und einen Wutanfall verhindern. Wichtig ist, dass er sich **rechtzeitig** ertappt. Sind die Gefühle schon sehr stark, so lassen sie sich kaum noch regulieren.

Das liegt zum Teil auch an den Prozessen in unserem Gehirn. Vereinfacht kann man sich das so vorstellen, als hätten unsere Gefühle im Gehirn ihren eigenen Platz. Sie sind in einer Gehirnstruktur zu Hause, die limbisches System genannt wird. Immer wenn uns gefühlsmäßig etwas sehr bewegt, dann springt dieses Hirnareal an und wirkt sowohl auf unseren Körper als auch auf unser Denken; unser Herz fängt beispielsweise an zu klopfen und die Gedanken rasen. Das passiert innerhalb von Bruchteilen einer Sekunde. Weil Gefühle auch seit Urzeiten dafür da sind, um das Überleben zu sichern, muss es im Zweifelsfall schnell gehen. Erleben wir Angst, können wir die Beine in die Hand nehmen und uns in Windeseile in Sicherheit bringen. Unser vernünftiges Denken, unsere Haltungen und Einstellungen sind dagegen im Frontallappen des Gehirns verankert, also dem Gehirnareal, das direkt hinter unserer Stirn liegt. Dieses arbeitet vergleichsweise langsam. Das heißt: Unsere Gefühle sind schnell und dominant. Sind wir gefühlsgeflutet, hat der logische Verstand, unser Erwachsenen-Ich, zunächst keine Chance. Wir müssen also abwarten, bis die Gefühle wieder abgeflaut sind. Oder wir versuchen bewusst, uns wieder auf den Teppich zu bringen.

So wie Markus geht es uns allen. Ab einer gewissen Intensität haben uns unsere Gefühle oft fest im Griff. Wir sind dann schon so aufgewühlt, dass wir die Gefühlswelle gar nicht so einfach stoppen können.

So lenkst du dich ab

◇ *»Zähl erst einmal bis zehn!«* Das ist ein Tipp, den man in emotional aufgeladenen Situationen manchmal zu hören bekommt. Eigentlich ist damit gemeint: »Lenk dich erst einmal ab.« Manchmal reicht das Bis-zehn-Zählen da nicht. Wir schlagen deshalb vor: Zähle in Siebenerschritten von 385 herunter bis auf null, wenn du sehr aufgewühlt bist. Du wirst sehen: Konzentriertes Zählen beruhigt dein Gehirn. Beim Rechnen müssen nämlich die vernünftigeren Hirnareale, also das Frontalhirn, arbeiten. Dadurch beruhigt sich unser limbisches System, das Gefühlshirn. Eine andere gute Methode, um sich zu beruhigen, ist Bewegung. Durch jede Art der körperlichen Aktivität werden Stresshormone abgebaut.

◇ *»Lauf erst einmal um den Block!«* Das ist auch ein guter Tipp, denn nach einer Runde Laufen hat man sich in der Regel beruhigt. Eine weitere Akutmaßnahme ist die Atemübung (siehe Seite 101). Vielleicht erinnerst du dich? Damit sich die Gefühle beruhigen, muss man in erster Linie so ruhig wie möglich atmen und dabei die Ausatmung betonen, also möglichst lange und tief ausatmen.

◇ *Am besten ist es natürlich,* wenn wir uns beim ersten Anzeichen des Schattenkindgefühls ertappen. Sehr häufig spüren wir Wut oder Angst in der oberen Bauchgegend, zwischen Brustkorb und Bauchnabel. Deutet sich eine emotionale Situation an, verkrampfen wir uns und spüren das deutlich in dieser Körperregion. Es lohnt sich deshalb, auf die ersten Anzeichen einer solchen Verkrampfung zu achten. Sind die Gefühle noch nicht so stark, dann hat man gute Chancen, dass man sie noch aufhalten kann.

Ertappen und umschalten

Kommen wir jetzt noch einmal auf Markus zurück. Wichtig ist, dass er die Verantwortung für die Gestaltung der Eltern-Kind-Beziehung und seine Schattenkindgefühle übernimmt.

Vielleicht könnte es ihm helfen, sein Schattenkind zu trösten (siehe Seite 119). Wenn er sich zudem fest vornimmt, sich in Zukunft zu ertappen und umzuschalten, kann eine tief greifende Veränderung seines Verhaltens geschehen.

»Ertappen und umschalten« ist die Grundlage jeglicher Verhaltens- und Bewusstseinsveränderung. Es sollte dein tägliches Mantra werden. Sobald du dich bei einem typischen Schattenkindgefühl ertappst, schaltest du auf dein Erwachsenen-Ich um und siehst dein Schattenkind aus einer Distanz. Jetzt kannst du aus der Perspektive des Erwachsenen-Ichs überlegen: Wie *möchte* ich denn als Mutter oder als Vater reagieren?

Das Ertappen und Umschalten wird nicht von heute auf morgen funktionieren und ist Übungssache. Aber es ist möglich. Ein Trick: Du kannst dich aus deinem Erwachsenen-Ich heraus klar dafür entscheiden, dass du dich ab jetzt ertappen möchtest: »Von heute an möchte ich mich bewusst dabei ertappen, wie ich in Gefühle aus dem Schattenkind zurückfalle.«

Durch diese Entscheidung bist du nicht automatisch von negativen Gefühlen befreit. Doch sie ermöglicht es dir, beim nächsten Mal nicht wie auf Knopfdruck in die Feldperspektive abzutauchen und in alte Verhaltensmuster zu verfallen. Stattdessen kannst du auf die Beobachterperspektive umschalten und die Situation aus deinem Erwachsenen-Ich heraus weiter betrachten. Wir können dir versprechen: Dies wird dein Leben mit deinen Kindern sehr viel angenehmer machen und dich als Mutter oder Vater ungemein stärken.

Beherzigst du »Ertappen und umschalten« wie einen inneren Leitfaden, kannst du es getrost abwarten, wenn sich die »alten« Gefühle wieder zeigen. Insofern kannst du es vielleicht sogar als etwas Gutes sehen, wenn sich Angst oder Wut melden. Sie sind dann wie ein Hinweiszeichen, vielleicht sogar wie ein Lehrmeister. Caroline, die Mutter, die sich über die Unordnung ihrer Kinder so sehr geärgert hat, merkt zum Beispiel, wie immer die Wut in ihr hochkriecht, wenn diese nichts wegräumen und zum Beispiel eine Banane essen und die Schale liegen lassen. Jedes Mal würde sie den Missetäter am liebsten zusammenstauchen und oft ist sie anschließend lange schlecht gelaunt. Obwohl das »Flurproblem« weitgehend gelöst ist, gibt es noch andere Erziehungssituationen, mit denen sie noch nicht ganz zufrieden ist. Sie sieht hierin eine Chance, sich weiterzuentwickeln und noch mehr über sich selbst und ihr Schattenkind zu erfahren. Deshalb arbeitet sie auch mit der folgenden Reflexionsinsel.

REFLEXIONSINSEL: ERTAPPEN UND UMSCHALTEN

Denke bitte an eine Erziehungssituation mit deinem Kind, in der dein Schattenkind getriggert wird. Du kannst noch einmal die gleiche Situation auswählen, die du bereits »unter die Lupe« genommen hast (auf Seite 104), oder du wählst eine neue. Du brauchst einen Stift und Papier, um deine Erkenntnisse zu notieren. Caroline entscheidet sich mithilfe dieser Reflexionsinsel, die Situation mit der Bananenschale genauer zu beleuchten.

1. ***Versetze dich in dein Schattenkind** – also in das verletzte innere Kind, das in dieser Situation präsent ist – und betrachte und erfühle die Situation aus seiner Sicht. Am besten, du sprichst laut aus, was es jetzt wahrnimmt, wie es die Situation interpretiert und sich dabei fühlt. – Caroline sagt Folgendes: »Ich bin so sauer. Die behandeln mich, als wäre ich Luft. Niemand sieht mich. Dabei strenge ich mich so an, es für alle schön zu machen.« Als sie diese Sätze laut ausspricht, wird ihr bewusst, wie sehr sie diese Gefühle aus ihrer Kindheit kennt. Ihre Eltern waren beide beruflich sehr eingespannt und haben Caroline nicht die Aufmerksamkeit gegeben, die sie sich als kleines Mädchen gewünscht hätte. Caroline hat sich deshalb sehr darum bemüht, es ihren Eltern recht zu machen. Sie kann sich daran erinnern, wie*

sie einmal das Wohnzimmer besonders schön hergerichtet hat, aber ihren Eltern fiel es gar nicht auf. Caroline kennt die Mischung aus Anstrengung, Wut und Enttäuschung.

2. ***Komme nun wieder aus dem Schattenkind heraus**. Du kannst am leichtesten aussteigen, wenn du dich am ganzen Körper sanft mit der flachen Hand abklopfst oder indem du dich ausschüttelst. Du kannst auch in die Hände klatschen und dabei denken: »Schluss jetzt – das ist vorbei!« – Caroline springt ein paarmal auf der Stelle auf und ab und schüttelt sich.*

3. *Bewege dich nun zu einem anderen Platz im Raum und **gehe dort bewusst in dein Erwachsenen-Ich**. Du kannst dir dafür zur Unterstützung innerlich sagen: »Ich bin ein erwachsener Mensch. Ich bin selbst Mutter/Vater.« Vom Erwachsenen-Ich aus kannst du die Situation aus der Beobachterperspektive betrachten. – Caroline sieht sich selbst von außen, wie sie in ihrer Küche steht und die Bananenschale anschaut.*

4. *Im nächsten Schritt **sprich als Erwachsene/r mit deinem Schattenkind**. Sage in etwa: »Liebes Schattenkind, es tut mir leid, dass du gerade so getriggert bist. Aber nun werde ich mich um das Problem kümmern. Ich übernehme die Verantwortung.« – Caroline sagt ihrem Schattenkind aus der Perspektive ihres Erwachsenen-Ichs: »Meine liebe Kleine, ich weiß doch, dass du nur gesehen werden willst. Ab jetzt übernehme ich als Erwachsene die Regie. Du kannst dich auf mich verlassen. Wir kriegen das schon hin.«*

5. *Dann **bewerte und analysiere die Situation** wie jemand, der neutral darauf schaut – wie ein Gutachter. Was würde er dazu sagen? Was ist mit dem Schattenkind los? Was sind*

seine Motive, Gefühle und Gedanken? Sind seine Gefühle angemessen oder übertrieben? Angenommen, du müsstest ein kleines Kurzgutachten zu dieser Situation verfassen: Wie würde es lauten? Du kannst deine Analyse auch schriftlich festhalten. – Caroline schreibt: »Keine Bananenschale der Welt ist es wert, dass man sich so sehr darüber aufregt. Mein Schattenkind braucht wirklich Trost. Auf der anderen Seite will ich wirklich, dass meine Kinder lernen, dass sie ihren Müll nicht einfach herumliegen lassen. Da muss ich mir noch was überlegen, wie ich es hinkriege, ohne Gift und Galle zu spucken.«

6. *Das Gutachten ist der erste Schritt. Jetzt fehlt noch die Lösung. Um zu **Lösungsideen** zu kommen, überlege dir: Was würde dir eine gute Freundin/ein guter Freund raten? Welche Ideen hätte ein Erziehungsberater? Werde dein eigener Berater und gib dir konkret Hilfestellung für diese Situation. Was kannst du tun? Welche neuen Gedanken wären hilfreich? Schreibe deine Lösungsimpulse am besten auf. – Caroline hat sofort drei Ideen:*
   - *»**Erstens:** Wenn ich es recht betrachte, sind die Kinder gar nicht respektlos – so hat das nur mein Schattenkind interpretiert. Sie sind einfach bequem. Genau so möchte ich die Situation das nächste Mal betrachten.« (Dieser neue Blick sorgt dafür, dass Caroline sich nicht mehr entwertet fühlt.)*
   - *»**Zweitens:** Kinder lernen nur aus der Konsequenz. Ich werde, ohne mich groß aufzuregen, den Verursacher der Bananenschale rufen und ihn bitten, die Schale in die Mülltonne zu werfen. Das ziehe ich konsequent durch, damit ein Lerneffekt entsteht.« Caroline entwickelt sogar einen Plan B, falls sie den »Missetäter« nicht direkt zu fassen bekommt: »Dann serviere ich ihm beim nächsten Essen die Bananenschale auf dem Teller.«*

- *»**Drittens:** Mein Schattenkind ist wirklich sehr verletzt. Ich werde ihm mehr Zeit widmen und es so gut wie möglich heilen.« Das ist ein guter Abschluss dieser Übung: Versichere deinem Schattenkind, dass du aus dem Erwachsenen-Ich die Führung übernimmst, dass es Zuwendung bekommt und sich beruhigen kann.*

Mithilfe dieser Reflexionsinsel hast du nun *eine* Situation bearbeitet. Je mehr Situationen du bearbeitest, umso intensiver kannst du davon profitieren.

Irgendwann entsteht eine gewisse Selbstverständlichkeit. Du erwirbst eine Art übergeordnete Haltung, eine sogenannte **Meta-Haltung,** die du sofort aus dem Hut zaubern kannst, wenn du dich wieder bei einem Schattenkindgefühl ertappst. Je häufiger wir das üben, desto leichter wird es uns in allen möglichen Situationen gelingen – mit den Kindern, den Kollegen und Kolleginnen, unserem Partner oder unserer Partnerin – und vielleicht sogar mit den eigenen Eltern. Irgendwann geht es uns in Fleisch und Blut über, dann haben wir »Ertappen und umschalten« als eine grundsätzliche Haltung etabliert, die uns hilft, bewusster und im positiven Sinn erwachsener zu reagieren.

Zusätzlich können wir das Schattenkind auf einer tiefer liegenden Ebene heilen. Denn das innere Kind, das sich verlassen, ungeliebt oder von Vater und/oder Mutter bedrängt gefühlt hat, braucht unser Mitgefühl. Mithilfe der Reflexionsinsel auf der nächsten Seite kannst du dich liebevoll deinem Schattenkind zuwenden und dadurch eine tief gehende Heilung bewirken. Indem wir unser Schattenkind annehmen und trösten, können wir uns auf einer weniger im Bewusstsein befindlichen Ebene beruhigen und gleichzeitig dafür sorgen, dass die Schattenkindgefühle nicht so schnell durch unsere eigenen Töchter und Söhne getriggert werden.

TRÖSTE DEIN SCHATTENKIND

Vielleicht denkst du: »Meine Kindheit ist vorbei. Daran lässt sich nichts mehr ändern.« Das stimmt natürlich – einerseits. Daneben möchten wir ein Zitat von Erich Kästner stellen: »Es ist nie zu spät für eine glückliche Kindheit.« Daraus lässt sich andererseits ein tröstlicher Gedanke ableiten. Wir können im Nachhinein unsere Kindheit ein Stück weit heilen. Dazu beeinflussen wir sie rückwirkend und machen uns zunutze, dass wir heute groß sind. Wir sind im Stande, zu Regisseuren unserer Vorstellung zu werden. Aus der Perspektive des inneren Erwachsenen können wir Kontakt zu unserem Schattenkind aufnehmen und dem inneren Kind das geben, was ihm damals gefehlt hat. Wir bemuttern beziehungsweise bevatern uns rückwirkend selbst. So könnte Elisabeth ihrem inneren Kind all das Verständnis und die Zuneigung zukommen lassen, die sie als kleines Mädchen vermisst hat.

REFLEXIONSINSEL: HEILE DEIN SCHATTENKIND

Für diese Übung ist es besonders wichtig, dass du etwas Ruhe hast. Plane mindestens zehn Minuten ein, in denen du nicht gestört wirst. Für die Übung ist es hilfreich, wenn du ein altes Kinderfoto von dir zur Hand hast. Alternativ kannst du auch eine Puppe oder ein Kuscheltier nehmen – ein Spielzeug, das die Verbindung zu dem Kind symbolisiert, das du einmal warst.

- *Atme ein paarmal* ***ruhig ein und aus****, bis du spürst, dass du innerlich ruhiger wirst. Dann versetze dich in eine* ***positive Elternenergie****. Was ist damit gemeint? Baue liebevolle väterliche oder mütterliche Gefühle auf. Das geht am leichtesten, wenn du an deine eigenen Kinder denkst, an Momente, in denen du sie ganz besonders lieb gehabt hast.*

- *Aus dieser zugewandten und liebevollen Haltung heraus kannst du nun* ***Kontakt mit deinem Schattenkind aufnehmen****. Du kannst in etwa sagen: »Hallo, mein Schätzchen, bist du da? Ich würde gerne mit dir sprechen.« Lass dich davon überraschen, wie sich dein Schattenkind bemerkbar macht. Vielleicht entsteht vor deinem inneren Auge ein Bild von ihm. Vielleicht kannst du auch eine innere Stimme hören, die ihm gehört. Oder es stellt sich ein bestimmtes Gefühl ein, das dir signalisiert, dass dein Schattenkind da ist. Manchmal funktioniert die Kontaktaufnahme nicht gleich. Vielleicht ist dein Schattenkind zu verängstigt, um sich zu zeigen. Vielleicht kommt es dir auch lächerlich vor, heutzutage als Erwachsener Kontakt zu einem imaginierten Kind aufzunehmen. Solltest du wirklich mit deinen Gefühlen aus der Kindheit in Verbindung treten wollen, dann ist es wichtig, dass du in der wohlwollenden väterlichen beziehungsweise mütterlichen Stimmung bleibst und nicht ungeduldig wirst. Sobald du denkst: »Jetzt zeig dich endlich, du Blödmann!« oder Ähnliches, wird dein Schattenkind zurückschrecken.*

- *Hast du einen Kontakt zu ihm gefunden,* ***frage dein Schattenkind: »Was hättest du als Kind am dringendsten gebraucht?«*** *Achte erneut aufmerksam darauf, wie du die Antwort bekommst. Manchmal sind es Worte oder halbe Sätze wie »Zuneigung oder Anerkennung«, die dir in den Kopf kommen. Manchmal erhältst du die Antwort in Form eines Gefühls oder du siehst ein inneres Bild.*

- *Dann* ***schenke*** *(in deiner Vorstellung)* ***deinem Schattenkind das Gewünschte****. Erfülle ihm seine Sehnsucht. Dafür kannst du dir vorstellen, deine Eltern hätten sich anders verhalten – liebevoller, unterstützender,* *weniger ängstlich … Vielleicht ist es für dich aber auch einfacher, wenn du dir vorstellst, dass du dich – als Erwachsener – in die Vergangenheit beamst und deinem Schattenkind beistehst, ihm zum Beispiel zuflüsterst: »Hab keine Angst. Ich bin für dich da.« Egal welchen Weg du wählst, wichtig ist nur, dass dein Schattenkind* ***neue Botschaften*** *erhält – wie zum Beispiel:*

- *Für dich ist immer jemand da.*
- *Du bist richtig, so wie du bist.*
- *Ich bin stolz auf dich.*
- *Du darfst deinen eigenen Weg gehen.*
- *Du bist ein gewünschtes Kind und wir freuen uns, dass du da bist.*
- *Du darfst deine Gefühle fühlen.*
  … (Bitte setze hier die Botschaften ein, die für dich wichtig gewesen wären.)

Die Zuwendung, die unser Schattenkind durch diese Übung erfährt, hat eine tiefe heilsame Wirkung. Immer wenn du dich mit deinem Kind in Situationen verwickelst, in denen dein Schattenkind hervorkommt, kannst du im Nachhinein noch einmal überlegen: Wie lässt sich meine Reaktion erklären? Welche Wunde meines Schattenkindes wurde hier aufgekratzt? Und: Was braucht mein Schattenkind von meinem Erwachsenen-Ich, damit diese Wunde heilen kann?

Gelingt es uns, die Verletzungen unseres Schattenkindes liebevoll anzuerkennen und in gewissem Sinne zu heilen, werden unsere Kinder weniger schnell und weniger oft unsere Knöpfchen drücken. Dann werden wir mehr und mehr zu den Eltern, die wir sein wollen; zu Eltern, die ihren Kindern einerseits Nestwärme vermitteln und andererseits ausreichend Freiheit schenken, damit ihnen Flügel wachsen können.

EXKURS: WOFÜR STEHEN WIR? WERTE IN DER FAMILIE

Auf deinem Weg zu einer Mutter oder einem Vater, die/der deinem Kind Nestwärme und Flügel geben kann, können dir deine Werte eine wichtige Orientierungshilfe sein. Und sie können dir auch die Kraft geben, an deiner Entwicklung dranzubleiben, falls du es manchmal schwierig findest, deine kindlichen Muster zu erkennen, oder in anstrengenden Situationen mit deinem Kind der Verzweiflung nahe bist.

Unsere Werte haben diese große Kraft, weil sie wie Leuchtsterne über dem alltäglichen Geschehen stehen – und uns immer wieder die grobe Richtung zeigen, in die wir gehen möchten. Angenommen, für ein Paar sind »Spaß« und »Gemeinschaft« hohe Werte, so werden sie wahrscheinlich dafür sorgen, dass es am Wochenende Zeit für Familienaktivitäten gibt, die »Spaß« und »Gemeinsamkeit« verheißen, wie ein gemeinsamer Spieleabend. Ihr Wert wird ihnen die Kraft und Klarheit geben, andere Dinge zugunsten von Spaß und Spiel zur Seite zu packen. Sei es der große Hausputz oder auch die Stunden am Laptop.

Werte wie Ehrlichkeit, Gerechtigkeit, Liebe, Freiheit, Höflichkeit oder auch Spaß setzen einen Bezugsrahmen, der uns dabei hilft, unser Tun zu »beWERTen«.

Diese Werte sind wie ein roter Lebensfaden, mit dessen Hilfe wir beurteilen können, ob wir (noch) auf dem richtigen Weg sind. Sie helfen uns dabei zu differenzieren, was wir unseren Kindern vermitteln wollen, auch im Gegensatz zu dem, was uns unsere Eltern mitgegeben haben. Werte geben unserem Handeln eine Richtung. Sind wir uns über sie im Klaren, können wir auch unseren Kindern gegenüber klar auftreten. Wir wissen, was wir richtig finden, und stehen dafür ein. Damit setzen wir einen Schutzrahmen. Hier können sich unsere Kinder frei bewegen und sich von unseren Werten gehalten (Bindung) fühlen wie auch ihre Selbstständigkeit (Autonomie) erproben und ihre Grenzen spüren.

Angenommen, ich habe erkannt, dass mir Harmonie in der Familie wichtig ist, und ertappe mich dabei, wie ich mit schlechten Laune und Gemotze selbst diesen Frieden störe. Dann kann mein Wert, in diesem Fall »Harmonie«, mir dabei helfen, dass ich mir auf die Schliche komme und mein Verhalten verändere. Ich muss mich »nur« fragen: Passt das, was ich tue, zu meinem Wert? Denn Werte alleine sind zunächst hehre Worte. Es lohnt sich auch darüber nachzudenken, WIE sie gelebt werden sollen. Wie würden andere merken, dass mir »Harmonie« ein wichtiger Wert ist? Woran kann man es festmachen? Wie soll, darf, muss man sich verhalten, damit ich den Eindruck habe, hier geht es harmonisch zu? Denn nur auf diese Weise wird der Wert mit Leben gefüllt. Das definiert jeder Mensch etwas anders. Aber letzten Endes muss ich mich an meinen eigenen Wertmaßstäben messen lassen.

In einer Familie gelten natürlich nicht nur die Werte einer Person, vielmehr handeln die Partner miteinander aus, wie ihr gemeinsamer Familien-Werterahmen aussieht.

Ob bewusst oder unbewusst, bringen wir ein Wertepaket aus unserer Ursprungsfamilie mit. Der Familien-Werterahmen ist zudem kulturell eingebunden. Als Familie tragen wir auch die Werte einer Kultur weiter. Darüber hinaus stellt er aber auch individuell in jeder Familie etwas anderes dar.

Der Familien-Werterahmen gibt euch als Familie eine stabile Grundstruktur. Da sich aber in dem System alle Beteiligten – Kinder wie Eltern – weiterentwickeln, gilt es, die Werte zwischendurch zu überprüfen und festzustellen, ob sie noch gültig sind, geändert oder ergänzt werden müssen. Damit Werte wirksam werden, müssen sie gelebt werden. Mama und Papa müssen Vorbild sein. Es nutzt nichts, wenn wir den Kindern Vorträge darüber halten, wie wichtig Ehrlichkeit ist, und sie gleichzeitig erleben, wie wir am Telefon lügen. Wenn wir zum Beispiel eine Einladung absagen und als Entschuldigung einen anderen dringenden Termin ins Feld führen, der in Wahrheit gar nicht existiert. Erleben Kinder hingegen immer wieder, dass wir eine bestimmte Werthaltung auch umsetzen, bieten wir ihnen die Chance, dass sie ihrerseits welche aufbauen können. Aus der Hirnforschung wissen wir, dass diese in Beziehungen gelernt werden und sich dann in unserem Frontalhirn verankern.[14]

REFLEXIONSINSEL: MEINE WERTE

Die folgenden Fragen helfen dir, deinen wichtigsten Werten auf die Spur zu kommen. Interessant kann es auch sein, wenn du dich mit deinem Partner über eure (vermutlich zum Teil unterschiedlichen) Werte austauschst.

Werte

- *Was ist dir als Vater oder Mutter wichtig?*
- *Worauf legst du in der Erziehung wert?*
- *Wofür lohnt es sich, sich einzusetzen?*
- *Was ist dir im Zusammenleben als Familie wichtig?*
- *Welche Werte waren in deiner Ursprungsfamilie wichtig? Welche davon möchtest du gerne übernehmen? Und welche möchtest du über Bord werfen?*

Kriterien für die Erfüllung der Werte

Jetzt nimm jeden einzelnen Wert und überführe ihn ins richtige Leben. Frage dich:

- *Woran würde ich merken, dass mein Wert, beispielsweise »Respekt«, gelebt wird?*
- *Wie verhalte ich mich respektvoll?*
- *Wann sind meine Kinder/mein Partner/meine Partnerin respektvoll?*
- *Und was erlebe ich als respektlos?*

Für das Familienleben kann es sehr hilfreich sein, mit dem Partner die Werte herauszufinden, die beiden wichtig sind. Oftmals gibt es eine klare Reihenfolge der Wichtigkeit, zum Beispiel: Liebe, Sicherheit, Verantwortung, Spaß und Klarheit. Sind eure Kinder älter, können sie einbezogen werden. Fragt sie: Was ist euch in der Familie wichtig?

Wenn ihr wollt, verdichtet die Werte zu einem Eltern-Credo. Zum Beispiel: »Markus und Lisa – Eltern – klar und liebevoll.« Oder: »Wir Schmitzens haben ein Zuhause, in das jeder gerne kommt.« Durch das Festschreiben ihrer Werte können Markus und Lisa leicht bemerken, wenn ihnen Klarheit ihren Kindern gegenüber fehlt.

Beachtet dabei: Wer eine Regel aufstellt, sollte grundsätzlich auch bereit dafür sein, sie durchzufechten. Das heißt, für Regelverstöße müssen Konsequenzen definiert sein. Jeder im Haus muss wissen: Wenn ich X mache, erfolgt Y. Zum Beispiel: Wer zu jemandem »Arschloch« sagt, muss 50 Cent in das Fluch-Sparschwein werfen. Für Eltern heißt der Bezug auf Werte aber auch, dass sie sich nicht mehr aus Verabredungen und Versprechungen stehlen dürfen. Wer jedes Wochenende die gemeinsame Spielzeit in letzter Minute doch wegen einer dringlichen Jobaufgabe absagt, lebt an seinen Werten vorbei – und schwächt damit mit der Zeit das gesamte Familiensystem.

Werte helfen Eltern auch dabei, klare und begründete Regeln aufzustellen – und diese konsequent zu leben.

NESTWÄRME, DIE FLÜGEL VERLEIHT – KINDER BEGLEITEN

Bis hierher ging es sehr viel um deine innere Haltung als Vater oder Mutter. Wir hoffen, du konntest für dich gute Anregungen finden und hast eine Idee davon bekommen, was es heißt, Kinder zu erziehen, ohne sie zu erziehen. Ab jetzt möchten wir deinen Alltag als Elternteil praktisch unter die Lupe nehmen – und viele typische Situationen im Leben mit Kindern beleuchten. Wir wollen dir zeigen, wie du deine Kinder am besten begleiten kannst, damit sie einerseits sicher gebunden sind und sich geliebt fühlen (Nestwärme) und andererseits zu selbstständigen Wesen heranwachsen können (Flügel). Das Geheimnis dahinter ist gar nicht so rätselhaft, wie man vielleicht meint, sondern recht gut erforscht:

- ◇ *Eltern schenken ihren Kindern Nestwärme*, wenn sie sich gut in die Kinder einfühlen (ab Seite 139).
- ◇ *Damit Kinder selbstständig werden können*, brauchen sie zudem Freiräume, Grenzen und Ermutigung. Diesen Zusammenhang beleuchten wir ab Seite 185.

Außerdem zeigen wir dir, warum es Eltern manchmal gar nicht so leichtfällt, das Bindungs- beziehungsweise Autonomiebedürfnis ihrer Kinder richtig wahrzunehmen und angemessen darauf zu reagieren. Wenn du dich bei den Beispielen für die typischen Blockaden in der Eltern-Kind-Beziehung ertappt fühlen solltest, lass dich davon bitte nicht herunterziehen. Nimm es als Hinweis, dass hier ein Entwicklungspotenzial besteht. Vermutlich ist an diesen Stellen dein Schattenkind mit seinen negativen Glaubenssätzen am Wirken – du hast jetzt gelernt, wie du es trösten und heilen kannst. Und wir geben auch bei jeder typischen Blockade Hinweise darauf, wie du diese überwinden kannst.

KINDER ENTWICKELN SICH

Selbstverständlich sind die Bedürfnisse unserer Kinder im Lauf ihrer Entwicklung nicht immer gleichbleibend. Im Lauf von Kindheit und Jugend gewinnen sie mehr Autonomie. Sie erlernen Fähigkeiten, wie Laufen, Sprechen, Lesen oder Fahrradfahren, die Selbstständigkeit ermöglichen. Irgendwann sind sie groß.

Den Ausruf »Nicht zu fassen, wie groß euer Kind geworden ist« bekommen die meisten Eltern früher oder später zu hören. Menschen, die unsere Kinder nicht so oft sehen, wie entferntere Verwandte, bemerken viel eher, welche riesigen Entwicklungsschritte sie gemacht haben.

> *Wenn wir mittendrin stecken im Erziehungsgetümmel, bemerken wir es kaum. Nur an besonderen Tagen halten wir inne.*

Der erste Tag im Kindergarten, die Einschulung oder die Führerscheinprüfung sind hingegen Zäsuren im Familienalltag, die uns daran erinnern, dass eine neue Lebensphase ansteht. Spätestens bei einem achtzehnten Geburtstag wird uns bewusst, dass die Kinderjahre vorbei sind. Das Kind ist gewachsen, nicht nur körperlich. Es ist flügge geworden. Als junger Erwachsener kann es dann idealerweise seinen eigenen Haushalt führen – sein eigenes Nest bauen.

Vätern und Müttern kommt somit die Aufgabe zu, eine sichere Bindung (Nestwärme) für die Kinder zu erschaffen UND die autonome Entwicklung altersangemessen zu unterstützen. Damit legen sie den Grundstein dafür, dass ihr Kind zu einem liebes- und bindungsfähigen Erwachsenen wird, einem Menschen, der sich sowohl zugehörig als auch frei fühlt. Es ist genau diese Mischung aus Bindung und Autonomie, die uns glücklich macht; die Erfahrung, angenommen zu werden, so wie man ist.

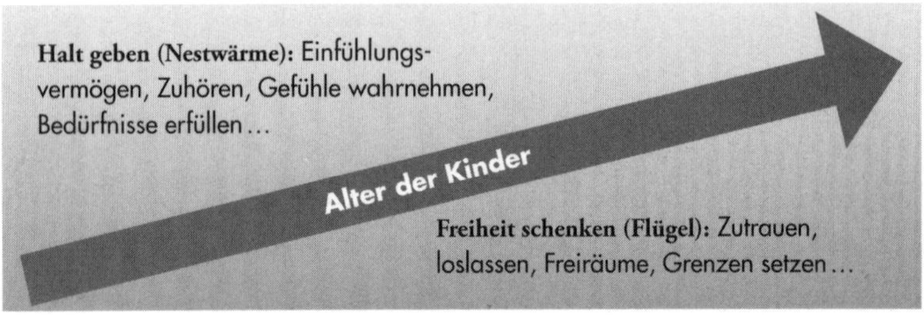

Am Anfang brauchen Kinder stärkeren Halt und vor allem das Einfühlungsvermögen der Eltern. Doch je älter sie werden, desto mehr Freiheit benötigen sie. Für Mütter und Väter bedeutet dies ein ständiges Ausbalancieren, denn sie haben die Aufgabe, den Kindern einerseits **Halt zu geben** und andererseits **Freiheit zu schenken**. Und die richtige Balance zwischen beiden Polen ändert sich mit der Entwicklung der Kinder ständig. Wie es Eltern gelingt, für das Nest zu sorgen und gleichzeitig Fluglehrer zu sein – und was sie dabei behindern kann –, darum geht es in den nächsten Kapiteln. An erster Stelle steht dabei – die Selbstfürsorge: Nur wenn du dich gut um dich und deine Kräfte kümmerst, wirst du dauerhaft genug Energie, Geduld und Kraft haben, um deine Kinder zu begleiten.

SELBSTFÜRSORGE IST FÜRSORGE

Bei den Vögeln ist es klar: Nur wenn die Vogeleltern ausreichend genährt sind, können sie ihre noch im Nest hockenden Jungen gut versorgen. Wir Menschen meinen jedoch manchmal, wir müssten uns nicht an dieses Gesetz halten. Viele Eltern sind bis an die Grenzen erschöpft. Bei dem Versuch, Haushalt, Familie, Beruf und die Paarbeziehung zu vereinbaren, geht uns die Selbstfürsorge des Öfteren verloren. Es ist, als würde beim Jonglieren der »Selbstfürsorge-Ball« runterfallen und nicht wieder aufgehoben werden. Hierbei denken wir insbesondere auch an Alleinerziehende, die meistens noch mehr eingespannt sind und noch weniger Zeit für sich haben.

Jeder von uns weiß im Grunde genommen, dass wir deutlich ausgeglichener sind, wenn wir uns gut versorgen.

Sind wir hungrig, nicht ausgeschlafen oder haben einen Hangover vom Vorabend, neigen wir eher zu Gefühlsausbrüchen. In diesem Zustand sind wir dünnhäutiger und oft reichen kleine Auslöser und wir fahren aus der Haut. Der Psychologe Peter Becker von der Universität Trier weist darauf hin, wie zentral die Bedürfnisbefriedigung für unsere innere Ausgeglichenheit ist.[15] Je besser es gelingt, unsere Grundbedürfnisse zu befriedigen, desto stabiler stehen wir in der Welt und umso gelassener können wir die Erziehungsverantwortung wahrnehmen. Wenn wir dafür sorgen, dass wir ausreichend Schlaf, Essen, Bewegung und auch Spaß, Freude, Sex, Liebe und Freundschaft im Leben haben, sind unsere Grundbedürfnisse erfüllt. Wir fühlen uns wohl in unserer Haut. Vielleicht denkst du jetzt: »All das hätte ich ja gerne, aber wie soll das auch noch gehen?« Gerade wenn die Kinder klein sind oder man allein die Verantwortung für die Familie trägt, fühlt man sich in der Regel rund um die Uhr gefordert und die Selbstfürsorge kommt abhanden.

Solltest du jetzt mit dem Kopf nicken und dich ertappt haben, dann **prüfe deine Glaubenssätze rund um Elternschaft**. Mütter meinen manchmal: »Nur eine Mutter, die ihr Letztes gibt, ist eine gute Mutter.« Alleinerziehende glauben des Öfteren: »Ich muss es alleine schaffen.« Und der eine oder andere Vater erlaubt sich keine ruhige Minute, weil er davon überzeugt ist:

»Ein guter Vater darf nicht auf der faulen Haut liegen.« Oft liegt unter diesen Überzeugungen, die uns leicht in die totale Überforderung treiben, letztlich der Kernglaubenssatz »Ich genüge nicht« in all seinen Varianten.

Weil dieser Glaubenssatz in uns wirkt, sind wir der Ansicht, wir müssten uns extrem anstrengen. Solche Glaubenssätze sind Selbstfürsorge-Verhinderer.

Wenn du nun auf dein Erwachsenen-Ich umschaltest und dir überlegst, ob du ein besserer Vater oder eine bessere Mutter bist, wenn du dich ausgelaugt oder dich wohl in deiner Haut fühlst und deine Bedürfnisse nicht zu kurz kommen, dann liegt die Antwort auf der Hand: Sorgst du gut für dich selbst, kannst du deine Aufgabe als Vater oder Mutter besser erfüllen. Bist du hingegen gereizt, dann geht dir auch schneller das Wohlwollen für deine Kinder aus. Insofern stellt eine gute Selbstfürsorge auch eine gute Fürsorge für deine Kinder dar. Mach dir bitte klar, dass du dich selbst besser fühlst, dich mehr an deinem Leben freuen kannst und letztlich auch ein besserer Mensch beziehungsweise besserer Elternteil bist, wenn es dir selbst gut geht. Gib dir mit deinem Erwachsenen-Ich die Erlaubnis, auch einmal etwas für dich zu tun. Darüber hinaus könntest du, wenn du möchtest, jene Glaubenssätze entmachten, die dich ins Hamsterrad treiben.

Schau dir dazu noch einmal die Reflexionsinsel auf Seite 86 an: Einen Glaubenssatz entmachten.

Vielleicht stellst du aber auch fest, dass es gar nicht die Glaubenssätze allein sind, die dich antreiben, sondern du siehst objektiv: »Mein Tag ist einfach zu voll.« Dann empfehlen wir dir, kleine und kleinste Selbstfürsorge-Einheiten für dich einzuplanen: Trinke in Ruhe einen Kaffee, höre Musik oder mache ein Kurzschläfchen, wenn dir danach ist. Doch auch größere Selbstfürsorge-Zeiten sollten drin sein: ein Kinoabend, ein Saunabesuch oder ein ausgedehnter Spaziergang mit einem Freund/

einer Freundin. Geht nicht? Dann brauchst du Unterstützung. Frage dich: Wer könnte dir helfen? Wen könntest du fragen? Gibt es wirklich keinen einzigen Menschen in deinem Umfeld, den du bitten kannst, ab und an deine Kinder zu hüten? Oder kommt dir vielleicht doch ein Glaubenssatz wie »Starke Menschen fragen nicht um Hilfe« in die Quere und verhindert deine Selbstfürsorge? Mache dir bewusst: Du musst nicht alles in deinem Leben alleine schaffen. Starke Mütter und Väter können auch Hilfe annehmen.

Die folgende Übung kann dir dabei helfen, auch in stressigen Alltagssituationen kurz zu entspannen und wieder neue Kraft zu tanken.

REFLEXIONSINSEL: EINE MINUTE FÜR MICH

Du kannst diese Achtsamkeitsübung anwenden, sooft es dir einfällt. Mindestens einmal am Tag wäre wünschenswert. Zu Beginn stell dir gerne einen Timer mit einer Minute ein.

- *Damit dein »üblicher« Gedankenfluss unterbrochen wird und du aus der Situation treten kannst, sage dir innerlich ein Signalwort wie »Stopp« oder »Jetzt«.*
- *Dann nimm bewusst deine Umgebung wahr. Angenommen, du hast ein Wasserglas in der Hand, nimm wahr, wie sich das Licht im Glas und im Wasser bricht, wie es glitzert. Nimm wahr, wie du atmest, nimm wahr, wie glatt sich das Glas anfühlt. Nimm wahr, wie du sitzt oder stehst. Mache dir die Einzigartigkeit des Moments bewusst. Leben ist JETZT – genau in diesem Moment.*
- *Bemerke, wie du dich mithilfe der Konzentration auf den gegenwärtigen Moment entspannen kannst und ruhig wirst. Das nennt man Achtsamkeit.*
- *Nimm noch einen tiefen Atemzug und beende dann deine kleine Auszeit.*

Die Minuten-Auszeit ist eine gute Übung für die Babyjahre eines Kindes und für Zeiten, in denen wir fast rund um die Uhr mit unseren Aufgaben rund um Familie und Beruf gefordert sind. Werden die Kinder größer, werden auch für uns Eltern die Freiräume wieder weiter, auch die zur Selbstfürsorge. Unsere Kinder entwickeln sich (hoffentlich) zu selbstständigen Menschen und wir können, müssen und dürfen uns mitentwickeln.

NESTWÄRME – ELTERLICHES EINFÜHLUNGSVERMÖGEN

Sich sicher und zugehörig zu fühlen gehört zu unseren Grundbedürfnissen. Man kann sogar sagen: Unsere größte Sehnsucht ist die nach einer Heimat, nach einem Nest, nach einem Ort, wo wir uns sicher sind und spüren, dass wir dazugehören und willkommen sind. Dieses grundlegende Gefühl des Angenommenseins – Urvertrauen (siehe hierzu auch Seite 15) – entsteht, wenn unsere Eltern es schaffen, uns wirklich zu verstehen, unsere Bedürfnisse zu erkennen, und auf sie eingehen können.

Die Psychologen sprechen hier von Einfühlungsvermögen. Es ist die Fähigkeit, das spüren zu können, was ein anderer fühlt. Menschen mit einem guten Einfühlungsvermögen können sich in ihr Gegenüber hineinversetzen, erspüren, was es fühlt und welche Absichten es verfolgt. Allerdings können wir nur die Gefühle und Absichten wahrnehmen, die wir auch in uns selbst schon einmal gespürt haben. Einfühlungsvermögen können wir nur entwickeln, wenn wir unsere Gefühle gut kennen und uns trauen, sie zu spüren. Kommt mein Kind also enttäuscht von der Schule nach Hause, weil es eine schlechte Note geschrieben hat, werde ich nur ein empathischer Zuhörer

Die psychologische Forschung bestätigt: Das Königskriterium für Erziehungskompetenz ist das elterliche Einfühlungsvermögen.

sein können, wenn ich selbst einen Kontakt zu diesem Gefühl von Enttäuschung aufbauen kann. Erst dann kann ich mitfühlen – und das Kind spürt dieses Mitschwingen meiner Gefühle als Angenommensein. Es fühlt sich verstanden und in seiner Wahrnehmung und in seinen Gefühlen bestätigt. Vermutlich hüpft es schon kurze Zeit später weiter, um sich einem Spiel zu widmen. Sollte mir das Gefühl der Enttäuschung hingegen fremd sein – zum Beispiel, weil ich mir selbst bereits als Kind abgewöhnt habe, Enttäuschungen zu spüren –, dann werde ich nicht verstehen oder mitfühlen können, wovon mein Sohn oder meine Tochter spricht. Der Kontakt zu den eigenen Gefühlen ist also die Basis für Mitgefühl und Einfühlungsvermögen.

GEFÜHLE SICHERN UNSER ÜBERLEBEN

Die Natur hat uns Gefühle mitgegeben, damit wir wissen, was wir zu tun und zu lassen haben. Im Grunde genommen lassen sich alle unsere Handlungen in zwei Kategorien einteilen: **Annäherung** und **Vermeidung**. Unsere Gefühle zeigen uns die Richtung auf, ob wir etwas tun – uns also annähern sollen – oder ob wir etwas lassen – also etwas vermeiden sollen. Mithin haben alle Emotionen ihre Funktion: Angst und Ekel warnen uns vor Gefahren. Liebe und Zuneigung sorgen für zwischenmenschliche Bindungen und einen gesellschaftlichen Halt. Schamgefühle nötigen uns zur Anpassung an bestimmte gemeinschaftliche Normen. Mit Wut und Aggression können wir hingegen unsere eigenen Grenzen verteidigen und so weiter.

Zudem sorgen Gefühle dafür, dass unsere überlebensnotwendigen Bedürfnisse zum Vorschein kommen. Man könnte dies folgendermaßen zuspitzen: »Wer nicht fühlt, ist tot.« Das ist auch gar nicht so weit hergeholt. Menschen, die aufgrund eines seltenen Defekts in ihrem Gehirn keine Angst verspüren können, sterben tatsächlich früher, weil sie zu viele Risiken eingehen. Hinter Wut hingegen verbirgt sich unser Bedürfnis nach Sicherheit, während Liebesgefühle dem nach Bindung dienen. Würden all diese Bedürfnisse nicht erfüllt, könnten wir als Gemeinschaft nicht existieren. Unser breites Gefühlsspektrum hat uns also dazu verholfen, dass wir als Menschen – auch unter schwierigsten Bedingungen – überlebt haben.

Unser Verstand ist auch eine wichtige Instanz in Entscheidungsfragen, aber er arbeitet langsamer als unsere Gefühlswelt. In einer echten oder vermeintlichen Gefahrensituation hat die Angst vor dem Verstand immer den Vorrang. Im Zweifelsfall muss man nämlich sofort die Beine in die Hand nehmen und um sein Leben rennen. Sehen wir beispielsweise etwas auf dem Boden, das einer Schlange ähnelt, zucken wir automatisch zurück und nehmen die Beine in die Hand. Erst wenn die Gefahr vorbei ist, kann der Verstand in Ruhe analysieren, ob die Flucht notwendig war. Vielleicht sehen wir im Nachhinein auch, dass es sich bei der Schlange nur um einen Stock gehandelt hat.

Es ist auf keinen Fall wünschenswert, wenn wir jedem Zorn Luft machen oder ständig vor Angst erstarren. Vielmehr sollten wir den besseren Umgang damit lernen, zumal ein Gefühl sehr dominant sein kann. Wenn man todtraurig ist, dann kann man sich gar nicht vorstellen, dass wieder bessere Zeiten kommen. Hat einen hingegen der Zorn erfasst, dann bemächtigt er sich für diesen Moment unseres ganzen Denkens. Wir müssen lernen, uns bei heftigen Emotionen zu ertappen und wie wir uns wieder herunterfahren können, damit wir nicht zu »Gefühlssklaven« werden.

Übrigens: Bei Freude, Wut, Ekel, Furcht, Verachtung, Traurigkeit und Überraschung handelt es sich um die sieben genetisch verankerten Basisemotionen, die von Menschen in aller Welt mit einem ähnlichen Gesichtsausdruck gezeigt und auch erkannt werden.

Der Umgang mit unseren Gefühlen ist ein Balanceakt: Wir sollten sie weder unterdrücken noch ungehemmt ausleben. Oder wie der Sohn einer Freundin formulierte: »Eltern dürfen wütend sein, aber sie dürfen nicht ausrasten.« Je besser es uns gelingt, unsere Emotionen wahrzunehmen und sie angemessen zu regulieren, desto eher können wir die unserer Kinder wahrnehmen und ihnen dabei helfen, mit ihren adäquat umzugehen. Kinder lernen durch das Einfühlungsvermögen ihrer Eltern, ihre Gefühle zu spüren, sie zu benennen und zu regulieren.

Wie ist es bei dir? Hast du Zugang zu all deinen Gefühlen oder sind dir manche wenig vertraut oder sogar gänzlich fremd? Die folgende Reflexionsinsel kann dir dabei helfen, diese Frage zu beantworten.

REFLEXIONSINSEL: ZUGANG ZU DEN EIGENEN GEFÜHLEN

Wir möchten dich dazu einladen, dein Gefühlsleben näher zu betrachten und nachzuforschen, welche Emotionen dir vertraut und welche dir eher unbekannt sind. Damit du einen Eindruck davon bekommst, wie vielfältig und reichhaltig die Welt unserer Gefühle ist, haben wir hier eine Tabelle mit den wesentlichsten Emotionen erstellt.

Liebe/Zuneigung	Freude	Stolz
Wut/Ärger/Aggression	Trauer/Melancholie	Angst
Schuld	Enttäuschung	Kränkung
Scham	Einsamkeit	Erstaunen/Überraschung

Welche Gefühle liegen in deinem Empfindungsspektrum und welche blendest du aus?

- *Welche Gefühle sind mir vertraut? Welche spüre ich häufiger im Verlauf einer Woche?* ***(vertraute Gefühle)***
- *Und welche davon sind dominant? Welche fühle ich sogar zu oft? Oder zu intensiv?* ***(dominante Gefühle)***
- *Welche kenne ich kaum?* ***(unvertraute Gefühle)***

Wenn du die Übung öfter machst, trainiert dies deine Gefühlswahrnehmung. Du wirst merken, dass du so manches Gefühl häufiger spürst, das du lange Zeit kaum wahrgenommen hast. Das ist die Basis dafür, dass du auch die verschiedenen Gefühle in deinen Kindern erkennen kannst.

Vielleicht hast du mithilfe der Reflexionsinsel auf der vorigen Seite festgestellt, dass du zu deinen Gefühlen einen guten Zugang hast und meistens angemessen mit ihnen umgehst. Möglicherweise hast du bei dieser Übung aber auch gemerkt, dass du manche Gefühle kaum wahrnehmen kannst oder einige in dir zu stark am Wirken sind. Vielleicht bist du aggressionsgehemmt, verspürst also nur selten Wut. Vielleicht bist du aber auch zu aggressiv und kannst wegen Kleinigkeiten ausflippen?

Trägst du vielleicht einen Glaubenssatz in dir, der ausdrückt, dass du dich anpassen musst und nicht wütend sein darfst? Angepasste Eltern tendieren eher dazu, freundliche und bindungsorientierte Gefühle wahrzunehmen wie Liebe und Zuneigung. Manchmal haben sie Schuldgefühle oder Angst, weil sie »nicht gut genug« sind.

Versuche zu ergründen, welche Einflüsse aus deinem Elternhaus hier eine Rolle spielen könnten.

Oder fühlst du dich sehr schnell gekränkt und reagierst darauf mit Wutanfällen? Bei autonomen Eltern sind häufig Gefühle dominant, die die Selbstbehauptung unterstreichen wie Ärger oder Wut. Nicht selten kippen die Gefühle auch. Wer sich sehr lange angepasst hat, dem platzt auf einmal die Hutschnur und er kocht vor lauter Wut über, wie Johanna, die Mutter, der die Hand ausrutschte.

Hast du solche Gefühlsausbrüche bei dir entdeckt? Dann frage dich: Was könnte das mit deinem Schattenkind zu tun haben? Meint es vielleicht, dass es nicht genügt und zu wenig Aufmerksamkeit erhält? Und reagiert es deshalb vielleicht etwas zu stark auf vermeintliche Kränkungen und Zurückweisungen?

Falls du festgestellt hast, dass du zu wenig spürst, dann könnte es sein, dass du manche Gefühle als Kind in deinem Elternhaus nicht empfinden durftest, weil sie unerwünscht oder zu schmerzhaft waren.

GEFÜHLE WAHRNEHMEN

Schmerzhafte wie angenehme Gefühle sind mit Körperempfindung verbunden. Das ist in der Alltagssprache sehr eindrücklich verbürgt: Liebe macht unser Herz weit, Angst schnürt uns die Luft ab und bei Ärger kriegen wir »so 'nen Hals«. Auf unseren Seminaren und in der Praxis stellen wir immer wieder fest, dass der Zugang zu diesen Empfindungen und damit auch zur Gefühlswahrnehmung richtiggehend verschüttet sein kann. Einige unserer Teilnehmer und Klienten wissen nicht, was sie fühlen. Dabei können wir nicht *nicht* fühlen. Oder anders ausgedrückt: Eigentlich fühlen wir immer. Was wir aber können, ist: Wir können uns von unseren Gefühlen ablenken und empfindungsärmer werden. Wir können Gefühle abspalten. Gerade Männern wurde als Kind oftmals beigebracht, schwache Gefühle zu unterdrücken, deswegen wollen sie sich damit nicht konfrontieren. In ihrer Rolle als Väter wirkt sich das dann so aus: Hat ein Kind ein Problem und ist traurig, streben sie oft schnelle Lösungen an. Eine Seminarteilnehmerin hat erzählt, dass ihr Vater ihr noch am selben Tag, an dem ihr geliebtes Kaninchen gestorben war, ein neues gekauft hat. Er verstand nicht, dass sie trotzdem weinte. Ihr Vater hatte gehofft, ihr (und wohl auch sich selbst) die Begegnung mit traurigen Gefühlen zu ersparen.

Es lohnt sich, darüber nachzudenken, zu welchen Gefühlen du guten Zugang hast und welche du eher wegdrückst. Nutze dafür die Reflexionsinsel Zugang zu den eigenen Gefühlen *auf Seite 135.*

Wer Gefühle meidet, leugnet oder abtötet, will den Kloß im Hals oder den Knoten im Bauch nicht spüren. Aber das hat den Preis, dass wir auch die Gefühle bei unseren Kindern nicht so gut wahrnehmen können. Auch mit der folgenden Übung kannst du dich in der Wahrnehmung von Gefühlen schulen.

REFLEXIONSINSEL: EIGENE GEFÜHLE BESSER WAHRNEHMEN

Nicht wenigen unserer Seminarteilnehmer und Klienten fällt es schwer, ihre Aufmerksamkeit nach innen zu richten und Gefühle wahrzunehmen. Falls es dir auch so geht, kannst du mit dieser Übung deine Gefühlswahrnehmung trainieren.

Stell dir den Wecker (auf deinem Handy), sodass er fünfmal am Tag klingelt. Jedes Mal, wenn es bimmelt, frage dich:

- *»Was fühle ich jetzt?« Schließe für einen Moment die Augen, richte die Aufmerksamkeit auf deinen Körper und spüre in dich hinein.*
- *»Wie heißt das Gefühl?« Benenne es. Das trainiert dich darin, in der Gefühlssprache flüssiger zu werden.*
- *»Welche Gedanken gehen mir durch den Kopf? Was brauche ich jetzt? Was würde mir guttun?« Erkenne das Bedürfnis hinter dem Gefühl. Wenn wir zunehmend unsere Gefühle wahrnehmen lernen, schaffen wir die Voraussetzung dafür, dass wir uns besser in unser Kind einfühlen können.*

NESTWÄRME – EINFÜHLUNGSVERMÖGEN IST DER SCHLÜSSEL

Einfühlung hilft Kindern dabei, dass sie sich sicher binden können. Sie wissen: »Meine Eltern kümmern sich um mich und meine Bedürfnisse. Ich kann ihnen vertrauen.« So entsteht Nestwärme. Diese wichtige Botschaft kommt sogar dann bei ihnen an, wenn die Einfühlung nur teilweise gelingt. Der Bindungsexperte Karl-Heinz Brisch[16] weist darauf hin, dass allein die Tatsache, dass sich Eltern um Einfühlung bemühen, vom Kind als positiv erlebt wird.

Alle Mütter und Väter kennen im Umgang mit ihren Kindern Momente der Verbundenheit, in denen sie genau wissen, was in ihrem Kind vorgeht und was es benötigt. Wir wissen aus dem Bauch heraus, was unser Kind braucht. Wir haben im Zusammenleben mit ihm gelernt, seine Gefühlszeichen zu deuten und richtig zu interpretieren: Kristin hat ein Gespür dafür entwickelt, wann ihr zweijähriger Sohn Lionel Hunger hat. Er wird dann schlecht gelaunt. Deshalb nimmt sie auf Ausflüge immer Apfelschnitze und ein paar Kekse mit. Benny (zwölf Jahre) bekommt einen hochroten Kopf, sobald eine Liebesszene im Fernsehen gezeigt wird. Seine Eltern wissen: Am besten, man spricht ihn gar nicht darauf an. Yasemine (vierzehn Jahre) braucht nach der Schule erst einmal ihre Ruhe. Ihre Mutter hält dann die kleineren Geschwister davon ab, sie zu bestürmen. Die folgende Reflexionsinsel lädt dich dazu ein, über Momente nachzudenken, in denen du dich gut in dein Kind einfühlen kannst.

REFLEXIONSINSEL: EINFÜHLUNG IN MEIN KIND

Du kennst mit Sicherheit solche Momente, wo du genau weißt, was dein Kind gerade braucht. Erinnere dich an einen von ihnen und hol ihn dir noch einmal zurück, als wäre er JETZT!

- *Wie hat dein Kind ausgesehen? Was hat es gesagt? Was hast du beobachtet?*
- *Welches Gefühl hast du bei ihm nachempfinden können?*
- *Woher hast du gewusst, was es braucht?*
- *Wie lautete deine Einfühlungsstrategie?*

Vielleicht war dir zuvor gar nicht bewusst, wie gut du dich in dein Kind einfühlen kannst. Wahrscheinlich hast du dich ganz selbstverständlich einfühlend verhalten.

Wenn man sich dieses Einfühlungsvermögen einmal etwas genauer ansieht, besteht es immer aus drei Schritten:

1. *Wahrnehmung-Zuwendung*
2. *Richtige Interpretation*
3. *Bedürfnisbefriedigung*

Im Folgenden zeigen wir dir, wie du deine Fähigkeiten zur Einfühlung auf- oder weiter ausbauen kannst.

EINFÜHLUNG IN DREI SCHRITTEN

Zunächst nehmen wir unser Kind erst einmal konzentriert wahr. Wir geben ihm Aufmerksamkeit, Zeit und Zuwendung. Zur **Wahrnehmung** gehört auch, dass wir seine großen und kleinen Gefühle registrieren.

Nun kommt ein zweiter Schritt hinzu: Wir können das Wahrgenommene **richtig interpretieren**. Dann wissen wir, wie unser Kind aussieht, wenn es Hunger hat, müde ist oder vertieft spielt. Die Gefühle eines älteren Kinds lassen sich leichter verstehen, wenn wir ihm zudem gut zuhören – und innerlich emotional mitschwingen, also auch mit dem Herzen hören, nicht nur mit dem Verstand.

Schließlich, in einem dritten Schritt, gehen wir auf es ein. Wir versuchen, seine Bedürfnisse zu befriedigen. Bei Säuglingen und Babys sollte die **Bedürfnisbefriedigung** möglichst prompt erfolgen. Je älter ein Kind ist, desto eher kann es warten. Der hungrige Lionel bekommt einen Keks, der peinlich berührte Benny und die ruhebedürftige Yasemine erhalten ihren Schonraum. An dieser Stelle kann es natürlich auch zu Konflikten kommen. Zum Beispiel, wenn das Kind unbedingt weiterspielen möchte, wir aber genau sehen, dass es müde ist und ins Bett gehört.

Einfühlungsvermögen heißt nicht, dass wir dem Kind jeden vordergründigen Wunsch erfüllen, sondern dass wir sein tatsächliches Bedürfnis erspüren und dafür sorgen, dass dieses erfüllt wird.

Vielleicht ist es dir schon selbst in den Sinn gekommen: Die Übungen im vorderen Teil des Buches, mit denen du deine Glaubenssätze erkundet und gelernt hast, dein Schattenkind anzunehmen und zu trösten, sind eine Vorbereitung auf dieses Kapitel gewesen. Denn je klarer du deine Gefühle wahrnimmst, desto deutlicher bemerkst du, wann das Verhalten deines Kindes eine alte Verletzung bei dir triggert und dich in Gefahr bringt, in kindliche Verhaltensmuster zu fallen. Du erinnerst dich an Alexander, der sich oftmals als Vater-Versager fühlte, weil sein Sohn durch sein Verhalten die Glaubenssätze »Ich bin nicht wichtig« und »Ich genüge nicht« triggerte. Dementsprechend reagierte Alexander nicht einfühlsam auf seinen kleinen Sohn, der einfach nur seine Grenzen austestete, sondern wurde richtig sauer, abweisend und hart. Das war nicht sehr einfühlsam. Seitdem Alexander aber seine Schattenkindanteile erkundet hat und weiß, wie er negative Glaubenssätze entmachten kann, kann er sich in sein Kind einfühlen:

Julius verbringt den Nachmittag bei seinem Freund Max. Sie spielen Eisenbahn. Alexander ist gekommen, um Julius abzuholen. Er steht im Türrahmen des Kinderzimmers. Als Julius seinen Vater sieht, schreit er: »Blöder Papa, blöder Papa.« Im Gegensatz zu früher gelingt es Alexander, jetzt nicht genervt zu reagieren. Er kann spüren, dass sein Sohn nur so brüllt, weil er das Spielen mit dem Freund so mag. Es ist kein Angriff auf ihn persönlich. Er fühlt sich als Vater nicht mehr zurückgesetzt oder klein, sondern er sieht, wie stark sich sein Sohn für seine Interessen einsetzt. Er ist sogar ein wenig stolz auf dieses kraftvolle Kerlchen. Alexander setzt sich zu den beiden auf den Boden, schaut sein Kind an (**Wahrnehmung-Zuwendung**) und sagt dann: »Mensch, Julius, du bist ziemlich wütend, dass der schöne Nachmittag mit Max nun vorbei ist« (**richtige Interpretation**). Der Kleine fühlt sich auf diese Weise verstanden und muss sich nicht in seine Wut verbeißen. Alexander versucht, sein Bedürfnis zu verstehen, und kommt ihm entgegen: »Ich warte noch fünf Minuten, dann könnt ihr zu Ende spielen. Und wenn du magst, kann Max morgen zu uns kommen« (**Bedürfnisbefriedigung**).

Die Fähigkeiten im Umgang mit Gefühlen, die wir bei Erwachsenen »Emotionsmanagement« nennen, sind uns nicht in die Wiege gelegt. Indem wir einfühlsam die Gefühle unserer Kinder benennen, helfen wir ihnen, sie zu verstehen, einzuordnen und mit ihnen umzugehen.

Zugegeben, das ist ein Vorzeigebeispiel für gutes Einfühlungsvermögen. Aber sicherlich hast du solche Situationen auch schon einmal erlebt, wenn du darüber nachdenkst. Und vielleicht hast du dich sogar gewundert, dass es in dieser Situation nicht zu Streit, Kampf und Tränen kam. Dein Einfühlungsvermögen hat es deinem Kind leicht gemacht, seine Gefühle zu sortieren und sich auf die Situation einzustellen. Außerdem bringst du ihm in jeder Situation, in der du einfühlsam agierst, drei wichtige Dinge bei:

- *Erstens* hat Julius gelernt, dass das Gefühl, das er empfindet, wenn er das schöne Spiel verlassen soll, »Wut« heißt.
- *Zweitens* hat das Kind gelernt, dass seine Emotion okay ist.
- *Drittens* hat es gelernt, dass es eine Lösung dafür gibt.

Jetzt möchten wir dir eine ganz pragmatische Anleitung geben, wie das einfühlsame Begleiten einfach gelingen kann.

Schritt 1: Wahrnehmung-Zuwendung

Wende dich deinem Kind zu: Wortwörtlich, indem du dich zu ihm drehst und Blickkontakt aufnimmst und indem du ihm deine Aufmerksamkeit widmest. Nimm wahr, wie es ihm geht. Vertraue dabei auf deine Sinneswahrnehmungen: Was du siehst, hörst, spürst und riechst, sagt dir viel über sein Befinden.

Schritt 2: Richtige Interpretation

Nun versuche zu interpretieren, welche Gefühle und Bedürfnisse hinter dem stehen, was du wahrgenommen hast. Bei kleinen Kindern, die sich nicht mit Worten äußern können, bist du vor allem auf die Entschlüsselung der Körpersprache angewiesen. Das heißt, du musst Gesichtsausdruck, Körperhaltung und Bewegungen des Kindes richtig deuten können. Größere kann man hingegen oft auch fragen, was sie brauchen. Wenn du ihnen intensiv zuhörst, bekommst du mit, was sie bewegt.

Grundsätzlich können wir bei jedem Kind Zeichen der Zuwendung, der Abwendung, der Entspannung und der Anspannung beobachten. Bei Kleineren sind die Signale oft deutlicher ausgeprägt als bei älteren. Jugendliche setzen manchmal auch ein Pokerface auf und sind schwerer zu entschlüsseln.

Hinter den Signalen stecken klare Bedürfnisse:

◇ *Wer sich hinwendet*, möchte Zuwendung, Aufmerksamkeit, Kommunikation.

◇ *Wer sich abwendet*, möchte seine Ruhe.

◇ *Wer entspannt ist*, braucht vermutlich gerade gar nichts weiter für sein Glück und ist froh, wenn sich im Moment nicht viel verändert.

◇ *Wer angespannt ist*, braucht Unterstützung.

Zeichen der Zuwendung:

- Blickkontakt aufnehmen, Blickkontakt
- Sich (minimal) auf den anderen zubewegen
- Berührung
- Zuwendung des Körpers
- Nicken
- Anlehnen
- Hand ausstrecken
- Lächeln/lachen/schmunzeln
- Kopf zudrehen

Zeichen der Abwendung:

- Blick abwenden/Blickkontakt beenden
- Rücken zudrehen
- Kopf schütteln
- Kopf wegdrehen
- Lachen oder Lächeln einstellen
- (Minimal) zurückweichen
- Einfrieren der Bewegung
- Lippen zusammenkneifen

Zeichen der Entspannung:

- Relaxter Muskeltonus/Entspannung
- Tiefe Atmung
- Tiefere Stimme

- Langsameres Sprechtempo
- Volle Lippen
- Schultern tief
- Sanfte Bewegung
- Weiche Augen

Zeichen der Anspannung:

- Hoher Muskeltonus/Anspannung
- Flache Atmung
- Angespannte Lippen
- Abstand halten
- Hektische Bewegung
- Angespannte oder zugekniffene Augen

Neben solchen allgemeinen Hinweisen hat jedes Kind auch noch seine individuelle Körpersprache, auf die wir uns einschwingen können. Paula, die Mutter von Bruno, weiß zum Beispiel genau, dass der Kleine immer die Stirn zusammenzieht, wenn ihm etwas nicht passt, und dass er mit dem ganzen Körper leicht wackelt, wenn er vergnügt und gut gelaunt ist.

Schritt 3: Bedürfnisse des Kindes erfüllen

Dem Zuhören und der hoffentlich richtigen Interpretation der (körpersprachlichen) Signale deines Kindes sollte nach Möglichkeit die **Bedürfnisbefriedigung** folgen. Je kleiner ein Kind ist, desto schneller solltest du seine Bedürfnisse befriedigen. Babys haben keine Vorstellung von Zeit, deshalb hilft es nicht, wenn wir ihnen sagen: »In fünf Minuten komme ich zu dir.« Sie geraten schnell in einen Zustand existenzieller Angst, fühlen sich ausgeliefert und allein. Reagiere deshalb möglichst prompt auf das Schreien deines Babys. Je älter die Kinder werden, umso eher können sie auch mal warten, bis ihr Bedürfnis befriedigt wird. Es ist völlig in Ordnung, wenn die Mutter zur sechsjährigen

Tochter sagt: »Schätzchen, ich mach dir gleich einen Kakao. Vorher möchte ich aber noch die E-Mail fertig schreiben.«

Es kommt also darauf an, altersgerecht das Bedürfnis des Kindes wahrzunehmen und zu befriedigen. Für ältere Kinder, Jugendliche und junge Erwachsene ist zudem das gemeinsame Gespräch wie Kitt, der die Bindung aufrechterhält. Sie fühlen sich vor allem dann angenommen und ernst genommen, wenn das Gespräch absichtslos verläuft.

EXKURS: ABSICHTSLOSES ZUHÖREN

Zuhören ist ein weiterer Baustein elterlichen Einfühlungsvermögens. Die Zuhörbereitschaft vermittelt einem Kind die Botschaft: »Du bist mir wichtig. Ich interessiere mich für dich.« So können wir uns zudem besser in es einfühlen, besonders wenn wir absichtslos zuhören. Wir verfolgen dann keine eigenen Absichten beim Zuhören, sondern werden lediglich davon geleitet, das Kind verstehen zu wollen. Dafür sollten wir uns möglichst frei von eigenen Vorstellungen machen. Das ist gar nicht so leicht, denn gerade bei unseren Kindern haben wir oft (versteckte) Ziele beim Zuhören. Wenn unser Kind beispielsweise von der »doofen« Erzieherin in der Ganztagsbetreuung erzählt, sind wir schnell in unseren eigenen Film verstrickt. Wir überlegen vielleicht: »War es richtig, mein Kind in die Ganztagsschule zu geben? Es muss dort zurechtkommen, sonst kann ich nicht mehr arbeiten. Bin ich eine Rabenmutter? …«

Absichtslosigkeit ist eine Voraussetzung dafür, dass wir unser Kind bedingungslos lieben und es so annehmen, wie es ist.

Solche inneren Dialoge werden oft durch unsere Glaubenssätze aus dem Schattenkind beeinflusst. Um jedoch absichtslos zuhören zu können, müssen wir in gewisser Weise frei sein – frei von unseren Absichten und Prägungen. Darum bieten wir in diesem Buch so viele Reflexionsinseln an. Diese können dabei helfen, Prägungen zu erkennen, zu heilen und zu einer absichtsloseren Haltung zu gelangen. Erst so können wir echtes Interesse zeigen.

Es lässt sich nicht vermeiden, dass wir im Alltagsgespräch mit unseren Kindern im Hinterkopf Ideen dazu haben, wohin wir sie lenken wollen. Der siebenjährige Sohn erzählt beispielsweise vom bevorstehenden Fußballtraining und wir denken sofort daran, dass er unbedingt etwas zu trinken einpacken muss. Das ist normal. Wir müssen auch nicht *ständig* absichtslos zuhören. Gelingt es uns jedoch, immer wieder Gespräche zu führen, bei denen wir von einer (heimlichen) Agenda befreit sind, vertieft dies den Kontakt zu unserem Kind.

Auf der Verhaltensebene bedeutet absichtsloses Zuhören, dass wir in Kontakt gehen, aufnahmebereit lauschen und erfassen, was unser Kind uns sagt. Es fühlt sich von uns verstanden, wenn wir in eigenen Worten noch einmal wiedergeben, was bei uns angekommen ist, und ab und zu eine Frage stellen.

Absichtsloses Zuhören – so geht's

◇ Der erste Schritt, mit dem Kind in Kontakt zu treten, besteht immer darin, **Blickkontakt aufzunehmen** und die Aufmerksamkeit zu erlangen.

◇ Insbesondere mit älteren Kindern kann es bedeuten, dass wir **den richtigen Zeitpunkt** für ein Gespräch **abpassen** müssen. Ein Vater hat uns erzählt, dass er seinen pubertierenden Sohn immer gerne mit dem Auto herumchauffiert hat, weil sich auf der Fahrt oft gute Gespräche mit ihm entwickelt haben.

◇ Darüber hinaus wäre es gut, wenn wir durch unsere Körpersprache **Aufnahmebereitschaft signalisieren:** zugewendeter Körper, Nicken, aufmunterndes Lächeln (das geht im Auto natürlich nur begrenzt).

- Sich bemühen, **dem Gesagten** zu **folgen**. Das heißt: wirklich zuhören und nicht mit den Gedanken spazieren gehen. Unsere Aufmerksamkeit ist ganz auf das gerichtet, was uns das Kind sagen will.
- Wenn wir in eigenen Worten noch einmal **wiedergeben, was unser Kind gesagt hat**, können wir überprüfen, ob wir richtig liegen. Haben wir es richtig verstanden, wird es vermutlich (leicht) nicken oder »Ja, genau« sagen. Haben wir es falsch verstanden, merken wir das auch. Wer nicht mit uns übereinstimmt, zeigt das zum Beispiel, indem er leicht mit dem Kopf schüttelt, minimal zurückweicht oder auch dadurch, dass er uns kundtut: »Nee, so habe ich das nicht gemeint.«
- Schließlich bekunden wir unser Interesse, wenn wir **eine Frage** zum Gehörten **stellen**.

BLOCKADEN DES EINFÜHLUNGSVERMÖGENS

Die wichtigste Voraussetzung dafür, dass wir uns gut in unsere Kinder einfühlen können, ist der eigene Zugang zu unseren Gefühlen. Haben wir diesen, können wir auch jedes Gefühl unserer Kinder empathisch nachempfinden. Und genau darin liegt nicht selten ein Problem. Denn leider pflegen wir häufig einen anderen Umgang mit unseren Gefühlen: Sie werden ausgeblendet, weggesperrt, verneint oder umgeleitet. Wir wollen uns dadurch vor allzu schmerzhaften und unangenehmen Gefühlen schützen, die in unserem **Schattenkind** beheimatet sind. Der Preis des Schutzes ist aber, dass wir zu manchen Gefühlen keinen guten Kontakt haben. Somit können wir dann auch weniger gut mit unserem Kind in Resonanz gehen. Fühlt sich mein Kind beispielsweise einsam, aber ich habe das Gefühl von Einsamkeit zum Selbstschutz aus meinem Leben verbannt, werde ich die Gefühle meines Kindes nicht wahrnehmen und nicht darauf reagieren. Es wird von mir also keinen Trost erfahren, was seine Einsamkeit noch verstärkt.

Manchmal erlauben wir uns auch keine positiven Gefühle. Das klingt sonderbar, ist aber gar nicht so selten. Gerade ein Mensch, der als Kind sehr fröhlich und lebendig war, also ein sehr aktives **Sonnenkind** in sich beheimatet hatte, kennt das. Er wurde ausgebremst: »Du bist zu laut! Hör auf zu springen! Du bist zu wild! Wenn du so weitermachst, mag dich keiner mehr.« Ein (kleineres) Kind denkt dann aber nicht: »Der Papa ist gestresst« oder: »Die Lehrerin hat ihre letzte Stunde und jetzt ist es ihr zu laut«, sondern es denkt und fühlt, dass es falsch ist.

Wenn ein Kind diese Botschaften wiederholt hört, dann speichert es diese in Form von Glaubenssätzen ab: »Ich bin nicht okay! Ich bin falsch! Ich muss mich verstecken.«

Um sich den Erwartungen seiner Umgebung anzupassen, verbietet es sich die wilden und fröhlichen Gefühle. Da diese Prägungen weiterleben, ist der Erwachsene später mit hoher Wahrscheinlichkeit auch in seiner emotionalen Vitalität gehemmt. Löst er dieses Programm nicht auf, besteht die Gefahr, dass er es an seine Kinder weitervermittelt. Genauso wenig, wie er gelernt hat, seine Vitalität zu entfalten, vermag er dann auch etwas mit der seines Kindes anzufangen. Wahrscheinlich zügelt er dessen Fröhlichkeit und Lebensfreude mit genau denselben Sprüchen, die er früher zu hören bekam.

Typische Gefühlsblockaden von angepassten und autonomen Eltern

Sowohl autonome als auch angepasste Eltern neigen dazu, bestimmte Gefühle zu verdrängen. **Angepasste Eltern** blockieren vor allem Wut und Aggression, die sie in Konflikte mit anderen führen könnten. Ihr großes Bedürfnis nach Anerkennung steht ihrem Wunsch nach Selbstbehauptung entgegen. Es kann sein, dass angepasste Eltern infolgedessen zugewandte und freundliche Gefühle überbetonen. Aber wohin verschwindet die abgrenzende Energie? Manchmal ist sie verdeckt vorhanden. Wir alle haben schon Erwachsene mit einem falschen Lächeln erlebt, manchmal sind auch wir Eltern diejenigen. Zugunsten von Harmonie und Verbindung verzichten wir darauf, unseren Ärger auszudrücken, was die Kinder natürlich merken. Nicht selten setzen sie dann ihr nervendes Verhalten fort, nur um eine ehrliche Reaktion zu bekommen.

Auf unterdrückte Aggressionen und was sie anrichten können, gehen wir noch unter »Ich bin niemals sauer!« *auf Seite 170 ein.*

Autonome Eltern haben hingegen eher ein Problem damit, schwache Gefühle, wie Trauer, Hilflosigkeit und Angst, zuzulassen. Im Unterschied zu den Angepassten sind sie auf die Verteidigung ihrer Grenzen bedacht, da sind schwache Gefühle eher hinderlich. Am liebsten würden sie diese wegbefehlen. »Stell dich nicht so an!«, bekommen die Kinder dann zu hören. Alle tapferen und mutigen Gefühle werden dafür sehr verstärkt. Wenn die Siebenjährige fragt, ob sie es wohl schaffen könne, im Freibad vom Dreimeterbrett herunterzuspringen, wird der autonome Vater/die autonome Mutter ihr zuraten: »Ja klar, das schaffst du locker.« Angepasste Eltern würden ihr dagegen wohl eher abraten: »Nein, lieber nicht. Warte mal noch, bis du dich ganz sicher fühlst.« Wohlgemerkt: Beide Antworten können richtig sein, wenn sie sich an den Fähigkeiten und Bedürfnissen des Kindes orientieren. Sind wir jedoch in unseren Gefühlen gefangen, beurteilen wir die Fähigkeiten und Wünsche unserer Kinder durch die Brille unserer Kindheitsprägungen.

Wenn wir sagen, dass manche Menschen sich Gefühle verbieten, sie verdrängen oder blockieren, klingt das so, als sei dies ein bewusster und aktiver Prozess. Das stimmt aber nur bedingt. In sehr vielen Fällen geschieht das Wegschieben von bestimmten Gefühlen unbewusst.

»ERFÜLLE DEINEN AUFTRAG«: BLOCKADE DURCH DELEGATION

In der Psychologie sprechen wir von »familiären Aufträgen« oder »Delegation«, wenn Eltern eine bestimmte Erwartung an ihr Kind stellen, die dieses wie einen Auftrag erfüllen soll. Wenn wir – sei es bewusst oder unbewusst – starke Erwartungen in unser Kind setzen, dann hat dies fast zwangsläufig zur Folge, dass wir seine Bedürfnisse nicht klar wahrnehmen können. Unsere Wünsche trüben unsere Wahrnehmungsfähigkeit.

Schon vor der Geburt eines Kindes verbinden werdende Eltern oft große Erwartungen mit ihm. Von den meisten Neugeborenen wird erwartet, dass sie Freude in die Familie bringen und einen neuen Lebensabschnitt markieren. Doch manche elterlichen Erwartungen übersteigen das, was ein Kind erfüllen kann. So beispielsweise, wenn eine Mutter sich von ihrem Kind insgeheim erhofft, dass sich sein Vater durch die Elternschaft enger an sie binden möge. Das Kind hat dann den unbewussten Auftrag: »Mach, dass dein Papa mich mehr liebt!« Es wird funktionalisiert, die unbefriedigten Partnerschaftswünsche seiner Mutter ins Lot zu bringen. Auch wenn diese ihrem Kind liebevoll zugetan ist, wird sie es durch die Brille ihrer Erwartungen beäugen: »Kittet es die Beziehung? Liebt mein Partner mich jetzt mehr?« Die Aufmerksamkeit der Mutter ist also zweigeteilt: Ihr Bedürfnis nach mehr partnerschaftlicher Nähe überlagert die Beziehung zu ihrem Kind.

Delegationen sind Lebensaufträge, die von Eltern und Großeltern an Kinder weitergegeben werden. Als Mütter und Väter sind wir Empfänger von Aufträgen (von unseren Eltern und Großeltern) wie auch Vermittler von solchen (an unsere Kinder). Es gibt bewusste, offene Aufträge, wenn zum Beispiel vom ältesten Sohn erwartet wird, dass er später einmal den Familienbetrieb übernimmt. Und es gibt verdeckte, unbewusste Aufträge. Diese werden in der Familie nicht offen besprochen.

Wie sollten sie auch? In dem Moment, wo man darüber reden kann, sind sie nicht mehr unbewusst. Solche Aufträge können darin bestehen, dass ein Kind der Mutter den zu früh verstorbenen Zwillingsbruder ersetzen soll, dass es den Lebenstraum des Vaters in die Realität umsetzen oder dass es ein Familiengeheimnis bewahren soll. Oder dass es seine Familie von einem Makel befreit, indem es zum Beispiel durch überdurchschnittliche Leistungen von der »Nestbeschmutzung« durch einen kriminellen Onkel ablenkt.

Familiäre Delegationen können in Glaubenssätzen münden wie »Du musst stark sein«, »Du musst zu mir halten«, »Du musst mein Leben retten« ... Sie beeinflussen unseren Lebensweg.

Es gibt äußerst unterschiedliche Delegationen. Damit wir uns in unsere Kinder einfühlen können, ist es notwendig, dass wir uns unserer Aufträge bewusst werden, die wir von unseren Eltern mit auf den Weg bekommen haben. Denn nur dann können wir verhindern, dass wir sie unbewusst an unsere Töchter und Söhne weitergeben.

So geht es Paula. Ihre Mutter wurde während ihrer Ausbildung schwanger und musste deshalb die Lehre abbrechen. Das Mädchen erhielt daraufhin von den Großeltern und ihrer Mutter den unbewussten Auftrag, diese wieder glücklich zu machen, um sie für die mangelnde berufliche Entfaltung und Selbstständigkeit zu entschädigen. Paula, die sich viele Gedanken um ihre Kindheitsprägungen gemacht hat, ist sich im Zuge ihrer Selbstreflexion dieser Delegation bewusst geworden. Hierbei hat sie auch schmerzvoll verstanden, dass sie als Kind keine Chance hatte, diesen Auftrag zu erfüllen: Ihre Mutter hat sich zwar zeit ihres Lebens wegen ihrer mangelnden Ausbildung gegrämt, hatte aber auch nicht den Mumm, sie zu einem späteren Zeitpunkt nachzuholen. Nörglerisch und zu Selbstmitleid neigend verharrte sie in der Opferrolle. Paula hat lange gebraucht, um sich aus der gefühlten Verantwortung für ihre Mutter zu befreien. Sie ist sorgsam darauf bedacht, ihrem Sohn Bruno dieses Schicksal zu ersparen, und achtet deswegen genau darauf, welche Erwartungen sie an ihn richtet. Neulich stellte eine Freundin von ihr fest: »Dein Bruno ist eine echte Frohnatur!« In Paula klingelten sofort die Alarmglocken: »Hat er ebenfalls den unbewussten Auftrag, mich glücklich machen zu müssen?« Sie ging noch einmal in sich und stellte fest: Sie kommt auch gut damit klar, wenn ihr Sohn mal traurig oder schlecht gelaunt ist. Er muss nicht fröhlich sein, um sie fröhlich zu machen. Erleichtert stellt sie fest: »Nein, das sonnige Gemüt ist ihm in die Wiege gelegt worden!«

Wir können Delegationen offenlegen und damit ihren Einfluss auf unser Leben und das unserer Kinder verringern.

Die Delegation, die wir an unser Kind herantragen, offenbart sich, wenn wir uns die Frage stellen, welche Hoffnung wir mit seiner Geburt verknüpfen und wie wir es sehen. Sicherlich hast du beim Lesen mitgedacht, ob es bei dir auch einen – oder sogar mehrere Familienaufträge gab. Die folgende Übung kann dir dabei helfen, deine Gedanken zu sortieren.

REFLEXIONSINSEL: AUFTRÄGEN (DELEGATIONEN) NACHSPÜREN

Du kannst den Delegationen in deiner Familie in zweierlei Richtungen nachspüren. Zum einen kannst du deinen Auftrag entdecken, zum anderen überlegen, welche Aufträge du an deine Kinder richtest.

- *Schließe für einen Moment die Augen und beantworte dir die folgende Frage: »Welche Hoffnung und Wünsche meiner Eltern soll/sollte ich erfüllen?«*
- *Lass deine Gedanken fließen und schreibe alles auf, was dir zu dem Thema einfällt, ohne dich innerlich zu zensieren.*

- *Dann mache eine Pause, vielleicht magst du dich sogar einmal schütteln, bevor du die nächste Frage beantwortest. Wenn du magst, schließe wieder für einen Moment die Augen und beantworte dir die folgende Frage: Welche Wünsche und Hoffnungen knüpfe ich an mein Kind? Wie soll mein Sohn/meine Tochter einmal werden?*
- *Lass erneut deine Gedanken fließen und schreibe alles auf, was dir dazu einfällt.*
- *Im Anschluss kannst du noch überlegen, ob es zwischen beiden Antworten eine Verbindung gibt.*

Möglicherweise hast du einen dir bislang unbewussten Auftrag entdeckt und fragst dich nun, wie du damit umgehen sollst? Vielleicht ruft diese Erkenntnis einen starken Loyalitätskonflikt in dir hervor? So magst du dich nicht einfach von den elterlichen Erwartungen an dich lösen, sondern fühlst dich nach wie vor verpflichtet, sie zu erfüllen. Ähnlich wie Paula, die noch als erwachsene Frau immer wieder versuchte, ihre Mutter aufzuheitern. In einem solchen Fall übernimmst du zu viel Verantwortung für deine Mutter und/oder deinen Vater und es wäre wichtig für dich, dich in gesunder Weise von dieser Aufgabe zu lösen.

Du kannst hierfür die Übung Stärke deine Trennungskompetenz *auf Seite 194 nutzen. Beziehe sie in diesem Fall nicht auf dein Kind, sondern auf deine Eltern.*

Vielleicht kann dir auch der Gedanke helfen, dass du deinem Kind eine bessere Mutter oder ein besserer Vater sein kannst, wenn du dich aus der Verstrickung mit deiner Herkunftsfamilie löst. Solange du in ihr verhaftet bleibst, zum Beispiel indem du immer weiter denkst: »Ich muss dafür sorgen, dass meine Mama glücklich ist«, bist du nicht frei von falschen Verpflichtungen. Dies wirkt sich auch auf dein Kind aus. Das Enkelchen (dein Kind) muss dann womöglich *ebenfalls* dafür sorgen, dass seine

Oma (deine Mutter) glücklich wird. Je besser du selbst in der Lage bist, dich aus einem Übermaß an Verantwortung zu befreien, desto mehr kannst du diese wichtige Fähigkeit auch an dein Kind weitergeben.

Möglicherweise sind deine Eltern heute krank und alt und du denkst: »Jetzt kann ich ihnen das nicht mehr antun.« Damit magst du recht haben. Finde aber bitte ein Modell für dich, in dem du deinen Eltern zwar gerecht wirst, aber nicht selbst auf der Strecke bleibst. Vermutlich fällt es dir nicht leicht, das richtige Maß einzuschätzen. Hier helfen immer auch Gespräche mit guten Freunden, die einen objektiveren Standpunkt als du selbst einnehmen können.

Vielleicht hast du einen Auftrag entdeckt, den du bislang unbewusst an dein Kind weitergegeben hast? Dann überlege dir bitte, ob dieser gut für es ist oder ob deine Tochter oder dein Sohn dadurch eher in seiner Entwicklung behindert werden könnte. Falls Letzteres der Fall ist, beschließe bitte, ihn innerlich zu beenden. Sind deine Kinder schon recht groß und du denkst vielleicht: »Jetzt ist das Kind schon in den Brunnen gefallen!«, sprich offen mit ihnen darüber. Viele Fehler, die man als Eltern gemacht hat, kann man in einem offenen Gespräch mit den Kindern wieder korrigieren oder auch deutlich abmildern. Gerade mit Älteren kann man reden. So könnte Elisabeth, die Mutter, die ihr Kind ständig zu Leistung antrieb, um es vor Versagenserfahrungen zu schützen, von ihrer Kindheit erzählen. Davon, dass sie sich als Kind zu wenig von ihren Eltern verstanden gefühlt hat. Vielleicht kann sie sogar sagen: »Es tut mir leid, dass ich dich manchmal unter Druck gesetzt habe. Eigentlich wollte ich ja nur erreichen, dass du einmal selbstsicherer bist als ich.« Durch ein solches Gespräch kann ein Knoten platzen. Ist eine Delegation nicht mehr verdeckt, sondern kann offen über sie gesprochen werden, ist ihr Bann gebrochen. Oft fühlen sich beide, Eltern und Kinder, nach einem solchen Gespräch, als wäre eine schwere Last von ihnen abgefallen.

»DAS FÜHLEN WIR NICHT«: ABGESPALTENE GEFÜHLE

Wer Gefühle abspaltet, nimmt sie nicht wahr. Es handelt sich hierbei um einen psychischen Abwehrmechanismus, der zumeist in der frühen Kindheit erworben wird. Als Kind sollte er uns davor schützen, dass wir von starken negativen Emotionen überflutet werden. Die psychische Abwehr sorgt dafür, dass wir funktionieren und nicht so schnell zusammenbrechen. Hat ein Kind keine Chance, seine negativen Gefühle zu bewältigen oder zu vermeiden, dann beschließt die Psyche irgendwann, sie auszuschalten. Dies ist das Pendant zur Ohnmacht, die sich bei unerträglichen körperlichen Schmerzen einstellt. Die Kinder »beamen« sich aus ihrem Körper und spüren nichts mehr. Als psychischer Reflex wird dieser Abwehrmechanismus mit ins Erwachsenenleben transportiert.

Die Abspaltung eines Gefühls wirkt sich auch auf den Umgang mit dem Kind aus. So werden beispielsweise Verlassenheits- oder Schmerzgefühle gar nicht erst erkannt.

Es gibt Menschen, die das Gefühl nicht kennen, jemanden zu vermissen. Das erschwert Liebesbeziehungen oder macht sie gar unmöglich. Sind sie etwa aus beruflichen Gründen die Woche über von ihrem Partner getrennt, kann es passieren, dass sie ihn vergessen. Dahinter verbergen sich Erfahrungen von abgrundtiefer Verlassenheit und Isolation. Als Kinder haben sie gelernt, diese unerträglichen Gefühle auszuschalten. Erlebt der betroffene Erwachsene eine Trennungssituation – und sei es nur, dass der Partner morgens das Haus verlässt –, so können diese Gefühle von abgrundtiefer Verlassenheit getriggert werden. Aber der »Notschalter« im Gehirn blockiert sie sofort. In neurologischen Studien konnte man feststellen, dass Menschen mit diesem Muster emotional sehr heftig auf eine Trennungssituation reagieren, diese Emotion jedoch blockiert wird, bevor sie ins bewusste Erleben eindringen kann.

Sind eines oder mehrere Gefühle abgespalten, können wir diese Emotionen auch bei anderen nicht erkennen und uns nicht empathisch verhalten. Abspaltung ist also ein Empathie-Killer. Einem solchen Gefühl auf die Schliche zu kommen ist allerdings sehr schwer – das liegt in der Natur der Abspaltung.

Falls du Sorge hast, du könntest ein solches Gefühl in dir tragen, überprüfe noch einmal anhand der Reflexionsinsel *Zugang zu den eigenen Gefühlen* auf Seite 135, ob es tatsächlich ein Gefühl gibt, das dir völlig fremd ist. Falls dem so ist, versuche zu ergründen, was in deiner familiären und psychischen Entwicklung dazu geführt haben mag. Solltest du traumatische Erlebnisse in der Kindheit erfahren haben, wäre eine psychologische Unterstützung bestimmt sehr hilfreich für dich.

»DU FÜHLST WIE ICH«: GEFÜHLSPROJEKTION

Manchmal sind Eltern auch deshalb wenig einfühlend, weil sie ihre Gefühle auf das Kind projizieren. Man kann das Wort Projektion dabei wörtlich nehmen. Es ist, als würden wir unsere Kinder als Leinwand benutzen und mit einem Beamer oder einem Diaprojektor Bilder darauf ausstrahlen. Diese haben aber nur sehr wenig mit den Kindern zu tun, sondern nur mit unserer subjektiven Sicht der Wirklichkeit. Wir unterstellen in der Projektion den Kindern unsere Gefühle, unsere Wünsche, unsere Bedürfnisse und unsere Sehnsüchte. Dies geschieht meistens unbewusst. Vielleicht kannst du dich an Karina erinnern? Die autonome Mutter, die viele Betreuungspersonen eingespannt hat? Sie hat ihr Freiheitsbedürfnis auf ihre Kinder projiziert und glaubt unbewusst, dass ihre Kinder so fühlen wie sie und von Abwechslung und unterschiedlichen Beziehungen profitieren. Dabei übersieht sie das Kuschel- und Nähebedürfnis der Kleinen. Tatsächlich ist es manchmal nicht so leicht, zwischen einer gelungenen Einfühlung und einer Projektion zu unterscheiden.

Stellen wir uns eine Mutter vor, deren Kind auf einem Schulfest ein Lied vortragen soll. Es freut sich auf seinen Auftritt und hat keine Angst vor der Bühne. Für die Mutter ist hingegen die Vorstellung, vor anderen Leuten zu singen, furchtbar aufregend. Also denkt sie, dass auch ihr Kind mächtig Bammel vor diesem Auftritt haben muss. Sie projiziert also ihre Nervosität auf ihr Kind. Und als sie anderen Müttern davon erzählt, dass ihr Kind einen so aufregenden Auftritt hat, sind alle ganz mitgenommen. Denn Lampenfieber ist ja nicht unüblich. Ist das Kind klein, wird es die Gefühle wahrscheinlich übernehmen. Ein größeres Kind könnte sich hingegen abgrenzen und der Mutter klarmachen, dass es kein Problem mit dem bevorstehenden Auftritt hat.

Die Frage ist: Welche sind hier meine Gefühle und Bedürfnisse und welche die meines Kindes?

In unseren Kindern sehen wir uns selbst. Unwillkürlich erinnern wir uns an uns selbst als Kleinkind, Schulkind und als Teenager. Wir greifen auf unsere Erfahrungen zurück und sagen dann zum Beispiel: »Meine arme Tochter ist jetzt in der Pubertät.« Dabei übersehen wir vielleicht, dass das Mädchen eine ganz gute Phase hat. UNSERE Pubertät war möglicherweise schrecklich. Wir wollen damit natürlich nicht sagen, dass man sich nicht an seine Kindheit und Jugend erinnern soll. Nur mit der Gefühlsübertragung, also dem Kind die gleichen Gefühle zu unterstellen, die wir in einer ähnlichen Situation empfunden haben oder bis heute empfinden, sollten wir vorsichtig sein: Mailin erzählte uns, dass sie nie mit den Nachbarskindern spielen durfte. »Die kannst du sowieso nicht leiden«, behaupteten ihre Eltern. Erst in späteren Jahren hat Mailin herausgefunden, dass ein langjähriger Nachbarschaftsstreit wohl die Ursache für das Verbot war. Das Perfide daran war aber nicht das Verbot an sich, sondern dass ihre Eltern ihr ein Gefühl untergeschoben haben, das sich nicht mit ihrem Empfinden deckte. Mailin fand die Nachbarskinder sympathisch.

Schauen wir uns die Situation aus den Augen des Kindes an: Für dieses entsteht ein Konflikt zwischen dem, was es selbst fühlt, und dem, was es fühlen sollte. Es weiß nicht, wo in diesem Augenblick die Wahrheit liegt, und wird sich fragen: »Kann ich meinem Gefühl überhaupt trauen? Oder stimmt, was meine Eltern sagen? Sollte ich wie sie fühlen?« Vater und/oder Mutter erzeugen so auf der Seite des Kindes eine Gefühlsverwirrung, die sich negativ auf seinen Selbstwert auswirken kann. Denn zu einem gesunden Selbstwertgefühl gehört, dass ich mich auf mich verlassen kann. Den eigenen Gefühlen trauen zu können ist ein wesentlicher Bestandteil des Selbstwertgefühls. Kann ich das nicht, werde ich von Selbstzweifeln geplagt.

Wird einem traurigen Kind eingeredet, es habe keinen Grund dazu, dann wird es dem Erwachsenen eher glauben und seine Trauer negieren. Wird einem offen auf Gleichaltrige zugehenden Kind eingetrichtert, dass man anderen nicht vertrauen darf, dann wird es irgendwann selbst ein tiefes Misstrauen in sich abspeichern. Wird ihm immer wieder seine Wut ausgeredet, die es öfter und aus gutem Grund gegen seine Lehrerin verspürt, dann könnte es sich zum Duckmäuser entwickeln. Wird einem Kind, das stolz auf seine tollen Leistungen ist, entgegengehalten, dass »Eigenlob stinkt«, dann lernt es, sich seine Leistungen kleinzureden.

In allen Fällen lernen Kinder, ihren berechtigten Gefühlen nicht zu vertrauen.

Dies führt zu einer enormen Verunsicherung. Auch als Erwachsene werden sie sich häufig fragen: »Ist das richtig, was ich da fühle? Sehe ich das richtig? Darf ich so fühlen?« Verunsicherte Menschen suchen ständig die Orientierung im Außen, haben sie daheim doch gelernt, dass sie mit ihrer eigenen Meinung falsch liegen. Das macht sie anfällig, sich von anderen manipulieren zu lassen beziehungsweise ihre Selbstverantwortung an andere zu delegieren, weil sie sich nicht zutrauen, die richtigen Entscheidungen für sich zu treffen.

Die Projektion unseres Erlebens auf andere Menschen und auf unsere Kinder führt normalerweise dazu, dass diese sich nicht richtig gesehen und missverstanden fühlen. Sicherlich hast du auch schon öfter erlebt, dass dir von jemandem falsche Gefühle und Absichten unterstellt worden sind. Ist das nicht furchtbar ärgerlich und ungerecht? Wenn du Glück hattest, konntest du dieser Fehleinschätzung widersprechen. Das setzt aber voraus, dass der andere sie dir mitgeteilt hat. Häufig sagen unsere Mitmenschen uns jedoch nicht, was sie über uns und unsere Gefühle denken. Oder sie sagen es, glauben uns aber nicht.

Wir erleben in unserer psychologischen Praxis immer wieder erschüttert, wie extrem solche Fehlwahrnehmungen ausfallen können. So wird ein Mensch, der in Maßen Alkohol genießt, von einem Gewohnheitstrinker als »gut getarnter Alkoholiker« eingeschätzt. Oder einem anderen, der in einer glücklichen Beziehung lebt, wird eine heimliche Affäre nachgesagt. Jemand, der entspannt vor sich hinträumt, wird unterstellt, er sei traurig und unglücklich. Einem, der sich zugewandt und freundlich verhält, wird Falschheit und berechnende Absicht zugeschrieben.

Die Liste der falschen Interpretationen und Fehlwahrnehmungen, die Menschen anderen überstülpen, ist unendlich lang. Projektion ist der Boden, auf dem das meiste Unrecht dieser Welt gedeiht. Dabei spiegelt sich in ihr das Erleben des Projizierenden wider. So ist beispielsweise ein Mensch, dessen Schattenkind sich minderwertig fühlt, anfällig dafür, seinem Gegenüber Dominanz zu unterstellen. In der Feldperspektive des Schattenkindes gefangen, fühlt er sich klein und unterlegen – aus dieser Perspektive ist der andere größer und stärker. Nun ist der Schritt, dem anderen feindselige Absichten zu unterstellen, nicht mehr groß. Sind wir in der Sicht unseres Schattenkindes gefangen, neigen wir zu Minderwertigkeit, Neid und übertriebener Angst. Das macht uns leider nicht zu besseren Menschen. Behalten wir uns jedoch gut im Auge, können wir uns rechtzeitig ertappen, wenn das Schattenkind wieder am Wirken ist.

Aber woran kann ich nun erkennen, ob ich dem anderen ein falsches Gefühl oder eine falsche Absicht unterstelle oder ob ich mich richtig in ihn einfühle? Die besten Chancen haben wir, wenn wir es mit jemandem zu tun haben, der sich gut verbal ausdrücken kann. Hier genügt schon oft eine Nachfrage: »Fühlst du dich gerade so und so? Für mich sieht es so aus.« Bei kleinen Kindern sind wir hingegen auf unsere Eindrücke angewiesen. Allgemein gilt, dass wir, egal ob wir einen großen oder kleinen Menschen vor uns haben, genau hingucken und hinhören und uns wirklich für sein Erleben öffnen sollten.

Außerdem dürfte klar geworden sein, dass wir uns selbst gut kennen sollten. Je besser ich mein Innenleben auf dem Radar habe, desto eher gelingt es mir zu unterscheiden, welche Gefühle, Wünsche, Absichten und Sehnsüchte zu mir selbst und welche zu meinem Kind gehören.

»DU MUSST BESSER SEIN ALS ICH«: SELBSTWERTPROJEKTION

Der Wunsch, das Kind solle es einmal besser haben als man selbst, ist für die meisten Eltern eine wichtige Antriebsfeder. Sehr viele Mütter und Väter sind zutiefst uneigennützig und geben ihr letztes Hemd her, damit der Sohn oder die Tochter ein schöneres Leben genießt als sie selbst. Sie erträumen sich für ihre Kinder eine bessere Kindheit, eine bessere Schulzeit und eine bessere Zukunft. Warum soll das schlecht sein? Es ist nicht schlecht – außer wenn wir dadurch an der Realität unserer Kinder vorbeigucken. Das geschieht vor allem dann, wenn die Wünsche und Träume für unser Kind unserem **Schattenkind** entspringen. Eigentlich beherbergen wir tief in uns die Sehnsucht, unserem Schattenkind zu helfen. Wir wollen ihm die Liebe und Unterstützung geben, die es für den Aufbau eines guten Selbstwertgefühls gebraucht hätte. Wir wollen es trösten. Das geht aber nur, wenn wir um seine Existenz wissen. Dann können wir es heilen und unsere echten Kinder gut versorgen. Doch da uns unser Schattenkind oft eben nicht bewusst ist, nehmen wir unbewusst Ersatzhandlungen vor, indem wir unserem Sohn oder unserer Tochter all das geben, was wir uns gewünscht hätten.

Wir überschütten unser Kind womöglich mit Fürsorge, Interesse und Hilfsangeboten, sodass das Kind gar keine Freiräume mehr hat. Eine Mutter erzählte uns, wie eine typische Woche ihrer Tochter verläuft: »Montags hat Lara (zehn) einen langen Schultag, dienstags geht sie zum Flötenunterricht, mittwochs kommt die Steffi, das ist unsere Nachhilfelehrerin, und donnerstags hat sie Ballett.« Wohlgemerkt, ein Kind wie Lara erfüllt damit oft die Wunschträume seiner Eltern und nicht seine eigenen. Denn das Mädchen ist manchmal erschöpft von all den Terminen. Am liebsten würde es mit dem Ballett aufhören und einfach mal nachmittags zu Hause bleiben oder sich mit Freundinnen treffen. Doch seine Mutter wischt das regelmäßig mit den Worten zur Seite: »Ballett ist so gut für deine Haltung. Das willst du doch nicht aufgeben? Und deine Freundinnen siehst du doch in der Schule.« Laras Mutter hat sich von ihren Eltern vernachlässigt gefühlt und möchte, dass es ihr Kind besser hat als sie. Deswegen will sie ihre Tochter unbedingt fördern und ihr alle Möglichkeiten bieten, die ihr selbst versagt waren. In guter Absicht tut sie hierbei leider zu viel des Guten und nimmt Laras Bedürfnisse nicht ernst.

Wir verwöhnen unsere Kinder aus dem Grund, weil wir tief in unserem Schattenkind ein Gefühl von Mangel spüren.

Bei den Kindern erzeugen wir so Anspannung und Stress. Laras durchgeplante Woche ist keine Ausnahme. Vierjährige werden bereits zu Chinesischkursen angemeldet und Zwölfjährige müssen eine Vierzig-Stunden-Woche absolvieren. Die Eltern übersehen dabei den immensen Druck, den sie auf sich und ihre Kinder ausüben.

Eltern überfördern und überfordern ihre Kinder oft auch deshalb, weil sie (insgeheim) verunsichert sind und zumeist in ihrer Kindheit keinen stabilen Selbstwert aufbauen konnten.

Wenn wir über ein stabiles **Selbstwertgefühl** verfügen und Glaubenssätze in uns tragen wie: »Ich genüge!« oder: »Ich bin wertvoll!«, kommen wir nicht so leicht ins Straucheln bei der Kindererziehung. Ein guter Selbstwert gibt uns buchstäblich die Sicherheit, dass wir »das Kind schon schaukeln«. Wir wissen dann, dass wir wertvoll sind – unabhängig von Leistungen –, und auch, dass der Wert unseres Kindes nicht von der Erfüllung von Leistungsansprüchen abhängt. Ein gesunder Selbstwert führt auch dazu, dass wir sehen können, dass wir als Eltern bereits vieles richtig gemacht haben. Er befähigt uns, unsere Leistung als Vater oder Mutter anzuerkennen. Mit einem gesunden Selbstwert können wir uns auch Kritik an unserem Erziehungsstil oder am Verhalten unserer Kinder anhören und müssen uns nicht kategorisch jegliche Kritik verbieten. Vielmehr ist es uns möglich, in Ruhe zu überprüfen, ob wir uns den Schuh anziehen oder nicht. Ein labiles Selbstwertgefühl kann hingegen dazu führen, dass unser Kind unseren Selbstwert auffüllen muss. Nicht selten soll es mit seinen Leistungen unsere Schwachstellen kompensieren.

> *Durch Überforderung kommt es bereits bei Kindern und Jugendlichen zu Burnout.*[17]

EXKURS: SELBSTWERT UND SCHULISCHER LEISTUNGSDRUCK

Oft wird das Thema »Leistung« mit Beginn der Schulzeit unserer Kinder besonders virulent. Je labiler unser Selbstwert ist, umso angstvoller beäugen wir, wie sie in der Schule abschneiden. Eltern fragen sich: »Wird mein Sohn genauso versagen wie ich? Bekommt meine Tochter gute Noten?« Vor lauter Angst treiben

Eltern ihre Kinder zu Leistungen an und sehen gar nicht mehr, wo sie sie überfordern, und auch nicht, wo das Antreiben unter Umständen völlig unnötig ist.

Unser Selbstwertgefühl teilt sich unseren Kindern in vielerlei Hinsicht mit. Mit ihren feinen Antennen merken sie, ob wir am Elternabend angespannt in die Sprechstunde gehen, weil wir uns insgeheim dem Lehrer gegenüber minderwertig fühlen. Das Kind beobachtet, dass die Eltern aufgeregt sind, wenn sie zum Lehrer »müssen«. Es erschließt sich unbewusst: Wenn Papa und Mama Angst vor dem Lehrer haben, muss ich es wahrscheinlich auch. Das Kind übernimmt die Angst der Eltern.

Ein bisschen Angst spornt uns an und tut unserer Aufmerksamkeit gut. Aber starke Ängste lähmen unsere Kreativität und Leistungsfähigkeit.

Leicht kann ein Teufelskreis entstehen: Der Sohn oder die Tochter werden ängstlich und die Noten schlechter. Dadurch steigen Angst und Aufregung bei Eltern und Kindern, was deren Selbstwert schwächt und sich schlecht auf die Leistung auswirkt. Auf diese Weise übertragen sich die Unsicherheit und das Unterlegenheitsgefühl in schulischen Belangen von einer Generation auf die nächste.

Manchmal legen wir Eltern auch eine »Scheiß-egal-Haltung« in Bezug auf Schule und Leistung an den Tag. Um selbstwertbedrohliche Gefühle abzuschneiden, erklären wir dann die Schule und alles, was damit zusammenhängt, für unwichtig – oft in guter Absicht. Eigentlich wollen Väter und Mütter dann dem Kind vermitteln: Wir lieben dich auch ohne Leistungserbringung. Allerdings nehmen sie damit einen Lebensbereich ihres Kindes nicht ernst. Schließlich verbringt es täglich vier bis acht Stunden in der Schule und bekommt von seinen Eltern hier womöglich zu wenig Unterstützung und Anerkennung. Auch besteht die Gefahr, dass sie an ihm, seinen schulischen Fähigkeiten und Nöten vorbeischauen.

Viele Eltern haben schlechte Schulerfahrungen gemacht. Sei es, dass sie vor der Klasse von einem Lehrer gedemütigt wurden, dass sie von ihren Eltern für schlechte Noten bestraft oder dass sie im Sportunterricht gehänselt wurden. All diese Erfahrungen sind im Schattenkind abgespeichert und in der Regel dem Selbstwertgefühl abträglich. Auch bezogen auf die Schule wünschen sich Eltern, ihr Kind möge es einmal besser haben, als sie es hatten. Aber darauf können wir nicht bauen. Die Institution Schule hat sich seit unserer Kindheit nicht grundlegend geändert. Es gibt immer noch ungerechte Lehrer, langweiligen Unterricht und muffig riechende Turnhallen. Wenn unser Kind uns in aller Ruhe nun von seinen Erfahrungen berichtet, wird unser Schattenkind getriggert. Egal, ob wir nun laut über die Schule schimpfen oder dem Kind die Schuld dafür geben, dass es nicht besser zurechtkommt. Beide Reaktionen werden ihm nicht gerecht, da wir durch unsere Kindheitsbrille schauen. Vielmehr müssten wir uns hinsetzen und gut zuhören, worunter unser Sohn oder unsere Tochter in seiner beziehungsweise ihrer Schulsituation leidet, und gemeinsam überlegen, wie man Abhilfe schaffen kann. Unsere Kinder brauchen unsere Ermutigung und Unterstützung.

Wir können unserem Kind nur hilfreich zur Seite stehen, wenn wir unsere Kindheitsbrille ablegen. Erst dann legen wir die richtige Balance aus Empathie, Gelassenheit und Engagement an den Tag.

Wir wollen dich dazu ermutigen, dich mit der Reflexionsinsel auf der nächsten Seite noch einmal mit deiner Schullaufbahn zu befassen und dir die hellen wie die dunklen Seiten in Erinnerung zu rufen. Dies ist eine wichtige Voraussetzung dafür, dass du deine Kindheitsbrille in Bezug auf die Schule und Schulzeit deiner Kinder beiseitelegen kannst. Deine positiven Schulerfahrungen sind in deinem Sonnenkind abgespeichert, deine negativen in deinem Schattenkind.

REFLEXIONSINSEL: MEINE SCHULZEIT

Bitte ergänze die Satzanfänge recht zügig. Denke nicht zu lange nach. Vielleicht möchtest du dir Notizen dazu machen.

Erinnerungen aus dem Sonnenkind:

- *Ich bin gerne zur Schule gegangen, weil …*
- *An folgende Lehrer/innen erinnere ich mich gerne, weil …*
- *Diese Fächer mochte ich, weil …*
- *In der Klasse habe ich mich wohlgefühlt, weil …*
- *Meine Eltern haben mir geholfen, mit der Schule zurechtzukommen, weil …*
- *Darüber hinaus kann ich mich an folgende schöne Erlebnisse rund um die Schule erinnern:*
  …

Erinnerungen aus dem Schattenkind:

- *(Manchmal) habe ich die Schule gehasst/gefürchtet, weil …*
- *An folgende Lehrer und Lehrerinnen erinnere ich mich ungerne, weil …*
- *Diese Fächer konnte ich nicht leiden, weil …*
- *Ich hatte Schwierigkeiten in der Klasse, weil …*
- *Zu Hause war Schule ein belastendes Thema, weil …*
- *Darüber hinaus kann ich mich an folgende bedrückende Dinge rund um die Schule erinnern:*
  …

Sollte dein Sohn oder deine Tochter dir in der nächsten Zeit von der Schule erzählen, höre aufmerksam zu und versuche zu erfassen, was er oder sie dir sagt. Bemühe dich dabei darum, deine eigenen Schulerfahrungen außen vor zu lassen – und die Erlebnisse deines Kindes nicht sofort durch deine Erfahrungsbrille zu sehen und zu bewerten. Vielleicht kannst du ihm zu einem anderen Zeitpunkt deine Schulgeschichten erzählen.

»ALWAYS HAPPY«: FRÖHLICHKEITSDRUCK

Eltern können es manchmal schlecht aushalten, wenn ihre Kinder negative Gefühle erleben. Motziges Aufbegehren, dicke Tränen, Angst oder schlechte Laune sind ihnen äußerst unangenehm. Zumeist haben diese Mütter und Väter selbst keinen guten Umgang mit diesen Gefühlen erlernt und fühlen sich deshalb hilflos, wenn sie bei ihren Kindern auftauchen. Myriam erzählte uns, dass ihre Mutter immer »wie gelähmt« gewesen sei, wenn sie sich traurig gefühlt habe. Sie habe gespürt, dass ihre Mutter mit diesem Gefühl völlig überfordert war. In diesen Momenten habe Myriam sich von ihr alleingelassen gefühlt und keinen Trost erfahren. Myriam habe deswegen gelernt, traurige Gefühle mit sich selbst abzumachen. Bis heute falle es ihr schwer, sich anderen mit einem Kummer anzuvertrauen. Inzwischen ist Myriam Mutter von Carla und muss sich eingestehen, dass sie irgendwie darauf gebaut hatte, ihre Tochter würde ebenfalls leise Tränen weinen. Vielleicht sogar überhaupt nicht weinen. Weit gefehlt! Schon als Baby hat Carla ihren Unmut laut weinend geäußert und auch später als Kleinkind heulte sie laut auf, wenn sie sich wehgetan hatte. Myriam war dadurch sehr verunsichert, weshalb sie sich schließlich psychotherapeutische Unterstützung gesucht hat.

Nicht gut mit belastenden Gefühlen umgehen zu können kann dazu führen, dass diese nicht stattfinden dürfen. Es besteht dann so etwas wie ein »Glücksdruck« für die Kinder.

Das Streben nach der immer glücklichen Familie kommt bei **angepassten Eltern** wie bei **autonomen Eltern** vor. Allerdings aus unterschiedlichen Gründen. Angepasste Eltern sind häufig so eng mit ihrem Kind verbunden, dass sie mit jeder seiner Stimmungen mitschwingen. Weint der Sohn oder die Tochter, werden sie selbst traurig. Gar nicht so selten verwöhnen sie ihre Kinder nach Strich und Faden, damit gar keine negativen

Gefühle aufkommen. Autonome können schlecht mit »schwachen« Gefühlen umgehen. Sie haben versucht, sich das »Schwache« abzutrainieren, weshalb sie verunsichert sind, wenn es ihnen im Kind begegnet. Um sich davor zu schützen, bagatellisieren sie negative Gefühle mit: »Ist doch nicht so schlimm.«

Im Grunde genommen verlassen die Eltern in diesem Moment die Erwachsenenrolle und rutschen in ihr **Schattenkind**, das diese Gefühle nur allzu gut kennt. Bei autonomen sowie angepassten Müttern und Vätern ist das Schattenkind getriggert. Die Gefahr besteht, dass sie vorbeugend viel dafür tun, um diese Gefühle bei sich und ihren Töchtern und Söhnen zu vermeiden. Dem Kind werden dann zu viele Steine aus dem Weg geräumt und es bekommt zu oft seinen Willen, damit es bloß »happy« ist. In der Folge lernen die Kinder nicht, wie sie schwierige Situationen meistern können, und letzten Endes erschweren Eltern ihrem Kind auf diese Weise den Weg in die Selbstständigkeit.

Zum Thema Überbehütung erfährst du noch mehr ab Seite 207.

Aufmunternde Sprüche hingegen wie: »Na komm, ist doch nicht so schlimm« sollen negative Gefühle verkleinern, um »schnell alles wieder gut zu machen«. Das Kind erhält die unbewusste Botschaft: »Ich muss stark sein!« und lernt, sich für schwache Gefühle zu schämen.

Ein bisschen liegt es im Trend der Zeit, glückliche Gefühle überzubetonen und weniger glückliche wegmachen zu wollen. Die Werbung ist voller glückstrahlender Kinder und Eltern. Und manchmal vereinnahmen uns diese Bilder und wir machen sie zu unserem unbewussten Maßstab. Unser Ideal werden die »shiny happy people«. Wir wollen damit nicht sagen, dass man Glück in der Familie erst gar nicht anstreben sollte. Aber ein Glücks**druck** kann problematisch für Kinder werden, da sie dann einen wichtigen Teil ihres Gefühlslebens wegsperren müssen.

Mit dem Fröhlichkeitsdruck versuchen wir Erwachsenen, uns von negativen Gefühlen fernzuhalten. Unangenehme Emotionen, denen wir uns nicht stellen wollen oder auf die wir keine Lust haben, schieben wir weg. Dadurch wird unser Leben weniger vielfältig. Angenommen, wir hätten nur angenehme Gefühle, wäre es in etwa so, als würden wir immerzu Kuchen essen. Selbst der Süße des Lebens, so schön sie ist, kann man überdrüssig werden, wenn es keinen Kontrapunkt gibt. Unangenehme Gefühle gehören dazu. Erst so kann sich das Leben in seiner Fülle entfalten. Zudem haben sie auch immer einen Hinweischarakter. Sie sagen uns: »Bleib wach! Pass auf! Verändere etwas!« Wir brauchen sie, um uns weiterzuentwickeln. Negative Gefühle muss man ein Stück weit aushalten können.

Ein guter Kontakt zu sich selbst ist die Voraussetzung, um diese Emotionen aushalten zu können. Oft haben wir Angst, uns ihnen zu stellen, weil wir sehr im Wegschieben geübt sind. Unbewusst sind wir davon überzeugt: »Falls ich den Schmerz zulasse, werde ich *ewig* darin verharren.« Dabei ist das Gegenteil der Fall. Gefühle kommen und gehen. Wenn wir sie annehmen, wandeln sie sich – und verschwinden nach einer Weile wieder. Nur wenn wir sie immer wegschieben, nehmen sie in unserer Vorstellung monströse Ausmaße an. Falls du ein Problem damit hast, mit Gefühlen von Trauer und Hilflosigkeit umzugehen, wollen wir dich dazu einladen, den Stier bei den Hörnern zu packen und diese sehr einfache, aber wirksame Übung zu machen:

REFLEXIONSINSEL: NEGATIVE GEFÜHLE AUSHALTEN

Denke bitte an eine Situation, die dich traurig, wütend, hilflos oder ängstlich gemacht hat, und stell sie dir konkret vor. Wo war das? Wann? Mit wem?

Dann spüre das Gefühl. Wo im Körper spürst du es am stärksten? Und dann sage dir innerlich nur: »Ja, so ist es.« Erlaube diesem Gefühl, einfach da zu sein. Akzeptiere es. Sage dir innerlich: »Liebe Trauer/Wut/Angst – ich nehme dich an.«

Lass dich überraschen, was jetzt mit dem Gefühl passiert. Es kann gut sein, dass es sich wandelt. Aber selbst wenn es das nicht tut, wirst du feststellen, dass du stark genug bist, um ihm standzuhalten. Und sollte es dir demnächst in deinem Kind begegnen, wirst du vermutlich gelassener reagieren können. Und wenn du es jetzt noch nicht schaffst, dann könnte es daran liegen, dass dein Schmerz oder deine Trauer im Moment noch zu stark sind. Vertraue deiner Intuition. Vielleicht ist noch nicht der rechte Zeitpunkt. Sei achtsam mit dir. Und wer weiß, vielleicht traust du dich an einem anderen Tag, diesem Gefühl zu begegnen.

Es ist einleuchtend, dass weder Eltern noch Kinder immer und zu jeder Zeit glücklich sein können. Was passiert bei uns Erwachsenen, wenn wir uns keine negativen Gefühle zugestehen? Fröhlichkeitsdruck kann dazu führen, dass wir uns nicht mehr authentisch verhalten. Zudem suchen sich Emotionen, die wir als negativ, ungehörig oder unpassend empfinden, oft andere Wege, wie sie zum Ausdruck kommen können.

»ICH BIN NIEMALS SAUER!«: PASSIVE AGGRESSION

Gefühle gehören zu unserer Lebensenergie, deshalb verhalten sie sich wie Wasser. Dieses sucht sich immer seinen Weg und mit Gefühlen verhält es sich ähnlich. Gehört beispielsweise Wut zu den verbotenen Emotionen, kommt die mit der Wut einhergehende Aggression manchmal hintenherum zum Vorschein.

Aggressionen haben eine wichtige Funktion. Wir brauchen sie, um uns von anderen abzugrenzen. Sie sind wie emotionale Wächter unserer Psyche. Sie sagen uns: »Bis hierhin und nicht weiter.« Aggressionen sind die Gegenspieler der Angst. Während diese uns in den Rückzug treibt, schieben uns jene nach vorne, hinein in die Angriffslust. Es gilt, eine Balance zu finden: Ziel sollte es sein, sie zu fühlen, aber nicht ungehemmt auszuleben. Wenn wir unsere Aggressionen spüren und sie dazu nutzen, in aller Deutlichkeit für uns einzutreten, gehen wir gut mit ihnen um. Sind wir in der Lage, mit unseren Aggressionen umzugehen, dann können wir die dahintersteckende Wut, Enttäuschung und Hilflosigkeit gut erkennen und sie bewusst einsetzen. Wenn mir mein pubertierender Sohn schon wieder sagt: »Lass mich in Ruhe, dumme Kuh«, kann ich meine Wut spüren und ihm mitteilen, welche Konsequenzen mit der nächsten »dummen Kuh« verbunden sind. Das ist aktiv aggressiv. Ich spüre meine Wut, handle und setze meinem Kind eine Grenze. Alle aktiven Aggressionen sind auch als solche erkennbar: Ich sage klar meine Meinung oder »Nein«. Ich setze Grenzen, schlage zu, schreie, schimpfe, halte unsanft fest oder spreche eine Drohung aus.

Passive Aggressionen sind dagegen nicht so leicht zu durchschauen. Sie sind sozusagen diejenigen, die durch die Hintertür kommen. Typische Spielarten sind: den anderen auflaufen lassen, schweigen, lügen, trödeln, zu spät kommen, Versprechen machen, die man dann »vergisst«, abwertende Kritik in »gute Ratschläge« zu verpacken oder auch immer mal wieder zickige Kommentare fallen zu lassen.

Es geht dabei darum, ein Verhalten zu verweigern, ohne die Verantwortung dafür zu übernehmen. Ein gutes Beispiel hierfür sind auch sogenannte Kaugummi-Antworten. Ein Mann möchte beispielsweise mit seiner Frau etwas am Wochenende unternehmen und hierfür Pläne machen. Die passiv-aggressive Frau, die sich – in ihrem Schattenkind gefangen – von ihrem Mann oft dominiert fühlt, verspürt einen reflexartigen Widerstand, sich seinen Wünschen »zu beugen«. Im Schattenkindmodus erkennt sie nicht, dass sie sich mit ihrem Mann auf Augen-

Die passive Aggression ist eine Art »kalte Wut«. Die Betroffenen verhalten sich auf eine indirekte Art bockig.

höhe befindet. Anstatt jedoch ihrem Mann ein klares »Ich habe keine Lust, etwas mit dir zu unternehmen« entgegenzuhalten, antwortet sie auf seine Bitte: »Mal sehen …« Sie sagt also weder klar Ja noch Nein. Und als das Wochenende vor der Tür steht, erklärt sie ihm, sie habe »Kreislauf« und fühle sich leider zu schlapp für einen Ausflug. So hat sie ihn auflaufen lassen, ohne Verantwortung für ihre Verweigerungshaltung anzunehmen. Ihr Mann bleibt leicht enttäuscht zurück, ohne die Chance, ihre wahren Motive kennenzulernen.

Passiv-aggressive Menschen sind konfliktscheu. Sie haben Angst vor einer offenen Auseinandersetzung und wählen deswegen eher subtilere Mittel, um ihre Interessen durchzusetzen.

Sowohl angepasste als auch autonome Eltern können zu den Spielarten der passiven Aggression greifen. Autonome Menschen verteidigen zwar ihre Grenzen heftiger als die angepassten, aber ob sie dies aktiv- oder passiv-aggressiv tun, hängt von ihrem Temperament und ihrer Sozialisation ab. Passiv-aggressive Eltern gestehen sich nicht ein, dass es sie nervt, wenn ihr Kind so viel quengelt, holen es dafür aber erst besonders spät von der Kita ab. Das geschieht nicht bewusst, es »passiert« einfach so. Der Elternteil lässt sich noch länger in ein Kollegengespräch verstricken, bevor er das Büro verlässt. Wer sich aufhalten lässt, kann die Schuld für das Zuspätkommen auf den Aufhalter schieben – eine beliebte Variante passiv-aggressiven Verhaltens.

PASSIVE AGGRESSION ALS ENTTÄUSCHUNG TARNEN

Passiv-aggressiv verhalten sich auch Eltern, die versuchen, ihr Kind zu manipulieren, indem sie ihm Enttäuschung signalisieren. Anstatt dem Kind klar und offen zu sagen, dass man sauer ist, weil es einen nervt oder etwas tut, was einem nicht gefällt, verbirgt man seine Aggression hinter der Enttäuschung. Dagegen kann sich ein Kind schlecht wehren. Kein Kind möchte seine Eltern enttäuschen und keines will Mama oder Papa traurig erleben. Also tut es lieber, was man von ihm verlangt – auch wenn es nicht so recht versteht, was es falsch gemacht hat. Oder auch, wenn es schlicht anderer Meinung ist. Ist der Elternteil hingegen wütend, hat das Kind bessere Chancen, sich abzugrenzen, indem es zumindest denkt »Du Blödmann« oder auch, indem es mit den Eltern streitet.

Einige Eltern nutzen Enttäuschung richtiggehend als Erziehungsmaßnahme. Sie machen ihrem Kind ständig ein schlechtes Gewissen, indem sie sagen: »Ich bin dann zwar traurig, aber mach doch, was du denkst.« Asra erzählte uns, dass ihre Mutter immer furchtbar enttäuscht war, wenn sie eine schlechte Note nach Hause brachte. Das Kind fühlte sich dann immer schrecklich schuldig. Diese Erfahrung wirkt bis heute nach: Immer noch strengt Asra sich mächtig an, alle Erwartungen zu erfüllen, die an sie – auch von anderen Menschen – herangetragen werden. Bis heute plagen sie Schuldgefühle, wenn sie eine Aufgabe nicht hundertprozentig erledigt. Wäre ihre Mutter hingegen sauer gewesen, wenn die Tochter eine schlechte Note nach Hause gebracht hat, hätte diese besser lernen können, sich gegen die mütterlichen Erwartungen abzugrenzen.

Ein wütender Elternteil strahlt eine gewisse Stärke aus. Da kann ein Kind mit gutem Gewissen dagegenhalten. Ein enttäuschter Elternteil ist hingegen schwach, das weckt im Kind Schuldgefühle.

Ebenfalls passiv-aggressiv ist es, wenn aggressionsgehemmte Eltern durch indirekte Drohungen ihre Kinder beeinflussen und scheinbar mit letzter Kraft hauchen: »Es macht mir nichts aus, wenn du heute Abend ausgehst. Sollte es mir wieder schlecht gehen, hole ich einfach den Notarzt. Die Sanitäter werden sich schon um mich kümmern.« Auch hier manipuliert der Elternteil das Kind, indem er ihm ein schlechtes Gewissen einimpft.

Solche »Strategien«, die darauf abzielen, man möge sich um einen kümmern, kennen viele Kinder auch von ihren alt gewordenen Eltern. So sagen diese beim Abschied etwa: »Umarme mich noch einmal, wer weiß, ob wir uns noch einmal wiedersehen.« Statt direkt zu sagen: »Ich bin traurig, dass du gehst. Ich fühle mich alleine und würde mich freuen, wenn du bald wiederkommst«, versuchen sie, den Kontakt zu erpressen.

Es ist gar nicht so leicht, seinen passiv-aggressiven Verhaltensweisen auf die Schliche zu kommen. Man muss sich bewusst fragen: Was steckt wirklich dahinter, wenn ich, obwohl ich es versprochen habe, das Lieblingsessen doch nicht koche? Oder wenn ich weiter am Computer kleben bleibe, obwohl ich doch mit dem Sohn oder der Tochter spielen wollte? Wenn ich vergesse, mein Kind vom Bus abzuholen oder dass es eine Geburtstagseinladung hat? Natürlich ist nicht jeder Lapsus, der einem im Familienalltag passiert, ein Ausdruck passiver Aggressivität. Trotzdem ist es manchmal nicht verkehrt, die eigenen Motive zu ergründen.

REFLEXIONSINSEL: WAS STECKT DAHINTER?

Beim nächsten Mal, wenn du dein Kind verletzt oder enttäuschst, frage dich:
Warum habe ich das gemacht? Warum bin ich zu spät gekommen? Warum habe ich den Termin vergessen? Warum habe ich viel zu lange gearbeitet?

Hand aufs Herz. Versuche, ehrlich mit dir zu sein. Es kann sein, dass du schusselig warst oder dass es gute Gründe dafür gegeben hat. Wenn du jedoch merkst, dass du im Moment des Handelns auch nur ein kleines bisschen sauer auf dein Kind, genervt oder verärgert gewesen bist, hast du dich ertappt.
Überleg dir, wie du dich beim nächsten Mal klarer verhalten kannst. Wenn es dir passend erscheint, könntest du dich auch bei deinem Sohn oder deiner Tochter entschuldigen.

EXKURS: »KOMM HER UND GEH WEG« – DOPPELBOTSCHAFTEN

Eine weitere Spielart der passiven Aggressivität sind die sogenannten Doppelbotschaften.

Eltern mit einer guten Beziehung zu ihrem Kind leiden nicht darunter, was sie alles für den Nachwuchs tun und opfern müssen. Sie haben sich klar für die Elternschaft entschieden und somit auch dafür, ihrem Sohn oder ihrer Tochter Liebe, Aufmerksamkeit, Zeit und Zuwendung zu schenken. Sie verrechnen in der Regel nicht Geben und Nehmen in Bezug auf ihre Kinder. Längst nicht alle Mütter und Väter haben jedoch eine so klare Beziehung zu ihrem Kind. Manche verspüren recht ambivalente Gefühle bezüglich ihrer Elternschaft. Beispielsweise verübelt eine Mutter ihrem Kind, dass es sie in eine »ungewollte« Lebenslage manövriert hat. Zum Beispiel, weil sie wegen ihm in einer unglücklichen Partnerschaft verharrt. Oder ein Vater gibt dem Kind insgeheim die Schuld, dass er kaum noch einen Zugang zu seiner Frau hat, seitdem es auf der Welt ist. Das Kind erzeugt also sehr gemischte Gefühle, die zwischen Liebe, Wut und Schuldgefühlen pendeln können. In solch ambivalenten Gefühlslagen können ihm von den Eltern sogenannte Doppelbotschaften entgegengebracht werden. Diese können auf verschiedene Weise ihren Ausdruck finden.

1. *Man widerspricht sich inhaltlich, während man redet,* sogar in ein und demselben Satz. Dann entstehen Aussagen wie: »Du bist nicht schuld, dass deine Mutter mich wegen dir nicht mehr anguckt!«
2. *Mein Verhalten entspricht nicht dem, was ich sage.* Zum Beispiel sage ich: »Wie schön, dass du da bist« und schaue unterdessen einfach weiter in den Fernseher. Oder ich behaupte: »Ich kann dich verstehen«, nachdem ich *zuvor* offensichtlich nicht zugehört habe.

3. *Meine Körpersprache und das Gesagte widersprechen sich.* Ich sage beispielsweise: »Ich finde das gut, was du da gemacht hast«, während ich meine Oberlippe einseitig nach oben ziehe, was Verachtung ausdrückt.

Erinnern wir uns an Paula, deren Mutter wegen ihrer Geburt ihre Ausbildung aufgegeben hatte. Paula ist bis heute verunsichert, ob Leute wirklich meinen, was sie sagen. Ihre Mutter hat ihr oft Doppelbotschaften gesendet. So sagte sie oft: »Ich habe dich sehr lieb!« Aber während sie das sagte, klang ihre Stimme gelangweilt, sie guckte in die Luft, die Körpersprache drückte Gleichgültigkeit aus. Ihre Mutter gab ihre »Liebeserklärungen« immer dann ab, wenn sie sich über ihre Tochter geärgert hatte, weil diese eine ihrer unzähligen Erwartungen nicht erfüllt hatte. Es ging der Mutter also nicht darum, Paula ihre Liebe spüren zu lassen, sondern darum, ihr ein schlechtes Gewissen zu machen. Mit solchen Doppelbotschaften verwirrt man die Gefühle der Kinder. Paula hat ja gemerkt, dass die Liebesbekundungen der Mutter gekünstelt sind. Deswegen hat sie sich öfter bei der Mutter erkundigt, ob diese sie wirklich lieb habe, worauf die Mutter dann entgegnete: »Das habe ich dir doch nun wirklich oft genug gesagt, du Dummerchen. Du verstehst wirklich nicht, was Mutterliebe ist.« So lernen Kinder, dass sie ihrer Wahrnehmung nicht vertrauen können. Das macht sie auf Dauer hilflos und traurig und schädigt das Selbstwertgefühl.

Besonders schlimm sind Doppelbotschaften für Kinder, wenn sie Schuldgefühle verursachen.

Svetlana erzählte, dass ihre Mutter häufig krank und erschöpft gewesen sei. Sie habe den Kindern oft ihr Leid geklagt. Gleichzeitig habe sie jedoch darauf bestanden, keine Hilfe von ihnen im Haushalt anzunehmen, sondern beteuert, dass sie die Arbeit gern für diese mache. Dabei setzte sie jedoch immer eine Leidensmiene auf. Svetlana erklärte, dass sie das Leid ihrer Mutter immer als einen unterschwelligen Vorwurf empfand. Wenn sie ihr hätte helfen dürfen, hätte sie sich weniger schuldig gefühlt. Aber dies gestattete ihre Mutter nicht. Man konnte es ihr nicht recht machen. Svetlana hat wohl die richtige Schwingung der Mutter aufgenommen, dass jene mit Haushalt und Kindern überfordert war. Dennoch verharrte Svetlanas Mutter in der Opferrolle, indem sie keine Annahme von Hilfe gestattete. So kurios es klingt, war das ihre passiv-aggressive Form der Rache: »Seht her, wie schlecht es mir euretwegen geht, und keiner kann mir helfen!« Doppelbotschaften stellen für Kinder immer Zwickmühlen dar, aus denen es kein Entkommen gibt.

Ob man selbst jemand ist, der andere in Zwickmühlen bringt? Das kann man kaum selbst erkennen. Denn Zwickmühlen entstehen meist dadurch, dass unbewusst »zwei Herzen in einer Brust schlagen«. Sobald mir bewusst ist, dass in mir widersprüchliche Bedürfnisse am Wirken sind, brauche ich die Doppelbotschaft nicht mehr. Dann kenne ich das Einerseits und das Andererseits: Einerseits möchte ich weiter fernsehen, andererseits möchte ich dich nett begrüßen. Insofern können wir das auch ausdrücken und in etwa sagen: »Du, ich gucke noch gerade die Nachrichten zu Ende und dann habe ich Zeit für dich.« Wäre Svetlanas Mutter bewusst gewesen, was sie stört, hätte sie vielleicht gedacht: »Eigentlich brauche ich Hilfe und andererseits mag ich keine annehmen.« So hätte sie der Opferhaltung entfliehen können. Es gehört aber nun mal zur Natur der Doppelbotschaft, unbewusst zu sein, und es ist wirklich schwer, sich selbst dabei zu ertappen. Deshalb brauchen wir Hilfe.

REFLEXIONSINSEL: DOPPELBOTSCHAFTEN ERKENNEN

Du könntest deinem Partner oder deiner Partnerin erklären, was Doppelbotschaften sind, und ihn oder sie darum bitten, dich dabei (freundlich) zu ertappen. Das geht, wenn ihr einander grundsätzlich wohlgesonnen seid. Falls er oder sie dich nun darauf aufmerksam macht, dass du mit einer Doppelbotschaft kommunizierst, überlege dir in Ruhe, ob dein Partner oder deine Partnerin recht hat und ob du wirklich eine Zwickmühle aufgebaut hast. Anschließend versuche, die Ursache dafür zu ergründen. Was sind die »zwei Herzen in deiner Brust«? Welche Motive bewegen dich, wenn du dich so zwiespältig verhältst? Es kann sehr gut sein, dass dein Schattenkind beteiligt ist. Ein Glaubenssatz wie »Ich muss immer lieb und artig sein« gestattet uns nicht, eigene Bedürfnisse in den Vordergrund zu stellen. Er kann vielmehr dazu führen, dass wir – wie Svetlanas Mutter – immer wieder doppeldeutig kommunizieren.

»DU BIST WIE ICH«: PERSÖNLICHKEITSPROJEKTION

Eine besondere Dynamik der Projektion entsteht, wenn wir unbewusst davon ausgehen, dass unsere Kinder das gleiche Temperament haben wie wir. Und in der Tat werden Persönlichkeitseigenschaften, die unser Temperament ausmachen, vererbt. Es kann als gesichert ansehen werden, dass die erbliche Komponente von Persönlichkeitsmerkmalen bei bis zu 50 Prozent liegt.[18] Welche davon sich ausformen, hängt von Umweltfaktoren und unserer genetischen Ausstattung ab.

Es bestehen also durchaus Chancen, dass unsere Kinder uns ähnlich werden. Das muss aber nicht so sein. Nichtsdestotrotz kann unser Sohn oder unsere Tochter ganz anders ticken als wir selbst. Schließlich trägt der andere Elternteil auch zum Genpool unserer Kinder bei. Das bedeutet: Vom Temperament her können sie laut sein (extrovertiert), obwohl wir still sind (introvertiert), und umgekehrt. Da wir allerdings häufig von uns auf andere schließen, sind Projektionen und Missverständnissen hier Tür und Tor geöffnet.

Extrovertierte Eltern und introvertierte Kinder

Extro-Eltern sind unternehmungslustig und gesellig und schmieden deswegen auch für die Freizeit gern Pläne. Sie mögen es bunt und abwechslungsreich. In Extro-Haushalten geht es oft sehr lebendig zu. Man lädt ein und freut sich über Einladungen von Freunden. Viele Extro-Eltern gehen wie selbstverständlich davon aus, dass ihr Kind auch viel Abwechslung und ein bisschen Trubel mag. Sie denken, es findet es genauso toll wie sie, wenn andere Familien zu Besuch kommen. Dem introvertierten Kind kann das jedoch schnell zu viel werden. Es reagiert gestresst auf den Dauerbeschuss durch Sozialkontakte. Introvertierte Kinder brauchen Ruhepausen und Zeit für sich. Sie sind auch nicht so spontan und flexibel wie ihre Extro-Eltern und möchten wissen, was auf sie zukommt. Sie mögen es nicht, wenn Pläne über den Haufen geworfen werden und plötzlich etwas anderes auf dem Programm steht als vereinbart. Der Extro-Elternteil versteht dann nicht unbedingt, warum das Kind so zögerlich reagiert, und wird womöglich ungeduldig. Extrovertierte Väter und Mütter nehmen ihre introvertierten Kinder manchmal als »lahmarschig« wahr. »Hopp-hopp-hopp-auf! – So habe ich immer versucht, meine Tochter anzutreiben«, erzählt uns eine extrovertierte Mutter und ergänzt: »Und dabei habe ich mich gewundert, dass sie immer langsamer wurde.«

> *Das Langsamerwerden ist die Art, wie sich das introvertierte Kind gegen die fordernde Mutter abgrenzt: Es widersteht dem Druck durch passiven Widerstand.*

Viele introvertierte Kinder sind auch zurückhaltender in ihren Zuneigungsbekundungen. Dies kann vom extrovertierten Elternteil als ein Mangel an Liebe fehlgedeutet werden. Je nachdem, wie gekränkt er sich fühlt, zieht er sich vielleicht sogar von diesem Kind emotional zurück und bevorzugt ein Geschwister, das lieber kuschelt. Sollte das bei dir der Fall sein, lass diese Zweifel nicht zu. Dein Kind liebt dich, nur drückt es seine Gefühle nicht so überbordend aus. Und es kann gut sein, dass es ein heimlicher Genießer ist und sich sehr wohl darüber freut, wenn du ihm deine Liebe zeigst.

Überhaupt fällt es Intro-Kindern nicht so leicht, ihr Inneres zu offenbaren. Hier ist es wichtig, dass Extro-Eltern sensibel hinspüren und ihre Antennen ausfahren. Gleichzeitig sollten sie ihr Kind jedoch auch nicht mit Gesprächsangeboten und Fragen bedrängen. Es kann sein, dass es dann erst recht nichts mehr erzählt. Während das extrovertierte Kind am Abendbrottisch gerne ausführlich über seinen Tag berichtet, ist das introvertierte happy, wenn es zuhören kann. Längere Gesprächspausen stören es gar nicht. Im Gegenteil: Erst in der Ruhe kann es sich öffnen. Am besten spricht man die Themen vorsichtig an und lässt dem Kind genügend Zeit und Raum, von sich aus zu antworten beziehungsweise das Thema noch einmal aufzugreifen.

Wir leben in einer Kultur, in der Extrovertierte es etwas leichter haben. Schon in der Schule wird gefordert, dass Kinder Präsentationen machen und nach außen gehen.

Introvertierten Kindern fällt es schwerer, sich mündlich zu äußern. Deshalb kann es sein, dass sie in der Schule bei den mündlichen Noten schlechter abschneiden. Extrovertierte Eltern verstehen unter Umständen gar nicht, dass es ihrem Sohn oder ihrer Tochter Unbehagen bereitet, sich zu melden und einen Wortbeitrag abzuliefern. Sie denken: »Er/sie strengt sich nur nicht richtig an.« Doch das ist eine Fehlinterpretation. Sie gucken dann am Kind und seinen Möglichkeiten vorbei.

Für Extro-Eltern ist es eine regelrechte Herausforderung, sich im Umgang mit ihren Intro-Kindern in Geduld zu üben und sie in ihrer stärker nach innen gerichteten Andersartigkeit anzuerkennen. Doch wenn sie es tun, werden sie beschenkt. Denn dann können sie ihrem Kind nahekommen, erfahren, was in ihm vorgeht, und es liebevoll begleiten.

Damit extrovertierte Eltern Fehleinschätzungen nicht aufsitzen, ist es gut, sich selbst zu kennen.

REFLEXIONSINSEL: IST MEIN KIND INTROVERTIERTER ALS ICH?

Die folgenden Fragen geben dir Hinweise darauf, ob dein Kind introvertierter ist als du selbst:

- *Ist mein Kind stiller als ich?*
- *Braucht mein Kind mehr Ruhe als ich?*
- *Treibe ich es zu sehr an? Habe ich den Impuls, es zu drängen, zu ziehen oder zu schubsen?*

Sollte es so sein, dass dein Kind »stiller« ist als du selbst, überlege zudem, wie du ihm entgegenkommen kannst. Stelle dir dazu die folgende Frage:

- *Was braucht mein eher introvertierter Sohn/meine eher introvertierte Tochter von mir?*

Introvertierte Eltern und extrovertierte Kinder

Extrovertierte Kinder sind gern in Gesellschaft, wollen etwas unternehmen und mit andern Kindern spielen. Sie lieben Aufmerksamkeit und Ansprache. Eine introvertierte Mutter berichtet von ihrem Sohn: »Sammy will immerzu mit mir plaudern. Das geht morgens beim Frühstück los und hört erst abends beim Ins-Bett-Bringen auf. Uff. Zuweilen sage ich wirklich: ›Sammy, halt jetzt einfach mal deine Klappe!‹ Ich kann dann einfach nicht mehr zuhören.« Die ständige Aktivität ist Intro-Eltern manchmal zu viel. Sie hätten gern öfter ihre Ruhe und dass das Kind mal für sich spielt. Natürlich können Extro-Kinder sich alleine beschäftigen und tun dies dann und wann auch gern – genauso wie Intro-Kinder auch gern mal mit anderen spielen.

Insgesamt haben Extro-Kinder ein weit stärkeres Kontaktbedürfnis als introvertierte Kinder oder Eltern.

Insbesondere wenn ein Kind keine Geschwister hat, sollten die Eltern viel Wert darauf legen, dass es ausreichend Möglichkeiten hat, mit Freunden zu spielen. Dies entlastet nicht nur das Kind, sondern auch die Väter und Mütter. Intro-Eltern sollten im Gegenzug nicht von ihren Töchtern und Söhnen erwarten, dass diese sich genauso gut mit sich allein beschäftigen können wie sie selbst.

Während Intro-Kinder sich schnell reizüberflutet fühlen, wenn zu viele Menschen um sie herum sind, fühlt das Extro-Kind sich schneller gelangweilt oder sogar einsam, wenn keiner da ist, mit dem es etwas machen kann. Eltern kennen die Quengelei, die daraus erwachsen kann: »Mir ist sooo langweilig.« Wenn introvertierte Eltern jetzt denken: »Mein Kind müsste sich nur ein richtiges Hobby zulegen, in das er oder sie sich vertiefen kann«, liegen sie meistens daneben. Es liegt in der Natur der Extrovertierten, dass sie mehrere Interessen gleichzeitig verfolgen und Moden mitmachen. Fahren die anderen aus der Klasse Penny-Board, möchten sie auch eins haben. Wenn es keiner mehr macht und keiner mehr darüber redet, ist der Spuk vorbei. Introvertierte Eltern interpretieren das manchmal fälschlich als Oberflächlichkeit.

Diese Kinder können gut bei der Stange bleiben, wenn sie etwas in Gemeinschaft mit anderen tun, und genießen es, wenn ihre Eltern mit ihnen zum Beispiel ins Kinderturnen gehen. Ältere Kinder profitieren von einer Mannschaftssportart wie Volleyball, Basketball oder Fußball.

Wundere dich nicht darüber, falls dein Kind nach der ersten Stunde im Turnverein oder in der Schule schon fast alle Namen kennt. Es fällt ihm leicht, Kontakt zu knüpfen. An diesem Punkt ist es seinen introvertierten Eltern überlegen. Das heißt auch, dass der Intro-Elternteil manchmal über seinen Schatten springen sollte – und sich dem Kind zuliebe öfter in Gruppensituationen begeben beziehungsweise häufiger Kontakt zu anderen Eltern pflegen sollte, als es höchstwahrscheinlich seinem eigenen Bedürfnis entspricht.

Eine weitere Andersartigkeit von Extro-Kindern ist ihre Neigung zu Impulsivität und »Drama«, für die manche Intro-Eltern nur wenig Verständnis aufbringen. Extros sind einfach temperamentvoller und gehen mit ihren Emotionen auch mehr nach außen. Wenn ein Extro-Kind superwütend ist und schreit, hat das an sich noch nicht so viel zu bedeuten. Davon dürfen sich Intro-Eltern nicht ins Bockshorn jagen lassen. Extros regen sich schneller auf und kommen dafür auch schneller runter. Sie lassen sich oft leicht von ihrem Wutthema ablenken.

Extro-Kinder sind nicht oberflächlich, sondern interessieren sich einfach mehr für Menschen als für Dinge.

Die Gefahr besteht darin, dass Intro-Eltern ihren Kindern vorschnell einen Stempel aufdrücken als zu laut, zu oberflächlich, zu unruhig oder zu wild. Damit sie ihrem Kind nicht das Gefühl vermitteln, es sei zu viel für diese Welt, ist es gut, wenn sie sich selbst einschätzen.

Eine der größten Herausforderungen für die nachdenklichen Intro-Eltern ist es, im Umgang mit ihren Extro-Kindern das überschäumende Leben auszuhalten. Dazu müssen sie manchmal ihre Komfortzone verlassen.

REFLEXIONSINSEL: IST MEIN KIND EXTROVERTIERTER ALS ICH?

Die folgenden Reflexionsfragen geben dir Hinweise darauf, ob dein Kind extrovertierter ist als du selbst.

- *Ist mein Kind lauter als ich?*
- *Braucht es mehr Abwechslung als ich?*
- *Versuche ich häufiger, mein Kind »herunterzuregulieren«?*

Ist dein Kind tendenziell »lauter« als du, denke darüber nach, wie du es in seiner Wesensart besser annehmen kannst.

Überlege dir:

- *Was braucht mein extrovertierter Sohn/meine extrovertierte Tochter von mir?*

FLÜGEL – AUTONOMIE ZULASSEN UND FÖRDERN

Du weißt nun, wie du deinem Kind die nötige Nestwärme und eine sichere **Bindung** gibst. Darüber hinaus haben unsere Kinder allerdings auch den Antrieb, ihre einzigartige Persönlichkeit zu entfalten. Dabei hilft ihnen ihr angeborenes Bedürfnis nach **Autonomie**. Das ist unsere zweite große Sehnsucht. Wir wollen die Welt erobern und zeigen, wer wir sind. Wir wollen unsere Flügel spreizen und losfliegen.

Der Wunsch des Kindes, sich autonom in der Welt zu bewegen, zeigt sich sehr deutlich in der Trotzphase. Aber das Bedürfnis, selbstständig die Welt zu erkunden, ist schon viel früher sichtbar. Bei Babys spricht man vom angeborenen Erkundungsdrang. Spätestens mit sechs Monaten erprobt sich das Baby im Loslösen. Es entfernt sich von seiner Bindungsperson. Es erkundet krabbelnd die Umgebung oder will alles selbst machen.

> *Mit dem Zuwachs der kindlichen Fähigkeiten steigt auch die Möglichkeit der Kinder, immer mehr selbst zu bestimmen.*

Viele Teenager schließlich kämpfen regelrecht um ihre Autonomie. Sie wollen beispielsweise unbedingt den Mofa-Führerschein machen, damit sie sich freier von A nach B bewegen können. Dafür gehen sie jobben oder setzen ihren Wunsch notfalls auch lautstark gegen die Eltern durch. Autonom zu sein bedeutet: neugierig sein, Entdeckungen machen, selbst Entscheidungen treffen, Schwierigkeiten meistern, sich als Handelnder erleben und selbst die Konsequenzen des Handelns tragen. Vielleicht denkst du jetzt: »Wow, genau das wünsche ich mir für meinen Sohn oder meine Tochter.« Vielleicht bist du aber auch etwas unsicher und fragst dich: »Wie soll das denn gehen, ohne dass mein Kind in unvorhersehbare Gefahren gerät?«

Die Autonomieentwicklung ist ein Prozess, der sich mit dem des Laufenlernens vergleichen lässt. Durch stetiges Üben erweitert sich der Radius, in dem sich das Kind bewegen kann. Damit es seine autonomen Fähigkeiten entwickeln kann, braucht es jedoch das Vertrauen, dass die Bezugspersonen trotz aller Distanz doch für es da sind. Es braucht die warmherzige Unterstützung seiner Eltern, die ihm Freiräume zugestehen und auch Grenzen setzen können.[19]

FREIRÄUME UND GRENZEN

Wir glauben, dass Eltern die Selbstständigkeit ihrer Kinder ermöglichen, ihnen also Flügel verleihen, wenn sie zwei – auf den ersten Blick gegensätzliche – Prinzipien miteinander vereinen: Freiräume erlauben und Grenzen setzen. Wieso gehören diese beiden Grundsätze zusammen? Schauen wir einmal genauer hin. Dann sieht man, dass jeder Freiraum mit einer Grenze einhergeht: Die Fünfjährige darf eine eigene Schere haben, aber nur, wenn sie keine Löcher in ihre Klamotten schneidet. Eltern erlauben dem Vierzehnjährigen, in die Schülerdisko zu gehen, aber nur, wenn er um 22 Uhr wieder zu Hause ist. Die meisten Mütter und Väter beharren auch darauf, dass ein Kleinkind an einer stärker befahrenen Straße an der Hand gehen muss. Diese Regel oder Grenze gibt dem Kind Sicherheit. Erreichen Eltern und Kind den Park oder den Spielplatz, lassen sie die Hand los und es darf laufen, wohin es will. Dann kann es innerhalb sicherer Grenzen seine selbstbestimmten Erfahrungen machen. Durch die Klarheit seiner Eltern lernt das Kind seine Entfaltungsspielräume kennen. Die Grenzen, innerhalb derer es sich ausprobieren kann, sind wie der schützende Zaun um den Spielplatz, damit es nicht ohne Weiteres auf die Straße rennt. Innerhalb des Zauns ist vieles möglich.

Wichtig ist, dass Freiraum und Grenze seinem Alter, seinen Fähigkeiten wie auch seinen Bedürfnissen entsprechen. Zu wenig Freiraum verhindert, dass ein Kind selbstständig wird. Um das zu verstehen, können wir noch einmal an Hanna und Jonas denken, die ihren Dreijährigen mit Brei gefüttert haben: Durch seine psychisch bedingte Schluckstörung gelang es Eric zumindest in diesem Bereich nicht, selbstständig zu werden.

Sind Eltern sehr wankelmütig im Durchsetzen ihrer Regeln oder »grenzenlos« und sagen: »Mach doch, was du willst«, kann dies Kinder verunsichern und sogar dazu führen, dass sie die Grenzen vehement einfordern. Typisch hierfür ist, wenn die Kinder anfangen zu fluchen. Häufig kommen Grundschüler mit Schimpfwörtern nach Hause, die sie auf dem Schulhof aufgeschnappt haben. Die Kinder sagen dann etwa: »Arschloch« und registrieren sehr aufmerksam, wie Mutter und Vater darauf reagieren. Signalisieren diese nicht rechtzeitig: »Stopp – das wollen wir hier nicht hören«, kommen unter Umständen schlimmere Beschimpfungen hinzu.

> *Kleinere Kinder lauern geradezu darauf, was der Papa oder die Mama sagt, wenn sie sich ungezogen benehmen.*

Die dreijährige Sara weiß, dass sie nicht mit Buntstiften auf der Tapete herummalen darf. Trotzdem macht sie es. Zuvor guckt sie zu ihrem Vater und nimmt Blickkontakt auf, den roten Stift hat sie bereits in der Hand. Was möchte sie damit erreichen? Sara möchte, dass der Rahmen verlässlich ist. Sie möchte einerseits, dass ihr Vater eingreift, und andererseits will sie ihre Autonomie erproben. Sie will sehen, was passiert, denn das Mädchen ist mitten in der Trotzphase.

EXKURS: TROTZKINDER BEHAUPTEN IHRE AUTONOMIE

Die Trotzphase kann sich vom zweiten bis zum sechsten Lebensjahr erstrecken. Experten raten allerdings dazu, nicht »Trotzalter« zu sagen, sondern vom »Alter des Selbst-machen-Wollens« zu sprechen, da das Wort Trotz einen auf die falsche Fährte lockt. Wenn man ein Verhalten als Trotz bezeichnet, schwingt unterschwellig mit, dass der Trotzige sich mit seinem Handeln gegen einen anderen richtet. Das wird der Wut und Verzweiflung eines trotzigen Kindes nicht gerecht, denn häufig ärgert es sich vor allem über sein Nicht-Können.

Sie wollen sich ausprobieren und so kann es sein, dass sie vor Zorn beben und schreien, wenn ihnen die Mama nicht erlaubt, die eigenen Ideen von Selbstständigkeit durchzusetzen. Eine Mutter berichtet: »Ich werde nie vergessen, wie sich mein dreijähriger Sohn Ende November abends mitten in der Fußgängerzone, die Weihnachtsbeleuchtung hing schon, vor Wut in eine Pfütze warf. Ich wollte ihn, damit wir schneller nach Hause kommen, in den Buggy setzen. Das war der Grund für seinen Aussetzer. Es dauerte gar nicht lange und um uns herum hatte sich ein Pool von Menschen versammelt, die ihm freundlich zusprachen und mich mit Erziehungsratschlägen der Sorte ›Dann geben Sie dem Kleinen doch, was er möchte‹ versorgten. Ich habe Blut und Wasser geschwitzt.« An dem Wutanfall eines vielleicht Zwei-, Drei- oder Vierjährigen können wir nicht vorbeigucken. Wir haben es da mit geballter Emotion zu tun: Schreien, Weinen, Um-sich-Schlagen, Beißen und Treten. Die Kleinen geraten dabei manchmal so außer Rand und Band, dass die Erwachsenen aufpassen müssen, dass sie weder sich selbst noch jemanden in der unmittelbaren Umgebung verletzten. Sie steigern sich zuweilen so in ihre Wut hinein, dass

Kinder sind im Trotzalter besonders von dem Wunsch nach Selbstständigkeit angetrieben.

man als Mutter oder Vater gar nicht zu ihnen durchdringt. Die starken Emotionen blockieren die Vernunft bei kleinen wie bei großen Menschen. Ist das Kind in seiner Wut gefangen, kann es nicht zugänglich für Erziehungsmaßnahmen sein. Wir kennen das. Selbst als Erwachsene, wenn wir in sehr starken Emotionen gefangen sind, kommen wir mit der »reinen Vernunft« nicht gegen diesen Zustand an. Das limbische System übernimmt die Regie und unsere vernunftgesteuerten Hirnschichten sind nur noch eingeschränkt leistungsfähig. Meistens hilft da nur Ablenkung oder Abwarten, bis die stärkste Wut sich gelegt hat. Erst wenn wir irgendwie wieder »unten« sind, sind wir für Lösungsmöglichkeiten zugänglich. Da hilft nur abwarten und selbst möglichst ruhig bleiben, aber das ist unter Umständen schwierig.

Angepasste Eltern: keine Angst vor Trotzanfällen!

Wenn ein kleiner Mensch vor dir steht, der vor Wut tobt und nicht zu beruhigen ist, kann das ganz schön belastend sein. Eher **angepasste Eltern**, die sich bisher sehr eng mit ihrem Kind verbunden haben, fühlen sich hilflos und womöglich von ihrem Sohn oder ihrer Tochter abgelehnt. Und tatsächlich haben die Wutanfälle etwas Trennendes. Die enge Bindung zum Kind erfährt spätestens jetzt ihre ersten Zerreißproben. Die süße oder der süße Kleine behauptet nun mit aller Kraft seine Autonomie und schreit: »Will aber!!!« Die angepassten, an das Kind gebundenen Eltern sind fassungslos. Ihnen begegnet in ihm genau das, was ihnen ein Stück weit fehlt: die Fähigkeit, seinen Willen zu behaupten. Das Kind spürt, dass sein Trotzanfall der Mama oder dem Papa Angst macht. Je nach Temperament gibt es jetzt aber erst richtig Gas. Doch im Grunde genommen will es nur eines: Papa und Mama sollen aushalten, wenn es tobt.

Diesen Entwicklungsschritt kann es nur vollziehen, wenn die Eltern nicht einknicken.

Das Kind zeigt den Eltern mit all seiner Power, die ihm zur Verfügung steht: »Ich will etwas anderes als du.« Auf der Beziehungsebene hat es eine wichtige Botschaft für seine Mutter oder seinen Vater. Es sagt: »Jetzt steht uns ein neuer Entwicklungsschritt bevor. Wir können nicht unser Leben lang so eng miteinander verbunden bleiben wie in meiner Babyzeit.«

Wir alle kennen die Szenen an der Supermarktkasse, wo sich ein Kind in der »Quengelzone« wutentbrannt auf den Boden wirft, weil ihm die Mama einen Schokoriegel nicht kaufen möchte. Wenn sie jetzt nicht bei ihrem Nein bleibt, ist das für das Kind wie eine Belohnung für seinen Anfall. Es lernt: Wenn ich mich weinend auf dem Boden wälze, bekomme ich, was ich möchte. Damit steigt die Wahrscheinlichkeit, dass es sich auch in Zukunft ähnlich verhalten wird. Wir haben schon Eltern erlebt, die ihr ganzes Familienleben um die befürchteten Trotzanfälle herum organisieren. »Es bloß nicht so weit kommen lassen« heißt die Devise und deshalb wird jedem Wunsch des Kindes zu jeder Zeit nachgegeben. Dabei liegt es auf der Hand, dass man ihm nicht alle Wünsche erfüllen kann – zum Beispiel, weil es sich selbst gefährden würde. Obwohl allen Eltern klar ist, dass bestimmte Regeln eingeführt und durchgehalten werden sollten, kann es geschehen, dass sehr mit ihrem Kind verbundene Mütter oder Väter ihm viel zu viel erlauben, aus Angst, seine Liebe zu verlieren. So darf das Kind dann sogar noch vor dem Schlafengehen und nach dem Zähneputzen Süßigkeiten essen. Das tun Eltern nicht, weil sie ihrer Überzeugung folgen, Süßigkeiten am Abend seien gut, sondern weil sie Angst vor der Wut ihres Kindes haben. Das ist einerseits auch verständlich: Ein harmonisches Miteinander ist wirklich angenehmer als Auseinandersetzungen in der Familie. Es hat viele schöne Seiten, wenn wir

Solltest du festgestellt haben, dass dir hie und da die Trennungskompetenz fehlt, wollen wir dich auf die Reflexionsinsel Stärke deine Trennungskompetenz *auf Seite 194 hinweisen.*

mit unseren Kindern mitschwingen. Andererseits hält uns genau das davon ab, nötige Grenzen zu ziehen. Dabei sind es die Eltern, die die Enttäuschung und Wut ihres Kindes nicht aushalten können.

Wir können dir versichern: Kinder können es auf jeden Fall ertragen, wenn ihnen Grenzen gesetzt werden, auch wenn sie heftig dagegen protestieren. Und langfristig profitieren sie in ihrer Entwicklung sehr viel mehr davon als von einer Erziehung ohne Grenzen.

Manchen Eltern fällt das Grenzensetzen extrem schwer. Obwohl sie vom Kopf her wissen, dass ihr Kind eine eigenständige Person ist, sind sie zu wenig von ihm abgegrenzt. Gerade wenn die Kinder klein sind, fühlt sich diese Symbiose vielleicht sogar richtig und sehr gut an – das Baby bewegt sich im ersten Lebensjahr schließlich extrem am Pol der Bindung. Doch spätestens mit Beginn der Trotzphase ist die Kompetenz des Grenzensetzens gefragt. Sonst besteht die Gefahr, dass wir dem Kind zu wenig zutrauen, es in der Folge zu viel kontrollieren und überbehüten. Ist dies bei dir der Fall, solltest du üben, dich mehr von deiner Tochter oder deinem Sohn zu lösen, denn es hat ein Anrecht auf sein ganz eigenes Sein. Der Philosoph und Dichter Khalil Gibran (1883–1931) hat das sehr poetisch formuliert:

EURE KINDER

Eure Kinder sind nicht eure Kinder.
Sie sind die Söhne und Töchter
der Sehnsucht des Lebens nach sich selber.
Sie kommen durch euch, aber nicht von euch,
und obwohl sie mit euch sind, gehören sie euch doch nicht.

Ihr dürft ihnen eure Liebe geben,
aber nicht eure Gedanken,
denn sie haben ihre eigenen Gedanken. (…)

Nur wenn wir respektieren, dass unser Kind ein anderer Mensch ist als wir, können wir unsere Rolle als Mutter oder Vater auch auf einer tieferen Ebene verantwortungsvoll ausfüllen und es gut in die Selbstständigkeit führen.

Kann man sich allgemein schlecht gegen andere Menschen und seine Kinder abgrenzen, so bedeutet dies in erster Linie, dass man zu nah bei den Gefühlen des anderen ist. In diesem Sinne sind **angepasste Eltern** oft zu einfühlsam. Sie schwingen zu intensiv mit den negativen Emotionen ihrer Kinder mit, indem sie deren Trauer, Wut und Verzweiflung so spüren, als wären es ihre eigenen. Angepasste spüren jedoch nicht nur zu stark die Gefühle anderer, sondern fühlen sich für diese auch über die Maßen verantwortlich. Folglich wollen sie auch bei ihren Kindern schnell Abhilfe und Linderung verschaffen. Hierdurch kann es passieren, dass sie ihnen zu viel abnehmen, zu schnell Lösungen und Beschwichtigung anbieten. Die Kinder erwerben so zu wenig Frustrationstoleranz. Außerdem erleben sie nicht, dass sie selbst Probleme bewältigen können. Das kann dazu führen, dass sie nicht genügend Autonomie entwickeln.

Hierzu ein Beispiel: Die Mutter des 21-jährigen Lukas macht für ihn immer noch alle Arzttermine aus. Wenn er sie mit einem netten Lächeln freundlich bittet, kann sie nicht Nein sagen. Der Sohn würde es nie zugeben, aber insgeheim ist er erleichtert, dass die Mama so bereitwillig diese Aufgabe übernimmt. Er wüsste auch überhaupt nicht, wie man das macht. Er fühlt sich unsicher.

Die **Schattenkinder** angepasster Eltern kennen normalerweise Unsicherheit, Verzweiflung und Verlassenheit nur allzu gut. Diese Gefühle können durch das Verhalten ihres eigenen Kindes leicht in ihnen ausgelöst werden. Die Unterscheidung, welches Gefühl zu ihnen und welches zum Kind gehört, fällt dann manchmal schwer.

In diesem Fall vermischen sich die Kindheitswunden der Mutter oder des Vaters mit den aktuellen Gefühlen ihres Kindes. Die Eltern befinden sich dann selbst auf Kinderebene und ihre Versuche, das (reale) Kind schnell zu beruhigen, entsprechen dann denen, das Schattenkind in ihnen selbst zu trösten zu wollen. Dies sind alles unbewusste Vorgänge, weswegen sie aber umso mehr Macht haben. So war es auch bei Myriam, der Mutter von Carla. Sie hatte gelernt, alle traurigen Gefühle wegzuschließen. Deshalb konnte sie mit der weinenden Carla nicht umgehen. Einerseits dachte sie: »Verdammt, warum hörst du denn nicht auf?« Andererseits versuchte sie alles, um das Weinen zu beenden: ablenken, Süßigkeiten anbieten, drohen, in den Arm nehmen, schimpfen und weggehen. Ab und zu bekam Carla auch einen Klaps auf den Po, wenn sie weinte.

Richtiger wäre es, eine Grenze zwischen die Gefühle seines Kindes und die eigenen zu ziehen. Dies gelingt, indem man sein Schattenkind identifiziert und als innerer Erwachsener für es Verantwortung übernimmt. Hierdurch kann man es von der Realität seines Kindes in gesunder Weise fernhalten. Dann kann man auch auf der Erwachsenenebene die Verantwortung für sein (reales) Kind übernehmen. Carla hat sich psychotherapeutische Hilfe gesucht. Sehr oft hilft es jedoch schon, wenn wir unser Schattenkind trösten und uns bewusst machen, dass wir nicht eins mit unserem Kind sind, sondern zwei getrennte Wesen. Die folgende Übung hilft dir dabei, die Verschmelzung mit der Gefühlswelt deines Kindes (innerlich) zu beenden.

Angepasste Eltern laufen Gefahr, dass sie ihre Gefühle ihrem Kind überstülpen, oder wie Psychologen sagen: sie auf das Kind projizieren (siehe auch Blockaden des Einfühlungsvermögens, *Seite 148).*

REFLEXIONSINSEL: STÄRKE DEINE TRENNUNGSKOMPETENZ

Diese einfache, aber wirkungsvolle Übung kannst du immer machen, wenn du merkst, dass sich Gefühlswelten zu sehr vermischen. Sie hilft dir dabei, dass du dich als eigenständigen Menschen wahrnehmen kannst.

Schau dein Kind an und sag dir innerlich:

»Ich bin ich und du bist du.«

Du kannst diesen Satz wie ein Mantra wiederholen. So oft, bis du spürst, dass dein Gefühl sich ändert und du wieder mehr zu deiner eigenen Resonanz, deiner Energie zurückkommst.

Autonome Eltern: Bitte keine Machtkämpfe!

Für **autonome Eltern** besteht die Gefahr, dass sie sich durch einen Tobsuchtsanfall ihres Kindes in einen Machtkampf verstricken lassen. »Ich lass mir doch nicht von *dir* vorschreiben, wo es langgeht.« Zur Erinnerung: Eine autonome Mutter oder ein autonomer Vater haben als Kind beschlossen: »Ab jetzt halte ich die Zügel in der Hand. Ich bestimme, was in meinem Leben passiert.« Das Schattenkind in ihnen will sich Hilflosigkeit und Ohnmacht vom Leib halten. Anstatt sich also angesichts des Trotzanfalls ihres Kindes hilflos zu fühlen, werden autonome Eltern eher selbst wütend. Wenn Wut auf Wut trifft, entsteht nichts Gutes. Wut und Zorn sind »heiße« Gefühle, die uns auf eine Auseinandersetzung vorbereiten. Das Schattenkind in autonomen Eltern denkt und fühlt in diesem Fall sinngemäß: »Wollen wir doch mal sehen, wer sich hier durchsetzt!«, und schnell kann die Situation eskalieren. Schließlich trägt es nicht zur Beruhigung des Kindes bei, wenn die Eltern mit ihm schimpfen, es anbrüllen oder gar schlagen.

Das Aufsetzen der »Verständnis-Brille« hilft umgehend: Die Wut verschwindet. *Siehe hierzu auch das Kapitel zum Einfühlungsvermögen ab Seite 139.*

Wollte der autonome Elternteil gelassener bleiben, dann müsste er sich weniger abgrenzen, also jene Fähigkeit trainieren, die angepasste Eltern eher zu ausgeprägt besitzen – die empathische Perspektive. Während die angepassten an ihrer Trennungskompetenz feilen sollten, dürfen die autonomen Eltern sich in Empathie üben. Hier hilft es, wenn sie sich vergegenwärtigen, dass es sich im Regelfall nicht um einen Machtkampf handelt. Im Gegenteil! Die meisten Trotzanfälle entstehen, weil das Kind verzweifelt ist und sich hilflos fühlt. Meist können wir seinen Zorn nachvollziehen, wenn wir die Situation aus seinen Augen betrachten, also einen Perspektivenwechsel vornehmen. Die kleine Marie (dreieinhalb Jahre) fängt an zu schreien und zu toben, weil sie den Einkaufswagen im Supermarkt nicht schieben darf. Ihre Mutter hat es verboten, weil sie nicht möchte, dass Marie aus Versehen in andere Kunden hineinfährt. Wenn sich die Mutter nun in ihr Kind hineinversetzt, wird sie feststellen, dass ihre Tochter eine gute Absicht verfolgt hat. Sie wollte sich weder in den Vordergrund drängen noch durchsetzen, sondern lediglich helfen und einen Beitrag leisten. Es besteht kein Grund für einen Machtkampf.

LIEBEVOLLE STANDHAFTIGKEIT

Vielleicht denkst du jetzt: Verdammt noch mal, was soll ich denn jetzt tun? Verständnis haben? Oder Grenzen aufzeigen? Da scheint ein Widerspruch zu sein. Damit triffst du mitten ins Schwarze. Der Umgang mit Trotzanfällen ist eine Kunst für sich: Die Balance aus Autonomie und Bindung ist gefragt. Selbst das trotzigste Kind möchte beides – sich behaupten und dazugehören. Sich frei und zugleich geliebt fühlen.

Im Trotz schreit das Kind laut »ICH«. Damit es sich nun weiterentwickeln kann, muss es das »DU« erleben können: Mütter und Väter, die bei dem bleiben, was sie angekündigt haben.

Damit meinen wir nicht, dass Eltern stur immer alle einmal aufgestellten Regeln durchfechten sollen. Falls sich eine Regel oder Grenze als unsinnig erweist, muss man die Freiheit besitzen, sie umzuändern. Und selbstverständlich müssen Ge- und Verbote auch mit der Entwicklung der Kinder mitwachsen. Ein Zehnjähriger muss im Regelfall nicht mehr an der Hand gehen.

Wenn Eltern immer nachgeben, lassen sie ihre Kinder im Nebel stehen und verbauen ihnen eine wichtige Erfahrung.

Gehen wir zum Beispiel von Marie zurück, die einen Trotzanfall im Supermarkt erleidet: Sie wirft sich auf den Boden, weil sie den Einkaufswagen nicht schieben darf. Was könnte ihre Mutter nun tun, um eine standhafte Zuwendung beziehungsweise liebevolle Standhaftigkeit zu zeigen?

Zugewandt und standhaft – so geht's

Diese Übung zeigt, wie du angesichts eines trotzigen Wutanfalls liebevoll und zugleich standhaft bleiben kannst. Uns ist bewusst, dass es keine Patentlösungen im Sinne von »one fits all« gibt. Die folgenden drei Schritte sind darum eher als Anregung gedacht, die du auf deine Situation und dein Kind anpassen kannst.

1. *Brücke ohne Worte:* Damit die Mutter einen Zugang zu Marie bekommt, sollte sie sich auf ihre Ebene begeben. Sie beugt sich zu ihrem Kind herunter. In einer anderen Situation kann es auch sinnvoll sein, sich auf den Boden zu setzen. Der erste Schritt besteht darin, eine Brücke ohne Worte zu bauen. Dazu können wir auch versuchen, Blickkontakt aufzunehmen oder Körperkontakt herzustellen. Sind Kinder sehr in ihrer Wut gefangen, können sie uns gar nicht mehr wahrnehmen. Wir müssen versuchen, ohne Worte und allein durch unsere physische Präsenz zu ihnen durchzudringen.

2. *Gefühle und Bedürfnisse anerkennen:* Die Mutter könnte versuchen, die Gefühle und das Autonomiebedürfnis ihrer Tochter in Worte zu fassen, und dadurch signalisieren: »Ich versuche dich zu verstehen.« (Genauer ist diese Gesprächstechnik unter *Absichtsloses Zuhören* auf Seite 146 beschrieben.) Sie könnte etwa sagen: »Jetzt bist du enttäuscht, weil du das nicht selbst machen darfst. Dabei wolltest du mir doch nur helfen.« So hat sie eine gute Chance, dass ihre Tochter sich richtig verstanden fühlt und sich etwas beruhigt. Dann ist es möglich, einen Kooperationsvorschlag anzuschließen: »Weißt du was? Du darfst mir helfen, das Mehl zu finden.« Das funktioniert aber leider nicht immer. Manchmal lassen sich die Kinder nicht zur Kooperation verlocken, dann müssen wir zur Brücke ohne Worte: Dasein, Aushalten. Sowohl Schritt eins als auch Schritt zwei sind auf Empathie und Verständnis ausgerichtet.

   Im dritten Schritt geht es um die Abgrenzung. Hier wird empfohlen, was wir nicht tun sollen.

3. *Standhaftigkeit:* Die Mutter sollte nicht ihre Regel umwerfen. Wenn sie jetzt sagt: »Na gut, dann schieb eben den Wagen«, hat Marie nur eines gelernt: Sie muss sich schreiend auf den Boden schmeißen, damit die Mama macht, was sie will. Aber genau das verursacht Unsicherheit im Kind. Marie wird sich unbewusst die Frage stellen, wann ihre Mutter meint, was sie sagt. Und die Chance, dass sie das bei nächster Gelegenheit austestet, ist relativ groß. Bleib also bei deinem Kooperationsangebot, das Mehl zu finden oder den Wagen gemeinsam zu schieben (oder was dir auch einfällt).

   Natürlich sind nicht alle Trotzanfälle gleich und wir sind auch weit davon entfernt, an eine Standardlösung zu glauben. Deshalb haben wir noch ein paar Ideen aufgelistet, die bei einem Wutanfall helfen können.

Noch ein paar Tipps

- ◇ *Ablenkung:* Manchmal funktioniert das sehr gut: »Guck mal da hinten, der große Hund. Mensch, ist der groß!« Wenn das Kind jetzt guckt, haben wir eine Unterbrechung erreicht und dann wechselt seine Stimmung. Wenn ein Kind sich in eine Wut hineingesteigert hat, ist das wie eine Abkapselung. Es nimmt nur noch sich und seine Wut wahr. Ablenkungsangebote setzen einen Separator, einen Unterbrecher, in seine Wahrnehmung, wodurch es in einen anderen Gefühlszustand zurückfinden kann.
- ◇ *Humor:* Dies hilft bei einem Trotzanfall nur, wenn wir mit und nicht über das Kind lachen. Wir können uns zum Beispiel spielerisch dem Trotzanfall anschließen. Selbst mit den Beinen stampfen und lachend sagen: »Das ist blöd, so blöd, blöd, blöd, blöd, blöd, blöd.« Vielleicht kriegen wir unser Kind dazu, sich unserem Lachen anzuschließen, und dann ist die Wut verraucht.
- ◇ *Selbstoffenbarung:* Das bedeutet zuzugeben, wie es einem gerade geht. Zum Beispiel zu sagen: »Du wälzt dich hier mitten in der Fußgängerzone auf dem Boden und die Leute gucken schon. Das ist mir peinlich. Ich habe keine Ahnung, wie ich dich beruhigen soll. Da muss ich dir wohl noch ein Weilchen zugucken. Das ist ganz schön nervig.« Es kann gut sein, dass die Selbstoffenbarung nicht bis zum Kind durchdringt. Aber indem wir von unseren Gefühlen berichten, können wir uns entlasten. Und erreichen, dass wir nicht etwa vor Wut das Kind ohrfeigen.

AUTONOME ELTERN UND GRENZEN

Autonome Eltern verspüren nicht selten einen reflexartigen Widerstand, wenn sie sich an Vorschriften halten sollen. Ihr Schattenkind fühlt sich schnell bevormundet. Das kann so weit gehen, dass sie sich zum Beispiel innerlich sträuben, das Kind pünktlich in den Kindergarten zu bringen. Die Vorschrift der Bringzeit erlebt ihr Schattenkind schon als ein Zuviel der Bevormundung. Folglich bringt der autonome Vater oder die autonome Mutter das Kind öfter mal zu spät. Dies geschieht nicht einmal mit Absicht, sondern der Boykott wird oft unbewusst ausgeübt. Man teilt sich die Zeit einfach schlecht ein, verzettelt sich, lässt sich aufhalten oder trödelt. Die Erzieherinnen sind genervt, weil sie mittendrin an die Tür kommen müssen, die anderen Kinder spielen schon und ein »Neuer« ist nicht willkommen …

Falls du dich in diesen Zeilen wiedererkennst, hast du vielleicht ein schlechtes Gewissen, weil du deinem Kind keinen Stress bereiten willst. Deswegen wäre es für dich sehr hilfreich, deinem Schattenkind nicht die »Führung« zu überlassen, sondern zu versuchen, dass der oder die innere Erwachsene die Oberhand behält. Vielleicht magst du dich aus dessen Perspektive einmal fragen, welches Verhältnis du zu Regeln und Vorgaben hast. Welche Glaubenssätze ranken sich rund um das Thema »Vorschriften«? Es könnte sein, dass du Glaubenssätze findest wie »Regeln engen mich ein« oder »Regeln sind zum Brechen da«.

Wenn du möchtest, kannst du diesen Glaubenssätzen mit der Übung Negative Glaubenssätze entmachten *auf Seite 84 ihre Macht über dich nehmen.*

Nur um Missverständnissen vorzubeugen: Wir meinen nicht, dass man jede, auch noch so unsinnige Regel akzeptieren sollte. Lediglich das reflexartige Rebellieren ist oft dem Schattenkind geschuldet. Mach dir deswegen immer wieder bewusst, dass du heute groß bist und frei entscheiden kannst.

Erachten **autonome Eltern** eine Regel als richtig, fällt es ihnen leichter als den angepassten, Grenzen aufzuzeigen und durchzusetzen. So ermöglichen sie ihren Kindern eine wichtige Lernerfahrung. Diese erwerben so die Fähigkeit zur Selbstkontrolle. Eine Untersuchung belegt, dass Kindern, denen im Alter von ein bis drei Jahren begründet Grenzen gesetzt worden sind, zwei Jahre später im Kindergarten besser auf Belohnungen warten können.[20] Hat ein Vater beispielsweise konsequent schon zum Kleinkind gesagt: »Nein, du darfst nicht an meinen Laptop. Den brauche ich für meine Arbeit«, dann kann es später im Kindergarten besser aushalten, auf den Nachtisch zu warten. Hervorzuheben ist, dass bei dieser Untersuchung die Eltern die Grenzen nicht willkürlich, sondern begründet durchgesetzt haben.

Spätestens wenn sie erwachsen sind, müssen unsere Kinder für ihr Leben Verantwortung übernehmen und wissen, woran sie sich halten. Auf dem Weg dorthin sind wir Eltern im Umgang mit Geboten, Vorschriften und Gesetzen nicht nur Vorbild, sondern müssen auch auf die Einhaltung mancher Regeln bestehen. Das geht umso leichter, je mehr wir uns damit auseinandergesetzt haben, welche Einstellung wir selbst mitbringen. Günstig wäre auf jeden Fall, wenn wir einen selbstbewussten Umgang mit Verbindlichkeiten pflegen, also weder angepasst-ängstlich jeder Vorschrift sklavisch folgen noch autonom-rebellisch jedem Gebot trotzen müssen.

KEINE AUTONOMIE FÜR UNSERE KINDER – BLOCKADEN AUS DEM SCHATTENKIND

Ob wir unseren Kindern Autonomie zugestehen können, hat viel mit unserer Geschichte zu tun. Wie haben unsere Eltern unser Autonomiestreben beantwortet? Durften wir unsere Flügel ausbreiten oder wurden wir zurückgepfiffen? Wurden wir ermutigt, eigene Wege zu beschreiten, oder mussten wir innerhalb vorgefertigter Bahnen bleiben? Bewegen sich unsere Kinder zunehmend frei, werden wir unwillkürlich mit unserer Lerngeschichte konfrontiert. Konnten wir uns zu so selbstbewussten Menschen entwickeln, dass wir sie zum rechten Zeitpunkt ihren eigenen Weg gehen lassen? Leben wir mit und nicht durch sie?

Angepasste Eltern sind mitunter symbiotisch eng an ihre Kinder gebunden, sodass es ihnen schwerfällt, sie loszulassen. Sie tendieren zur Überbehütung und dazu, ihre Kinder allzu sehr zu verwöhnen. Darüber hinaus sind sie sehr bindungsbetont und haben unter Umständen Schwierigkeiten damit, ihrem Kind Freiräume zuzugestehen. Die Tochter oder der Sohn könnte sich womöglich zu weit von ihnen entfernen. Tendenziell machen angepasste Eltern ihre Kinder eher kleiner, als sie sind. Sie kritisieren und überwachen sie, manchmal überbehüten sie sie. Kurzum: Sie billigen ihnen zu wenig Autonomie zu.

Autonome Eltern hingegen übersehen manchmal das Bindungsbedürfnis. Es kann durchaus sein, dass sie, um ihre Autonomie-Gefühle zu behaupten, zu früh loslassen und ihre Kinder zu früh in eine Selbstständigkeit schubsen, der jene noch gar nicht gewachsen sind (siehe *»Du schaffst das schon«* ab Seite 214). In der Wahrnehmung autonomer Eltern sind die Kinder reifer, als sie es sind. Deshalb gestehen sie ihnen manchmal zu früh zu viel Autonomie zu.

Ein extremer Fall der ungesunden zu frühen Autonomie ist die Parentifizierung, wenn sich bei Eltern und Kindern die Rollen tauschen (siehe auch Seite 219).

»FÜR DICH TUE ICH ALLES«: VERWÖHNEN

Katja (vierzig Jahre) erzählt von sich und ihrem Sohn Michel (acht Jahre): »Michel ist mein kleiner Star. Ich tue alles für ihn. Deshalb finde ich es auch normal, wenn ich ihm in der Pause seine vergessene Brotdose mit dem Pausenfrühstück bringe. Ich verstehe gar nicht, warum die Lehrerin sich darüber aufregt.« Die intensive Zuneigung empfinden fast alle Eltern und die Rundumversorgung ist bei Kleinkindern auch angemessen. Trotzdem kann man es mit der Fürsorge übertreiben und Kinder regelrecht mit Liebesbeweisen überschütten. Die Lehrerin möchte, dass

Michel Verantwortung übernimmt und durch die Konsequenzen seines Handelns etwas Neues lernt. Hat er die Brotdose vergessen, muss er in der Pause hungrig dasitzen oder einen Freund darum bitten, dass er sein Brot mit ihm teilt. Wenn Katja immer wieder einspringt, wird Michel sich darauf verlassen, dass seine Mama die Dinge für ihn regelt. Bei jüngeren Kindern ist es vielleicht das Nachtragen der Brotbox, bei älteren kommt es zu anderen Ausprägungen der Verwöhnung. Es gibt Eltern, die sich verschulden, um ihrem Kind einen Großbildschirm mit bester Auflösung zu kaufen. Mütter, die in Panik geraten, weil sie im Supermarkt nicht die richtige Pizza für ihre Tochter finden. Gleichzeitig beklagen sie sich alle: »Mein Kind ist so verwöhnt.« Dabei übersehen sie, dass es immer auch einen »Verwöhner« gibt. Ansonsten würde es nicht funktionieren: Verwöhnte Kinder haben verwöhnende Eltern. Dahinter steht das **Schattenkind** der Eltern. Es hat ein großes Nähebedürfnis. So groß, dass die Eltern einen Konflikt mit dem Kind scheuen und sich nicht trauen, Nein zu sagen. Sie sind dann so sehr mit ihrem Sohn oder ihrer Tochter verschmolzen, dass sie es nicht mehr schaffen, eine Grenze zu ziehen. Die Tendenz, es auf jeden Fall dem Kind recht machen zu wollen und ihm alles zu geben, ist häufig durch den Glaubenssatz »Ich bin nicht liebenswert« getrieben. Die Eltern tun alles, um trotzdem liebenswert zu erscheinen.

Verwöhner befürchten (insgeheim), dass man sie nicht liebt – sogar, dass ihr Kind sie nicht lieben könnte. Mit der Verwöhnung bügeln sie den vermeintlichen Makel wieder aus.

REFLEXIONSINSEL: DAS RICHTIGE MASS

Wenn unser Schattenkind die Regie übernommen hat, wissen wir manchmal gar nicht mehr, was realistisch ist. Versuche deshalb, ein realistisches Bild von deinem Sohn/deiner Tochter zu bekommen. Frage dich:

- *Was ist altersgemäß richtig?*
- *Was kannst du ihm/ihr zutrauen?*
- *Wie hoch sollte das Taschengeld maximal sein?*
- *Welche Geschenke sind angemessen und welche Geschenke sind übertrieben?*

Manchmal hilft es, sich mit anderen Eltern darüber auszutauschen, was sie für »Verwöhnung« und was für angemessen halten.

Derjenige, der immer nachgibt, keine Grenzen wahrt, erzeugt ein Machtvakuum in der Eltern-Kind-Beziehung, in das das Kind hineinspringen muss. Die Tochter oder der Sohn wird auf den Thron gesetzt und kommt in eine zwiespältige Lage. Einerseits genießt sie oder er es vielleicht, dass es so im Mittelpunkt steht, andererseits lernt es nicht, mit Frustrationen umzugehen, was im späteren Leben dazu führt, dass es Schwierigkeiten hat, Anforderungen zu bewältigen und unangenehme Situationen durchzustehen. Außerdem: Wie sollen Kinder lernen, Verantwortung für sich und ihr Leben zu übernehmen, wenn Eltern ihnen jeden Wunsch von den Augen ablesen?

Zwischen Verwöhnung und Zuneigung zu unterscheiden ist nicht so einfach. Es ist auch ein Ausdruck unserer Liebe, den Kindern etwas Gutes zu tun. Wir wollen ihnen eine Freude bereiten, ihnen zeigen, dass sie wertvoll sind. Nur darf es nicht inflationär werden, denn dann stumpfen wir selbst wie auch unsere Töchter und Söhne ab. Wenn wir beispielsweise zum Abschluss der Sommerferien mit unserem Kind noch einmal Eisessen gehen, ist das eine große Freude. Kriegt das Kind immer Eis, wenn es danach ruft, ist es eher ungünstig.

Solltest du dich dabei ertappen, dass du deinem Kind alle Wünsche von den Augen abliest und jede Schwierigkeit aus dem Weg räumst, vergegenwärtige dir, dass diese Tendenz aus deinem Schattenkind kommt. Dann befrage dieses: Wo hat dir als Kind

Verwöhnung und Zuneigung gefehlt? Tröste dein Schattenkind mit der Übung *Heile dein Schattenkind* auf Seite 119. Stell dir vor, wie du in einer erwachsenen Haltung deinem inneren Kind alles gibst, was ihm gefehlt hat.

Um das richtige Maß geht es auch im nächsten Abschnitt. Wir beschäftigen uns mit der Frage: Wie viel Kontrolle der Kinder ist angemessen und wo übertreiben wir es?

»I AM WATCHING YOU«: HELIKOPTERN

Martin (neunundvierzig Jahre) erklärt: »Ich habe auf dem Handy meiner Tochter einen Tracker installiert. So wissen wir immer, wo sie gerade ist.« Es gibt immer mehr Eltern, die ihre Kinder regelmäßig überwachen. Etwa mit der sogenannten Nanny-Cam. Das ist eine kleine versteckte Minikamera, mit der man überprüfen kann, ob die Babysitterin ihren Job auch richtig macht und nicht etwa ihren Freund empfängt oder die Cocktailbar plündert. Aber natürlich lassen sich mit einer solchen Kamera auch die Kinder kontrollieren. Für die Beobachtung außer Haus gibt es Handy-Apps, mit denen man sie noch dazu belauschen kann. Der Wunsch, immerzu wissen zu wollen, was der Sohn oder die Tochter gerade tut, treibt im Extremfall Eltern dazu, Spionagekameras in den Kinderzimmern anzubringen. Dies entspringt dem übertriebenen **Bedürfnis nach Bindung** und der Angst, es könnte etwas passieren. Dieser Angst um die Kinder haben wir den Abschnitt gewidmet *»Dir darf nichts passieren«: Elterliche Angst* ab Seite 209. Deshalb wollen wir uns jetzt in erster Linie um die Dynamik des Überwachens kümmern.

Überwachen ist Kontrolle. Mütter und Väter, die helikoptern, sind nah dran am Kind, wissen über jede Minute in seinem Tagesablauf Bescheid. Meist ist ihnen nicht bewusst, dass sie ihrem Kind mit ihrem Verhalten eine fatale Botschaft vermitteln: »Ich habe kein Vertrauen darin, dass es mit dir gut geht. Ich befürchte, dass du die Dinge nicht alleine geregelt bekommst. Lieber schaue ich dir über die Schulter. Das ist sicherer.« Diese Glaubenssätze sind natürlich nicht im Bewusstsein der Eltern. Sie finden es normal, dass man sich darüber informiert, was das Kind den ganzen Tag macht. Dieses hat jedoch keinerlei Freiraum mehr. Wenn wir die Überwachungssituation aber aus seinen Augen betrachten, können wir nachempfinden, wie sehr die übertriebene Beobachtung sein Selbstgefühl beeinträchtigt.

Dazu muss man wissen, dass sich Kinder ab sechs Jahren in andere hineinversetzen können. Ihre empathischen Fähigkeiten sind jetzt so weit entwickelt, dass sie sich selbst mit den Augen des anderen betrachten können. In diesem Alter fangen Kinder deshalb auch an, sich für das Wohl einer Gruppe zuständig zu fühlen. Sie setzen sich dann zum Beispiel im Kindergarten oder in der Schule aktiv für das Einhalten von Regeln ein. Auch in ihre Eltern können sie sich nun hineinversetzen und sich aus den Augen der Eltern sehen.[21] Sie wissen beispielsweise, was ihre Mutter vermutlich darüber denkt und fühlt, wenn sie sich mit diesem oder jenem Freund treffen. Oder was der Vater denkt und fühlt, wenn sie eine gute oder schlechte Note nach Hause bringen. Und sie wissen auch sehr genau, wie die Eltern ihr Tun bewerten: »Mama mag es nicht, wenn ich bei Lisa bin, weil sie findet, das ist ein schlechter Umgang.« Oder: »Papa ist sauer, wenn ich eine Sechs nach Hause bringe, weil er möchte, dass ich der Klassenbeste bin.«

Bei Helikopter-Eltern wirken im Hintergrund viele eigene Ängste, die ihren Schattenkindern entspringen. Die Mutter fürchtet den schlechten Umgang, weil ihr Schattenkind glaubt: »Man kann sich nicht wehren.« Und der Vater wünscht sich den Einserschüler, weil sein Schattenkind denkt: »Nur kein Versager sein.« Das Kind spürt die Bewertung seiner Eltern – und weil es sie liebt, möchte es ihnen keinen Kummer machen. Doch zugleich fühlt es auch, dass ihre Sorgen nicht wirklich etwas mit ihm zu tun haben. Vielleicht weiß es genau, dass die Freundin

Wesenszüge hat, die nerven – aber es kann sich gut abgrenzen. Oder es weiß, dass es in der Schule gut mitkommt – und die Sache mit dem Klassenbesten findet es übertrieben.

Doch weil Kinder in diesem Alter noch nicht so klar abgegrenzt sind wie beispielsweise ein Zwanzigjähriger, fangen sie an, innerlich immer beide Bewertungen mitlaufen zu lassen. Sie gehen, bildlich gesprochen, immer mit dem elterlichen Bewerter – dem Helikopter – spazieren. Sie überlegen sich: »Wenn ich mich mit diesem Freund treffe, wird das meine Mutter/mein Vater nicht mögen.« Und sie fragen sich automatisch: »Lasse ich es bleiben? Oder besuche ich ihn trotzdem und nehme den Ärger in Kauf?« Das Abwägen von eigenen Bedürfnissen und den Bewertungen und Ängsten der Eltern wird zum ständigen Begleiter im Leben dieser Kinder. Das hat etwas Verwirrendes und Spaltendes. Sie sind dann nicht mehr einfach sie selbst, sondern beobachten sich selbst mit den Augen ihrer Mütter und Väter. Sie können nicht mehr unbeschwert sie selbst sein, denn sie müssen ihre Eltern »mitdenken«.

Die Ursache für das übersteigerte Kontrollbedürfnis liegt höchstwahrscheinlich im Schattenkind der Helikopter-Eltern. Es könnte sogar sein, dass sie sehr früh in ihrem Leben, vielleicht schon als Babys gelernt haben, dass die Welt kein verlässlicher Ort ist. Sie konnten kein Urvertrauen aufbauen, weshalb sie heute ihren Kindern nicht trauen. Überbehütende Eltern haben oft Angst um ihr Kind und sie machen sich zu viele Sorgen. Infolgedessen wahren sie ebenfalls manchmal nicht ausreichend Abstand.

REFLEXIONSINSEL: ZU VIEL ÜBERWACHUNG ENTGEGENWIRKEN

Gehörst du zu den Eltern, die ihr Kind am liebsten rund um die Uhr kontrollieren würden? Dann wollen wir dir zwei Anregungen vorschlagen, die dir helfen, damit aufzuhören.

Wende dich deinem ***Schattenkind*** *zu. Frage es danach, wo sein Kontrollbedürfnis herkommt. Es kann sein, dass du auf Erinnerungen stößt, in denen du dich als Kind verunsichert und nicht ausreichend geschützt gefühlt hast. Sprich mit deinem Schattenkind und tröste es wie in der Übung* Heile dein Schattenkind *auf Seite 119.*

Die zweite Anregung bezieht sich auf die Gegenwart: Ziehe Aufmerksamkeit von deinem Kind ab und ***werde »selbst wieder interessant«****. Such dir ein Aufgabenfeld, in das du deine Fähigkeiten einbringen kannst – ein Ehrenamt oder ein Hobby. Wir wissen, dass das etwas provokativ formuliert ist. Entschuldige bitte. Aber du weißt, was wir meinen. Indem du dich selbst für eine Sache begeisterst, wirst du dir weniger Gedanken um dein Kind machen und verschaffst dadurch eurer Beziehung den nötigen Abstand.*

»BLEIB LIEBER BEI MIR«: ÜBERBEHÜTUNG

Die Überbehütung eines Kindes signalisiert ihm: »Ich traue dir nichts zu« und verbaut ihm den Weg in die Selbstständigkeit. Aber wann genau fängt die Überbehütung an? Sie tritt immer dann zu Tage, wenn Eltern Aufgaben übernehmen, die das Kind alleine machen könnte. Anstatt also zu ermutigen und anzuleiten, mit dem Messer das Brot zu schneiden, sagen sie: »Komm, gib das Messer wieder her, das ist zu scharf. Du könntest dich verletzen.« Fast alle Eltern haben Angst um ihr Kind. Wir behüten es wie unseren Augapfel, weil wir uns um seine Sicherheit, um sein Überleben sorgen. Leider ist das übermäßige Beschützen auch ein Trend unserer Zeit. Als wir, die Autorinnen, Kinder waren, sind wir allein in den Kindergarten und in die Schule gegangen – und beide waren nicht direkt um die Ecke. Das war zu unserer Zeit normal. Bevor man dort ankam, hatte man manchmal schon einen »kleinen Krieg« ausgefochten – größere Kinder hatten Spaß daran, einen unterwegs zu ärgern. Gingen in den 70er-Jahren noch 90 Prozent der Grundschüler alleine zur Schule, wurden 2012 einer Forsa-Umfrage zufolge die Hälfte aller Grundschüler mit dem Mama-Taxi zur Schule gebracht.[22] Dabei ist der selbstständige Weg zur Schule in vielerlei Hinsicht gut. Die Kinder sind wacher, wenn sie dort ankommen, und sie haben Zeit, sich mit ihren Schulwegfreunden auszutauschen. Zudem steigt das Vertrauen in die eigene Autonomie.

Auch das Spielen auf Straßen und Gehwegen hat nachgelassen. Nur zirka die Hälfte der Kinder in Deutschland nutzte schon mehr im Jahr 2000 den Verkehrsraum für Spiel und Sport.[23] Natürlich hat diese Veränderung auch mit geänderten Lebensbedingungen zu tun. Denn ob Kinder draußen spielen dürfen, hängt vor allem davon ab, für wie »gefährlich« ihre Mütter und Väter die Verkehrswege einstufen. Eltern halten Verkehrswege mit einem hohen Verkehrsaufkommen für gefährlich.[24] Das heißt: Vollere Straßen führen dazu, dass Kinder immer weniger außer Haus spielen, wodurch sie automatisch einer größeren Beobachtung und Kontrolle durch ihre Mütter und Väter ausgeliefert sind. Wirkliche Freiräume sind seltener geworden. Das beflügelt das Helikoptern in gewisser Weise.

Wir möchten dir jedoch raten: Lass das nicht zu. Werde kreativ und schaffe deinem Kind eben neue Freiräume, die zu eurer Lebenssituation passen. In vollen Städten gibt es zum Beispiel viele Sport- und Freizeitkurse. Hier kann dein Kind Autonomie üben, wenn du nicht die ganze Zeit auf der Trainerbank sitzt und ihm zuschaust. Viele Häuser haben auch Hinterhöfe – hier kann dein Kind sicher spielen. Und wenn der Weg zur Grundschule über eine Straße führt, kannst du dein Kind dennoch, so weit es eben geht, alleine laufen lassen.

Wenn Eltern ihre Kinder überbehüten, sind sie oft von Angst getrieben. Solange diese vorhanden ist, werden wir auch zur Überbehütung neigen. Wenn wir also damit aufhören wollen, müssen wir uns als Erstes unserer Angst stellen.

»DIR DARF NICHTS PASSIEREN«: ELTERLICHE ANGST

Mütter und Väter haben heute subjektiv das Gefühl, dass die Welt für Kinder unsicherer geworden ist. Sie fürchten, dass ihr Kind Opfer eines sexuellen Übergriffs oder von Gewalt von Jugendlichen werde oder dass der Schulweg zu gefährlich sei. Statistiken widersprechen dieser Wahrnehmung. Zum Beispiel findet sexuelle Gewalt an Kindern und Jugendlichen zumeist im direkten Umfeld, also in Familie und Bekanntenkreis, statt. Übergriffe durch Fremdtäter sind eher die Ausnahme. Und tatsächlich sind Verkehrsunfälle mit tödlichem Ausgang für Kinder zurückgegangen. Trotzdem glauben laut einer repräsentativen Umfrage 70 Prozent aller Eltern, die Welt sei für Kinder unsicherer geworden. Der Effekt: Aus einem subjektiven Gefühl der Angst schränken viele Eltern die Freiheit ihrer Töchter und Söhne zu sehr ein.

WAHRES GLÜCK

Ein reicher Mann bat einen Zen-Meister darum, ihm eine Weisheit aufzuschreiben, die seiner Familie Glück brächte. Der Zen-Meister ließ sich einen großen Bogen Papier bringen und schrieb: »Vater stirbt, Sohn stirbt, Enkel stirbt.« Als der reiche Mann dies las, wurde er ärgerlich und sagte: »Du solltest mir nichts Deprimierendes aufschreiben, sondern etwas, das Glück bringt.« Der Zen-Meister antwortete: »Wenn dein Sohn vor dir stirbt, würde das unerträglichen Schmerz über deine Familie bringen. Und sollte dein Enkel vor deinem Sohn sterben, würde das ebenfalls zu tiefer Trauer führen. Wenn in einer Familie Generation nach Generation in der richtigen Ordnung verschwindet: Das ist wahres Glück.«

Wir Eltern haben Angst, dass unserem Kind etwas zustoßen könnte, und damit letztendlich davor, dass es vor uns sterben könnte. Doch obwohl dieses Gefühl uns wie ein dauerhaftes Hintergrundgeräusch durch die Elternschaft begleitet, reden wir wenig darüber. Vielleicht weil wir Angst vor der Angst haben. Weil wir wissen, sie könnte übermächtig werden und uns lähmen. Eine mit uns befreundete Mutter hat es einmal so formuliert: »Ich spreche regelmäßig mit dem lieben Gott und sage ihm, dass ich alles aushalten kann, sogar eine schlimme Krankheit wie Krebs. Aber wenn meinen Kindern was passierte, daran würde ich zerbrechen.« Wir wünschen uns von ganzem Herzen, dass unsere Kinder uns überleben.

Wir haben auch keine einfache Lösung dafür, wie man mit seinen Ängsten als Eltern umgehen kann. Und wir haben auch größtes Verständnis dafür, dass die Angst Mütter und Väter immer begleitet – schließlich fühlen wir uns für unsere Kinder verantwortlich. Und das hört auch nicht auf, wenn sie erwachsen sind. Wir können die bedrohliche Angst vor Krankheit, Schaden oder sogar Tod der eigenen Kinder nicht husch-husch wegscheuchen. Aber wir können so mutig sein, sie nicht zu leugnen, und ihr ins Auge schauen, ihr begegnen. Dann besteht zumindest eine Chance darauf, dass sie nicht hinterrücks hervorkommt. Denn wenn wir unseren Söhnen und Töchtern aus Angst nicht erlauben, sich in der Welt auszudehnen, werden sie sich letzten Endes auch nichts zutrauen und wir verbauen ihnen so den Weg in die Selbstständigkeit.

REFLEXIONSINSEL: ANGST UM MEIN KIND

Hier geht es nicht darum, die Angst wegzumachen. Das können wir gar nicht. Vielmehr ist die Übung eine Einladung an dich, dich mit deinen Ängsten zu konfrontieren. In vielen Märchen und Mythen muss sich der Held oder die Heldin seiner/ihrer Angst stellen. Wichtig ist es, dem Monster – der Angst – genau ins Auge zu schauen.

***Wie stark ist meine Angst** um mein Kind oder meine Kinder? Auf einer Skala von 0 (gar keine Angst) bis 100 (ich bin vor Angst gelähmt). Mache intuitiv ein Kreuz auf der Skala. Übrigens haben wir manchmal um ein Kind mehr Angst als um das andere. Wenn du zwei oder mehr Kinder hast, kann das Kreuz für jedes von ihnen an einer anderen Stelle stehen.*
Damit du eine Idee hast, wie man mit dem Fragebogen umgehen kann, lassen wir ihn beispielhaft von Ellen ausfüllen. Ellen ist Mutter der 16-jährigen Anna. Diese hat ihren ersten richtigen Freund und ist sehr verliebt. Ellen ertappt sich dabei, wie sie sich um Anna ängstigt. Was, wenn der Freund sie verletzt? Was, wenn sie Sex haben? Anna ist doch noch gar nicht reif dafür. Oh Gott, was ist, wenn Anna schwanger würde?
0 Prozent •——————————————• 100 Prozent
Ellen macht ihr Kreuzchen bei 75 Prozent.

Frage: Was nährt meine Angst?
Wie kommen die XX Prozent auf der Skala zustande? Du kannst deine Antworten auch notieren.

Ellen ist so mutig, sich ihrer Angst zu stellen. Sie schreibt alles auf. Anna könnte unglücklich werden. Sie könnte schwanger werden, heimlich abtreiben und sich dabei eine Blutvergiftung zuziehen… Erst nachdem sie alle ihre Ängste aufgeschrieben hat, fällt ihr ein, dass diese auch viel mit ihrer Geschichte zu tun haben. Ellen hat sich als Teenager sehr unsicher gefühlt. Als sich ein Junge für sie interessierte, hat sie sofort mit ihm geschlafen. Es war kein schönes erstes Mal und hinterher hatte sie Angst, schwanger zu sein.

Frage: Was entlastet mich?
Wieso bin ich noch nicht bei 100 angelangt? Wie kommen die XX Prozent der Skala zustande, die bis 100 Prozent fehlen?

Ellen schreibt auf: »Anna ist ein selbstbewusstes Mädchen. Sie weiß viel besser als ich damals, was sie will. Außerdem ist sie aufgeklärt. Sie würde darauf bestehen, dass ihr Freund ein Kondom benutzt.« …

Frage: Was ist mein Fazit?
Wie gesagt, Ziel der Übung ist es nicht, die Angst wegzubekommen. Es kann sein, dass das Gefühl durch die Reflexion weniger wird, es muss aber nicht so sein.

Für Ellen hat sich das Angstgefühl etwas reduziert. Sie ordnet es nun bei 50 Prozent ein. Darüber hinaus ist ihr klar geworden, dass sie das Gespräch mit ihrer Tochter suchen will.

VERTRAUEN INS LEBEN

Damit wir der Angst etwas entgegensetzen können, brauchen wir einen gesunden Lebensoptimismus. Die rheinländische Weisheit »Et hätt noch immer jut jegange« bringt auf den Punkt, was uns im Umgang mit Angst stärkt. Ein grundsätzliches **Vertrauen ins Leben** ist Teil unserer Resilienz – unserer Belastbarkeit in widrigen Lebenssituationen. Ob wir dieses aufbringen können, hängt auch von unseren Bindungserfahrungen ab. Haben wir ein tiefes Urvertrauen in den ersten Lebensjahren im Zusammenleben mit unseren Eltern erworben, dann trägt uns das durchs Leben.

Dieses Vertrauen erstreckt sich auch dahingehend, dass unsere Kinder in Sicherheit sind.

Menschen mit Urvertrauen bauen eher darauf, dass es »schon irgendwie gut gehen wird« – bei sich selbst und ihren Töchtern und Söhnen. Sie fühlen sich in der Welt sicherer als solche ohne Urvertrauen. Aber was tun jene? Sie haben es zugegebenermaßen schwerer. Doch es ist nicht unmöglich, auch im späteren Leben noch Urvertrauen aufzubauen. Du kannst deines damit füttern, indem du dir bewusst machst, was bislang in deinem Leben gut gelaufen ist und wofür du dankbar sein kannst, indem du dir also eine kleine **Erfolgsbiografie** erstellst. Die nächste Reflexionsinsel hilft dir bei der Suche nach deinen Erfolgen.

REFLEXIONSINSEL: DAS GEGENGIFT ZUR ANGST

Die folgenden Fragen können dir dabei helfen, deine bisherigen Erfolge auszuloten und dadurch Vertrauen ins Leben zu gewinnen. Dabei sind nicht nur die großen Erfolge, wie zum Beispiel das Bestehen einer Prüfung, gemeint, sondern auch die kleinen Dinge, zum Beispiel, dass du einen Apfelkuchen bäckst, der allen Familienmitgliedern ausgezeichnet schmeckt, oder dass du zusammen mit deinen Kindern ein Zelt aufgebaut hast. Vielleicht eher entsprechend der Erfolgsdefinition des US-amerikanischen Philosophen Ralph Waldo Emerson (1803–1882): »Erfolg im Leben zu haben bedeutet: Oft und viel zu lachen; die Achtung intelligenter Menschen und die Zuneigung von Kindern zu gewinnen; die Anerkennung aufrichtiger Kritiker zu verdienen und den Verrat falscher Freunde zu ertragen; Schönheit zu bewundern, in anderen das Beste zu finden; die Welt ein wenig besser zu verlassen, ob durch ein gesundes Kind, einen bestellten Garten oder einen kleinen Beitrag zur Verbesserung der Gesellschaft; zu wissen, dass wenigstens das Leben eines Menschen leichter war, weil du gelebt hast – das bedeutet, nicht umsonst gelebt zu haben.«

- *Welche guten Erfahrungen habe ich schon gemacht?*
- *Worauf bin ich stolz? Wofür bin ich dankbar?*
- *Welche Hindernisse habe ich in meinem Leben schon überwunden?*
- *Wo ist etwas in meinem Leben unerwartet gut gegangen?*
- *Welche Zu-fälle waren gut für mich?*
- *Was habe ich erreicht?*
- *Wer hat mich unterstützt? Welche Helfer hatte ich?*
- *Wem konnte ich helfen?*
- *Was mache ich als Mutter oder Vater gut?*
- *Welche Stärken haben meine Kinder?*
- *Wo kann ich ihnen vertrauen?*
- *Welchen Beitrag habe ich dazu geleistet, dass sie tolle Menschen sind?*

Die Schätze aus unserer Erfolgsbiografie helfen uns, eine gewisse innere Stärke aufrechtzuerhalten, sodass wir angesichts von Sorgen nicht komplett umfallen, sondern wissen: »Dem kann ich etwas entgegensetzen.«

Doch was passiert, wenn wir die Kinder größer machen, als sie sind, sie zu früh oder zu sehr in die Autonomie schubsen?

»DU SCHAFFST DAS SCHON«: ZUGEMUTETE AUTONOMIE

Autonome Eltern, die sich als Kind oft bevormundet und eingeengt gefühlt haben, hegen häufig auch als Erwachsene einen großen Freiheitswunsch. Sie neigen dazu, ihre Kinder manchmal größer zu machen, als sie sind. Um in dem Bild vom Nest zu bleiben, schubsen sie ihre Kinder manchmal zu früh hinaus. Sie schieben ihre Kinder geradezu in die Selbstständigkeit, oft mit dem (meist unbewussten) Wunsch, wieder »frei« zu sein für das eigene Leben. Wer als Vater oder Mutter tief in seinem Inneren glaubt: »Ich kann mich erst wieder frei fühlen, wenn du groß bist«, wird immer unter Druck stehen, sein Kind schnell groß zu kriegen. Im Schattenkind dieser Eltern sind die Pole Bindung und Autonomie nicht ausbalanciert. Freiheit und Zusammengehörigkeit scheinen sich zu widersprechen. Sie fühlen sich entweder frei *oder* zugehörig.

Vielleicht magst du zur Unterstützung noch einmal in das Kapitel Selbstfürsorge ist Fürsorge *ab Seite 128 schauen.*

Falls du dich hier wiederfindest, wäre es für dich gut, von Anfang an die kleinen »Freiheitsmomente« auszuloten, die dir möglich sind. Überleg dir, was dazu beitragen könnte, dass du dich »trotz der Kinder« frei fühlst.

Vielleicht kannst du dich noch an Karina und Tom erinnern? Bei ihrem Versuch, anspruchsvolle Berufe und zwei Kinder unter einen Hut zu bringen, haben sie das Bindungsbedürfnis ihrer Kleinen übersehen und ihnen zu viel Autonomie zugemutet. Karina und Tom sind kein Einzelfall. Schlechte Rahmenbedingungen wie prekäre Beschäftigungsverhältnisse, fehlende Kinderbetreuungsangebote, Mobilitätsanforderungen und die Entgrenzung von Arbeitszeiten – dies alles trägt dazu bei, dass der Zeitplan vieler Familien »auf Kante genäht ist«. Die Kinder *müssen* funktionieren, sonst bricht das sorgfältig ausgeklügelte System zusammen. Auch berufstätige Alleinerziehende können ein Lied davon singen, wie streng ihr Alltag durchgetaktet ist.

So wie es einen Trend zum Helikoptern gibt, gibt es auch einen zum frühen Schubs des Kindes aus dem Nest. Legen Eltern ihren Schwerpunkt auf die maximale berufliche Weiterentwicklung beider Partner, kippt die Balance manchmal in Richtung von zu viel Autonomie.

Der Soziologe Tillmann Allert weist darauf hin, dass der Vereinbarkeitsdruck von Familie und Beruf dazu führt, dass die frühe Selbstständigkeit zum Erziehungsideal geworden ist und dass ein Feststecken oder gar Rückschritte in der kindlichen Entwicklung deshalb nicht hingenommen werden. »Weiter-weiter. Schneller-schneller.« So treiben wir unsere Kinder oft an und übersehen dabei, dass diese ihre eigene Zeit haben. Gras wächst auch nicht schneller, wenn man daran zieht.

»DU BIST DER BOSS«: ÜBERTRIEBENE MITBESTIMMUNG

Kinder sollen durchaus in Entscheidungen einbezogen werden. Aber: Die Entwicklung des Kindes sollte der Taktgeber dafür sein, welche Dinge es alleine macht und welche Entscheidungen es selbst trifft. Wenn Sabrina zu ihrem Sohn Leo (vier Jahre) sagt: »Leochen, sag du doch, ob wir am Wochenende zur Oma fahren sollen«, überfordert sie ihn beispielsweise komplett. Je älter die Kinder sind, umso mehr dürfen sie mitentscheiden. Aber Leo mit seinen vier Jahren ist zu jung, um für sich und seine Mutter das Wochenende zu planen. Er kann noch gar nicht überblicken, wie lange dieses dauert, wie weit der Weg zur Oma ist und ob dieser ein Besuch überhaupt zuzumuten ist. Hier müsste ganz klar die Mutter entscheiden.

Eltern, die häufig Entscheidungen in die Hände ihrer Kinder legen, welche sie eigentlich selbst treffen müssten, haben vielleicht als Kinder erlebt, wie immer wieder über ihren Kopf hinweg entschieden wurde. Im eigenen Schattenkind ist der Glaubenssatz verankert: »Meine Meinung zählt nicht.« Deshalb fassen sie den Entschluss: »Meinen Kindern soll das nicht passieren. Sie sollen von Anfang an das Gefühl haben, wichtig zu sein.« Es kann auch sein, dass Eltern ihre Töchter und Söhne entscheiden lassen, weil sie so denken, Konflikte zu vermeiden, oder weil sie unsicher sind. In all diesen Fällen scheint es dann vielleicht auf den ersten Blick, als würden sie den Kindern besonders viel zutrauen – aber eigentlich halten sie sich nur ihre eigenen Kindheitssorgen und Schattenkindanteile vom Leibe.

Welche Tiefe von Mitbestimmung ist richtig? Soziologen beobachten einen Wandel in den Erziehungsvorstellungen seit den 60er-Jahren des letzten Jahrhunderts – und damit auch eine Veränderung des Blicks auf die Mitbestimmung von Kindern. Das Modell der »Verhandlungsfamilie«, in der miteinander ausgehandelt wird, was man gemeinsam tut und wie man sich untereinander verhält, setzt sich zunehmend durch. Im Gegensatz dazu gibt es immer weniger »Befehlsfamilien«, in denen sich Eltern mit Macht durchsetzen – gleich, wie alt die Kinder sind.

In Befragungen zeigen Jugendliche ihre Zufriedenheit mit der eher liberalen Erziehung. Fast drei Viertel von ihnen würden ihre Kinder so großziehen, wie sie selbst erzogen worden sind.[25]

Insofern ist es gut, wenn du dein Kind an Entscheidungen beteiligst. Schwierig wird es lediglich, wenn du seine entwicklungsbedingten Begrenzungen aus den Augen verlierst wie die Mutter von Leo. Auch wenn sich die Kinder vielleicht kurzfristig an der Wichtigkeit freuen, die ihnen eingeräumt wird, wollen sie Kinder sein. Und das bedeutet, dass der Erwachsene die Richtung oder zumindest den Rahmen vorgibt. Er bleibt in der Verantwortung. Durchblicken Kinder die Verdrehung der Verhältnisse, sagen sie etwa: »Das musst du doch wissen – du bist die Mama/der Papa.« Das ist eine gesunde Reaktion, durch die die Rollenzuteilung wieder geklärt ist.

REFLEXIONSINSEL: KLARE ROLLENVERTEILUNG

Lass dein Kind keine Entscheidungen treffen, für die es noch zu klein ist. Du überforderst deinen Sohn oder deine Tochter damit. Damit du wieder beurteilen kannst, bei welchen Entscheidungen dein Kind mitsprechen darf und wo du ihm zu viel Entscheidungsspielraum zumutest, brauchst du Rollenklarheit. Mit der folgenden Übung kannst du diese oft wiederherstellen.
Sage dir innerlich:
»Ich bin die Mutter/der Vater und du bist das Kind.«
Dadurch vergegenwärtigst du dir, dass du als Vater oder Mutter, bei aller Partnerschaftlichkeit, die Verantwortung trägst.

Kinder brauchen einen geschützten Raum, in dem sie Kinder sein dürfen. Wenn sich zwischen Kindern und Eltern die Rollen umkehren, ist dieser Schutzraum unter Beschuss.

»MIR WIRD DAS ALLES ZU VIEL«: VERWEIGERUNG VON VERANTWORTUNG

Fast alle Mütter oder Väter kennen das Bedürfnis nach einer Auszeit aus dem Erziehungsalltag – einfach mal die Tür zuziehen und tschüss. Für ein paar Stunden nicht an tausend Familiendinge denken und die Verantwortung ablegen. Das ist völlig normal – und es ist auch gut, wenn du dir diese Auszeiten gönnst, um Kraft zu schöpfen. Schwierig wird es für ein Kind allerdings, wenn seine Eltern regelrecht die Verantwortung verweigern. Isa erinnert sich: »Der Standardsatz meiner Mutter war: ›Ach, wie soll ich das nur schaffen?‹« Als Kind hatte Isa deshalb immer das Gefühl, sie müsse ihr alle Schwierigkeiten ersparen, um sie bloß nicht zusätzlich zu belasten. Wenn ein Kind die Botschaft bekommt: »Du bist eine Zumutung«, fängt es oft an, auf Zehenspitzen zu gehen. Es tut alles dafür, dass Mama oder Papa sich nicht so belastet fühlt. Gerade kleinere Kinder sind sehr eng mit der Gefühlswelt ihrer Eltern verbunden. Sie denken dann nicht: »Die Mama/der Papa hat ja derzeit wirklich viel um die Ohren«, sondern sie übernehmen die Verantwortung für die Befindlichkeit des Elternteils. Die Eltern-Kind-Beziehung gerät dadurch in eine Schieflage. Weil der Erwachsene sich (zeitweise) aus der Verantwortung stiehlt, übernimmt das Kind mehr davon, als ihm guttut. Isa ist als Siebenjährige jeden Morgen schon früh aufgestanden, um das Haus aufzuräumen. Sie dachte: »Wenn alles schön ordentlich ist, wird es der Mama besser gehen.« Ihr Plan ist nicht aufgegangen. Die Mutter hätte sich mit ihrem Schattenkind auseinandersetzen müssen, um sich besser und weniger belastet zu fühlen. Ganz gleich, wie ordentlich oder unordentlich die Wohnung war – Isas Mutter fühlte sich noch genauso überlastet wie zuvor. Für das Kind war dies eine Riesenenttäuschung.

Kommt es sehr häufig vor, dass Kinder ihre Eltern beraten und geradezu bemuttern, spricht man von Parentifizierung – einer (dauerhaften) Rollenumkehr der Eltern-Kind-Beziehung.

Wenn Eltern ständig signalisieren, dass sie sich überfordert fühlen oder sogar die Erziehungsverantwortung zeitweise verweigern, gehen die Kinder in die Verantwortung und übernehmen die Elternrolle. Diese Verdrehung der Rollen läuft bei allen Beteiligten unbewusst ab. Tendenziell sind es eher die autonomen Eltern, denen alles über den Kopf wächst. Für sie bedeutet das ständige »In-Beziehung-Bleiben« mit der Familie eine größere Kraftanstrengung. Vernachlässigen sie über längere Zeit ihr Autonomiebedürfnis, fühlen sie sich richtiggehend eingesperrt und würden manchmal am liebsten fliehen.

Würdest du auch manchmal gerne alles hinschmeißen? Bestimmt lautet deine Antwort: »Ja, würde ich.« Unabhängig davon, ob du dich eher als autonom oder angepasst eingestuft hast.

Bitte denke daran: Das ist normal. Wenn du deinen Fluchtimpuls *rechtzeitig* wahrnimmst, ist alles gut. Dann kannst du auch zur rechten Zeit dafür sorgen, dass dein Bedürfnis nach Auszeit und Entlastung erfüllt wird. Nimm dieses ernst und kümmere dich darum, dass du ab und zu rauskommst aus dem Familienalltag mit all seinen Verantwortlichkeiten.

REFLEXIONSINSEL: WENN KINDER ZU VIEL VERANTWORTUNG ÜBERNEHMEN

1. ***Überlege genau, was dein Sohn oder deine Tochter seinem/ihrem Alter entsprechend leisten kann.***
   Das ist oft eine Gratwanderung. Es ist gar nicht leicht zu entscheiden: Was kann ich meinem Kind zutrauen? Welche Pflichten kann es altersangemessen übernehmen? Und wo fängt die Überforderung an? Wenn Eltern ihren Kindern alles abnehmen, dann können sich diese nicht beweisen. Ihr Selbstwertgefühl und ihre Lebenskompetenz leiden darunter. Muten Väter und Mütter ihnen hingegen zu viel Erwachsensein zu, wird das jene sehr oft psychisch beeinträchtigen. Versuche auszuloten: Welche Aufgaben und Pflichten kann mein Sohn oder meine Tochter altersgemäß gut bewältigen? Wo überfordere ich ihn oder sie?

2. ***Der Grund für die Überforderung der Kinder ist ja oft die eigene:*** *Solltest du dich wirklich überfordert fühlen, überlege, wo und von wem du Hilfe bekommen kannst. Gerade Alleinerziehende bekommen oft zu wenig soziale Unterstützung und müssen sich daher noch aktiver um Angebote bemühen.*

Sollte dir niemand einfallen, der dich unterstützen kann, wird es höchste Zeit, dass du Netzwerke knüpfst. In vielen Städten gibt es Müttercafés oder Alleinerziehendentreffs. Die können eine gute Anlaufstelle sein. Manchmal ist auch eine Mutter-Kind-Kur das Richtige, um durchzuatmen und wieder in seine Kraft zu kommen.

Für die Kinder ist es gut, wenn sie weder zu groß noch zu klein sein müssen. Dann können Flügel wachsen und der erste Flug kann vorbereitet werden. Eltern werden zu Fluglehrern, wenn sie die Autonomie ihrer Kinder fördern.

KRAFTQUELLEN: ZUTRAUEN UND ERMUTIGEN

Kinder können ihre Autonomie nur dann entwickeln, wenn wir ihnen etwas **zutrauen**. Vielleicht kann man es sogar noch etwas zuspitzen: Sie können nur selbstständig werden, wenn wir ihnen etwas zumuten. Wer Aufgaben – besonders knifflige – bewältigt, geht daraus gestärkt hervor. Trauen wir unserem Kind zum Beispiel zu, dass es selbstständig am Nachmittag einen Freund besucht, anstatt hingebracht zu werden, festigt dies seinen **Selbstwert**. Auch wenn der Teenager mault, weil er seine Wäsche selbst waschen soll, so trainiert das seine Lebenskompetenz. Dabei ist es wichtig, die Fähigkeiten des Kindes im Auge zu behalten. Es soll sich weder unter- noch überfordert fühlen. Ein Beispiel: Katrin fehlen zwei Eier für den Pfannkuchenteig. Sie schickt ihre Tochter Lily (fünf Jahre) mit einem leeren Eierkarton zur Nachbarin, um sich zwei Eier zu borgen. Das Mädchen kommt freudestrahlend zurück. Die Nachbarin hat ihr nicht nur gerne die zwei Eier ausgeliehen, sondern auch noch

*Die Erfahrung, eine Herausforderung erfolgreich bewältigt zu haben, hinterlässt in uns das Gefühl von Kompetenz, die Psychologen auch als **Selbstwirksamkeit** bezeichnen.*

eine kleine Tüte Gummibärchen zugesteckt. Jetzt kann Lily zusammen mit ihrer Mama Pfannkuchen backen. Katrin hat vorausgesehen, dass Lily die kleine Aufgabe gut bewältigen kann. Ihre Tochter geht daraus gestärkt hervor. Der Weg zum Supermarkt hingegen wäre deutlich zu weit und zu gefährlich für die Fünfjährige gewesen.

Selbstwirksamkeit bedeutet, dass wir die Überzeugung aufweisen, etwas bewirken zu können. Das Gefühl, dem Leben und den Beziehungen nicht einfach ausgeliefert zu sein, sondern eingreifen, mitgestalten und kontrollieren zu können, stärkt das Selbstwertgefühl. Macht ein Kind regelmäßig die Erfahrung, dass es etwas bewirken kann, so können sich diese Erfolgserlebnisse zu einer inneren Überzeugung verdichten – zu dem Glaubenssatz: »Ich kann etwas bewirken« oder »Ich schaffe, was ich mir vornehme«. Man spricht hier auch von Selbstwirksamkeitserwartung. Wer viel davon besitzt, geht davon aus, dass er etwas bewegen und einen Beitrag in der Welt leisten kann. Eine stabile Selbstwirksamkeitserwartung hilft uns auch dabei, länger am Ball zu bleiben, also ausdauernder ein Ziel zu verfolgen und Rückschläge wegzustecken, weil wir an unseren Erfolg glauben. Stellen wir unseren Kindern also Aufgaben, die sie (mit Anstrengung) erfolgreich lösen können, stärken wir damit ihr Selbstwirksamkeitsgefühl und ihren Selbstwert. Sie spüren, ob wir ihnen zutrauen, dass sie eine Aufgabe bewältigen, oder ob wir sie dabei ängstlich beobachten: »Schafft er/sie es? Schafft er/sie es nicht?«

Gerade wenn unser Kind vor einer etwas kniffeligen Aufgabe steht, beispielsweise aufgeregt ist, weil es mit seiner Klasse ein Theaterstück aufführt, wäre es gut, wenn wir es nicht auch noch mit unseren Ängsten aus dem Schattenkind belästigen. Denn eigentlich braucht unser Sohn oder unsere Tochter jetzt, dass wir an ihn oder sie glau-

Hier kannst du, wenn du möchtest, im Abschnitt Du musst besser sein als ich *ab Seite 161 nachlesen.*

ben. Wir sollten unserem Kind den Rücken stärken, indem wir es **ermutigen**. Wobei eine gute Ermutigung keinen versteckten Plan hat. Sie sollte nicht dazu genutzt werden, etwas bewirken zu wollen. Wenn ich meinem Kind, das Lampenfieber hat, sage: »Ich weiß, dass du aufgeregt bist. Ich weiß aber auch, dass du gestern deinen Text wirklich gut konntest«, sollte ich damit den Wunsch verbinden, bei ihm den Glauben an seine Fähigkeiten zu stärken. Weniger hilfreich wäre es, wenn ich denke, es *muss* da gut performen. Ich *muss* meinen Sohn oder meine Tochter dazu kriegen, gut dazustehen. Um herauszufinden, welche Art der Ermutigung hilfreich ist, kannst du noch einmal dein **Sonnenkind** zu Rate ziehen. Rufe dir ins Gedächtnis, zu wem du früher gerne gegangen bist, wenn du Sorgen hattest oder wenn du von etwas besonders begeistert warst. Es waren sicherlich Menschen, die dir wohlgesonnen waren, die zugehört, dich freundlich angesehen und erkannt haben, was du gut machst. Vielleicht kannst du dich an das ein oder andere aufmunternde Lächeln oder unterstützende Zunicken erinnern. Ermutigung ist mehr als Loben. Ermutigen ist eine Haltungsfrage. Wir vermitteln unserem Kind: »So wie du bist, bist du gut genug! Ich traue dir zu, dass du mit den Aufgaben, die das Leben an dich stellt, gut zurechtkommst.«

EXKURS: PUBERTÄT – ZWEITE TROTZPHASE UND ENDE DER KINDHEIT

Wenn die ersten Trotzphasen im Kindesalter vorbei sind, atmen wir auf. Meist folgen dann einige Jahre, in denen es ruhiger zugeht. Doch dann kommt die Pubertät und die Autonomiebestrebungen unserer Kinder erreichen einen weiteren Höhepunkt. Aus Sicht der Heranwachsenden

Diese Phase ist relativ lang – ungefähr von 11 bis 21 Jahren dauert heutzutage die Pubertät, sagt man.

ist Pubertät die Zeit, in der Eltern schwierig, schrecklich und peinlich werden. Aus Sicht der Väter und Mütter verändern sich ihre Töchter und Söhne oft ebenfalls in eine Richtung, die sie so nicht vorhergesehen hatten. Die Kinder werden zu eigenständigen Menschen mit ihren Ansichten – und ihre erwachsene Seite wird immer sichtbarer. Aus Jungen und Mädchen werden in der Pubertät Männer und Frauen. Die Hormone sorgen für einen extremen körperlichen Umbau – und auch die Gehirne der Jugendlichen strukturieren sich in dieser Zeit in großen Teilen neu.

Die Kinder sind in dieser Zeit emotional verletzlich, impulsiv, risikobereit und in den Augen der Eltern oft genug auch unausstehlich. Wenn wir jetzt noch einmal die beiden Pole Bindung und Autonomie ins Licht rücken, wird klar, dass in der Pubertät die Autonomiebestrebungen eines Kindes einen Schub bekommen. Mancher Teenager grenzt sich knallhart von den Eltern ab und die Bindung scheint regelrecht abzubrechen. Eine Mutter erzählt: »Für mich war es schlimm, dass mein Sohn immer stiller geworden ist. An manchen Tagen haben wir nur noch ›Guten Morgen‹ und ›Gutsnächtle‹ gesagt und dazwischen gar nicht mehr miteinander geredet.« Manchmal geht die Ablösung vom Elternhaus auch lautstark vonstatten: »Ihr könnt mich mal«, schallt dann durch die Flure. Vor allem zu Anfang der Pubertät befinden sich manche Kinder in einem Wechselbad der Gefühle. Es gibt einerseits ein großes Nähebedürfnis: »Meine vierzehnjährige Tochter hat sich auf meinen Schoß gesetzt und sich an mich gekuschelt.« Andererseits sollen die Eltern da bleiben, wo der Pfeffer wächst: »Mama, du nervst.«

Eine gute Begleitung der Teenager erfordert, dass Eltern einerseits loslassen und andererseits in Beziehung bleiben.

Das ist eine Herausforderung. Doch es gelingt umso besser, je mehr Mütter und Väter ihr eigenes Bindungs- und Autonomieverhalten geklärt haben. Wenn etwas in der Pubertät richtig schiefläuft, dann liegt es meist daran, dass es den Eltern nicht gelingt, eine gute Balance von Bindung und Autonomie im Kontakt mit ihrem Kind zu leben.

Angepasste Eltern haben manchmal richtigen Liebeskummer, wenn sich ihr Kind freikämpft, und Angst davor, dass die Beziehung »kaputt« gehen könnte. Sie bemühen sich dann vielleicht besonders, um die Beziehung in Gang zu halten: »Ich habe regelrecht um ihre Aufmerksamkeit gebettelt. Immer wieder stand ich im Türrahmen ihres Zimmers und habe versucht, mit ihr zu sprechen. Ich habe mit Herzchen verzierte WhatsApp-Nachrichten geschickt und gemeinsame Stadtbummel vorgeschlagen. Alles ohne Erfolg«, berichtet eine Mutter. Doch auch wenn die Kinder die Augen verdrehen, sind dies immerhin Beziehungsangebote, die dem Sohn oder der Tochter sagen: »Ich bin für dich da. Du bist mir nicht egal.«

Autonome Eltern hingegen lassen manchmal zu früh los und schauen womöglich nicht mehr so genau hin, was mit ihrem Kind passiert. Sie sagen zu ihrem Teenager vielleicht: »Du bist fast erwachsen. Mach doch, was du willst.« Dabei brauchen die jungen Erwachsenen ihre Eltern als Wegweiser. Denn die Teenagerzeit ist risikobehaftet.[26] Für diese Lebensphase ist es kennzeichnend, dass Gefahren unterschätzt und die eigenen Möglichkeiten überschätzt werden. Unter anderem deshalb liefern sich Jugendliche Autorennen, saufen sich ins Koma oder haben ungeschützten Sex. In den meisten Ratgebern bekommen Eltern einerseits zu hören, sie mögen sich entspannen und das Treiben gelassen aufnehmen, aber andererseits – und verwirrenderweise – sollen sie die Zügel nicht zu früh loslassen. Erneut ist die gute Balance aus Halt geben und Freiheit schenken gefragt.

Wenn alles gut läuft, ist die Pubertät eine Zeit der Auseinandersetzung, an deren Ende sich Eltern und Kinder als autonome Menschen gegenüberstehen, die immer noch miteinander verbunden sind.

AUTONOMIE SCHENKEN – LOSLASSEN KÖNNEN

Wenn wir wollen, dass unser Kind irgendwann einmal auf eigenen Beinen steht, müssen wir es loslassen. Das klingt banal, ist es aber nicht. Denn Loslassen erfordert von den Eltern, dass sie sich auch innerlich selbst ablösen, und das ist ein schmerzhafter Prozess. Eigentlich beginnt er vom ersten Tag an, wenn das Baby auf die Welt kommt: Der Säugling wird abgenabelt, Mutter und Kind entfernen sich körperlich voneinander. Das ist ein Moment der Trennung und im Lauf der Eltern-Kind-Beziehung kommen größere und kleinere Trennungen immer wieder vor: die erste Übernachtung bei Oma oder Opa, die Kita, die Schule, die erste Klassenfahrt, die erste Reise allein – der Auszug. Man sollte meinen, dass bis zum Tag des Auszugs Kinder und Eltern Trennung schon ganz gut geübt haben. Und doch ist es für Eltern oft schwer, das Kind ziehen zu lassen. So schwer, dass es einen eigenen Begriff dafür gibt, wenn die allein gelassene Mutter traurig zu Hause zurückbleibt: Empty-Nest-Syndrom.

Mütter sind davon häufiger betroffen, aber Väter sind davor nicht gefeit. Das Kind zieht aus und die Eltern bleiben alleine (im Nest) zurück.

Die Ablösung, der Abflug des Kindes setzt häufig einen Trauerprozess in Gang. Wir betrauern das Ende von etwas Gewesenem und betrauern oft das, was nicht gewesen ist. Vielleicht haben wir nicht mitbekommen, wie unser Kind sein erstes Wort gesagt hat, weil wir gearbeitet haben. Vielleicht wollten wir immer mit unseren Kindern Drachen steigen lassen, doch irgendwie ist es nie dazu gekommen.

Wenn das Kind das Haus verlässt, wird uns bewusst, was unwiederbringlich vorbei ist und was sich nicht nachholen lässt. Und manchmal schauen wir dann mit Wehmut zurück und wünschen uns, wir hätten manche Stunde mit unserem Kind bewusster erlebt. Wir sind fest davon überzeugt: Du solltest nicht bis zum Auszug deiner Kinder warten, um darüber zu sinnieren, was du alles gerne mit ihnen erlebt hättest. Mach dir lieber JETZT diese Gedanken. Denn: Oft hilft uns dieses Gedankenspiel, die Prioritäten im Hier und Jetzt richtig zu setzen oder auch neu zu justieren. Die nächste Übung gibt dir – ein bisschen wie die Werteübung am Anfang des Buches – Orientierung auf deinem Weg als Eltern. Außerdem macht sie Spaß.

REFLEXIONSINSEL: WENN DU AUSZIEHST – EINE ZEITREISE

Beame dich in der Fantasie zum Tag des Auszugs deines Kindes. Die Kisten sind gepackt, der Umzugswagen steht vor der Tür und ihr umarmt euch herzlich. Versetze dich so gut, wie es geht, in diese Situation und tu so, als ob alles gut läuft. Sogar sehr gut. Ihr verabschiedet euch vielleicht etwas traurig, aber doch in dem Gefühl, dass es so in Ordnung ist. Jetzt kannst du dich von dort aus selbst befragen – quasi rückblickend:

- *Was haben wir alles miteinander erlebt, das uns glücklich gemacht hat?*
- *Was verbindet uns?*
- *Wofür bin ich dankbar?*
- *Weshalb kann ich mein Kind gut gehen lassen?*

Die Antworten auf deine Fragen geben dir einen Hinweis darauf, was du jetzt bereits dafür tun kannst, damit du am Tag des Abschieds nicht von Reue oder Schuldgefühlen geplagt sein wirst.

WARUM ES NIEMALS ZU SPÄT IST, UM BESSERE ELTERN ZU WERDEN

Unsere Kindheit kann uns als Eltern beeinträchtigen. Und jeder von uns hat früh so manchen negativen Glaubenssatz entwickelt, weil unsere Eltern unsere Bedürfnisse nicht gut wahrnehmen oder beantworten konnten. Wir tragen diese psychischen Verletzungen aus der Kindheit als Schattenkind in unser Erwachsenenleben. Heilen wir nun unsere Wunden, wird uns dies als Eltern verändern.

Wenn wir für uns geklärt haben, wie wir gut mit Nähe (Bindung) und Freiheit (Autonomie) umgehen möchten, können wir leichter, flexibler und unbefangener auf unsere Kinder eingehen.

Dann macht uns der Trotzanfall unseres Vierjährigen nicht mehr rasend vor Wut – denn wir erkennen, dass es kein Angriff ist, sondern eine gesunde Abgrenzungsbestrebung eines sich entwickelnden Kindes. Und dann können wir mit unserem traurigen Sohn oder der Tochter mitschwingen, ohne ihm oder ihr eine Weltuntergangsstimmung anzudichten.

Möglicherweise bist du froh darum, dass du durch dieses Buch neue Impulse bekommen hast. Es mag aber auch sein, dass dich nun Schuldgefühle plagen. Vielleicht denkst du: »Hätte ich das nur eher gewusst. Dann hätte ich weniger Fehler gemacht.« Wir können uns gut in deine Situation hineinversetzen. Selbst Julia, die sich viel mit Kindererziehung auseinandergesetzt hat, würde heute manches anders machen. Wenn du dich also jetzt fragst: »Würde ich im Nachhinein mit meinen Kindern anders umgehen?« und die Antwort lautet: »Ja, würde ich«, dann gräme dich bitte nicht.

Es gibt vielleicht bestimmte Dinge, die du anders gemacht hättest. Aber es gibt sicher auch sehr viele Momente, in denen du eine großartige Mutter oder ein großartiger Vater gewesen bist. Sei nicht so streng mit dir, sondern vergegenwärtige dir, dass du das Beste getan hast, was dir möglich gewesen ist. Allein die Tatsache, dass du dieses Buch liest, zeigt, dass du Verantwortung für dich als Mutter oder Vater übernimmst. Du möchtest eine gute Beziehung zu deinem Kind haben und dir ist es nicht egal, wie es zwischen euch läuft. Martere dich also nicht mit Schuldgefühlen, sondern schau in die Zukunft. Nimm dein Schuldgefühl lediglich als Hinweis dafür, dass es etwas zu verbessern gibt, und dann lass es los. Nutze die nächste kleine und letzte Reflexionsinsel dieses Buches dafür, um festzuhalten, was du alles richtig und gut gemacht hast.

REFLEXIONSINSEL: MEINE STÄRKEN ALS MUTTER ODER ALS VATER

- *Was habe ich als Vater oder Mutter richtig gemacht?*
- *Was lernen meine Kinder von mir oder was haben sie von mir gelernt?*
- *Wann habe ich ihnen Nestwärme gegeben?*
- *Wann habe ich ihnen Freiheit geschenkt?*
- *Du kannst dir zusätzlich ausmalen, dass dein Kind dich ausgesucht hat, um bestimmte Dinge von dir zu lernen. Was könnte das sein?*

Sei bei der Beantwortung der Fragen nicht zu bescheiden. Oft empfinden wir unsere Stärken als derart selbstverständlich, dass wir sie gar nicht mehr erwähnen. Uns fällt dann gar nicht auf, dass wir etwas gut gemacht haben. Sollte dir selbst nicht viel einfallen, kannst du auch dein Kind oder deine Kinder, deinen Partner oder deine Partnerin oder eine gute Freundin beziehungsweise einen guten Freund dazu befragen. Du könntest dir oder anderen diese Fragen stellen: »Was mache ich als Vater oder Mutter gut? Welchen Beitrag leiste ich dazu, dass meine Kinder sich geliebt fühlen (Nestwärme)? Welchen Beitrag leiste ich dazu, dass sie freie und selbstständige Menschen sind (Flügel)?«

Jetzt hast du deine gute Ausgangsbasis und sicheren Boden unter den Füßen. Du wirst sehen: Vieles hast du gut und richtig gemacht. Schau von hier aus liebevoll darauf, was du alles tun kannst, um die Beziehung zu deinem Kind oder deinen Kindern zu verbessern. Von wenigen Ausnahmen einmal abgesehen: Deine Kinder warten darauf, dass du dich als Vater/als Mutter zeigst, ohne dass deine Schattenkindanteile sich leise und ungebeten dazwischendrängen. In diesem Buch gibt es viele Reflexionsinseln, mit denen du dein Schattenkind erkennen und heilen konntest.

Jede Veränderung im Inneren zieht eine Veränderung im Außen nach sich.

Vielleicht bist du durch sie nun fröhlicher, gelassener oder warmherziger? Kannst besser zuhören? Geduldiger eine Reaktion abwarten? Oder du kannst aus vollem Herzen und ohne Angst zu deinem Kind sagen: »Hab Spaß!« Selbst wenn deine Kinder schon erwachsen sind, kannst du dich ihnen auf eine neue Art und Weise nähern.

Solltest du deine Tochter oder deinen Sohn in der Vergangenheit verletzt haben, ist jetzt der Zeitpunkt, um dafür die Verantwortung zu übernehmen. Einem älteren Kind kannst du erklären, was passiert ist. Du kannst ihm von deinem Schattenkind erzählen, dich entschuldigen und ihm eine neue Botschaft – einen besseren Glaubenssatz – mit auf den Weg geben. Dein Kind sehnt sich nach genau denselben Botschaften, die du auch früher gerne gehört hättest: »Du bist richtig, so wie du bist.

Ich bin stolz auf dich. Ich liebe dich …« (siehe hierzu auch *Tröste dein Schattenkind* auf Seite 119). Selbst wenn Kinder schon erwachsen sind, kann es für sie ungeheuer heilsam sein, wenn die Eltern einräumen, in ihrer Erziehung Fehler gemacht zu haben, und sagen: »Es tut mir leid!«

Auch jüngere Kinder profitieren davon, wenn du mit ihnen, in einfacheren Worten, über eure gemeinsame Geschichte sprichst. Es gibt sogar Hinweise darauf, dass Säuglinge von einer solchen liebevoll-erklärenden Ansprache profitieren, obwohl sie den Inhalt der Worte kaum verstehen können.[27]

Susanne, die zu ihrer Tochter Marie sagte: »Du bist zu dumm, um ein Loch in den Schnee zu pinkeln«, könnte ihr erklären, dass sie selbst als Mädchen diesen doofen Satz oft gehört hat und dass es ihr wirklich leidtut, dass ihr so ein Quatsch rausgerutscht ist. Sie könnte Marie stärken, indem sie ihr vielleicht den folgenden neuen Glaubenssatz mit auf den Weg gibt: »Du bist ein tolles Mädchen. Und das mit dem Rechnen bekommst du sicherlich gut hin.«

Wir sind davon überzeugt, dass alle Mütter und Väter davon profitieren, wenn sie ihr Schattenkind heilen – zunächst einmal für sich selbst. Doch da wir mit unseren Kindern verbunden sind, wie Teile an einem Mobile, wird sich unsere Heilung auch bei unseren Töchtern und Söhnen fortsetzen. Finden wir Halt in uns selbst, können wir diesen auch unseren Kindern geben. Fühlen wir uns frei, können wir ihnen Freiheit schenken: **Nestwärme, die Flügel verleiht**.

ANMERKUNGEN

[1] Rijt, Hetty van de und Plooij, Frans X. (1988). S. 33

[2] Bundesministerium für Familie, Senioren, Frauen und Jugend (Hrsg.) (2017). S. 16

[3] Bundesministerium für Familie, Senioren, Frauen und Jugend (Hrsg.) (2012). S. 14

[4] Widmer, Alexandra (3. Aufl. 2016). S. 199

[5] Jung, Carl-Gustav, zitiert aus Alt, Franz (1983). S. 114

[6] Sichler, Axel (2015). S. 55

[7] Angier, Nathalie (1999). S. 125

[8] Strüber, Nicole (2016). S. 208-209

[9] Bundesministerium für Familie, Senioren, Frauen und Jugend (Hrsg.) (2016). S. 11

[10] Bundesministerium für Familie, Senioren, Frauen und Jugend (Hrsg.) (2016). S. 16

[11] Grossmann, Karin und Grossmann, Klaus E. (2017, 7. Auflage). S. 134

[12] Quelle: http://www.faz.net/aktuell/gesellschaft/kriminalitaet/kriminalstatistik-2016-mehr-gewalt-gegen-kinder-15104827.html

[13] Programm Polizeiliche Kriminalprävention der Länder und des Bundes (Hrsg.) (2012). S. 28

[14] Hüther, Gerald (2010). S. 436-438

[15] Becker, Peter (2006). S. 235-236

[16] Brisch, Karl-Heinz (2010). S. 41

[17] Schulte-Markwart (2016)

[18] Nettle, David (2012). S. 209

[19] Dornes, Martin (2012). S. 315

[20] Grossmann, Karin und Grossmann, Klaus E. (2017, 7. Auflage). S. 209

[21] Lohaus, Arnold und Viehaus, Marc (2015, 3. überarbeitete Auflage). S. 214

[22] Quelle https://www.welt.de/wissenschaft/article172953205/Schulweg-Warum-Elterntaxis-der-Kindesentwicklung-schaden.html

[23] Unfallkasse NRW (Hrsg.) (2010). S. 15

[24] Limbourg, M. Mobilität im Kindesalter – an der Universität Duisburg-Essen: https://www.uni-due.de/~qpd402/alt/texte.ml/pdf/Mobilitaet_im_Kindesalter_06.pdf S. 3

[25] Deutsche Shell Holding GmbH, Hamburg (Hrsg.) (2015). Zusammenfassung

[26] Jensen, Frances E. (2016). Kapitel 6

[27] Eliacheff, Caroline (1994). Kapitel 1, ab S. 20

LITERATURHINWEISE

Allert, Tilman (2007). Zugemutete Autonomie – die frühe Kindheit in der Gegenwartsgesellschaft. In: Eggert-Schmid Noerr, Annelinde et al. (Hrsg.): Frühe Beziehungserfahrungen: Die Bedeutung primärer Bezugspersonen für die kindliche Entwicklung (Psychoanalytische Pädagogik). Gießen: Psychosozial-Verlag.

Angier, Nathalie (1999). Frau – Eine intime Geographie des weiblichen Körpers. München: C. Bertelsmann-Verlag.

Becker, Peter (2006). Gesundheit durch Bedürfnisbefriedigung. Göttingen: Hogrefe-Verlag.

Brisch, Karl-Heinz (2010). SAFE – Sichere Ausbildung für Eltern. Sichere Bindung zwischen Eltern und Kind. Für Schwangerschaft und erste Lebensjahre. Stuttgart: Klett-Cotta-Verlag.

Brisch, Karl-Heinz (2018). Bindungsstörungen. Von der Bindungstheorie zur Therapie. Stuttgart: Klett-Cotta-Verlag.

Bundesministerium für Familie, Senioren, Frauen und Jugend (Hrsg.) (2016). Väterreport 2016. Berlin: Publikation der Bundesregierung.

Bundesministerium für Familie, Senioren, Frauen und Jugend (Hrsg.) (2017). Familienreport 2017 – Leistungen, Wirkungen, Trends.

Bundesministerium für Familie, Senioren, Frauen und Jugend (Hrsg.) (2012). Alleinerziehend in Deutschland. Lebenssituationen und Lebenswirklichkeiten von Müttern und Kindern. Monitor Familienforschung. Beiträge aus Forschung, Statistik und Familienpolitik. Ausgabe 28.

Deutsche Shell Holding GmbH, Hamburg (Hrsg.) (2015). Flyer zur 17. Shell-Jugendstudie.

Dornes, Martin (2012). Die Modernisierung der Seele: Kind-Familie-Gesellschaft. Frankfurt: Fischer-Verlag.

Eliacheff, Caroline (1994). Das Kind, das eine Katze sein wollte. München: Verlag Antje Kunstmann.

Grossmann, Karin und Grossmann, Klaus E. (2017, 7. Auflage). Bindungen – das Gefüge psychischer Sicherheit. Stuttgart: Klett-Cotta-Verlag.

Hüther, Gerald (2010). Wertebildung: Ergebnisse der Hirnforschung und Konsequenzen für eine erfolgreiche Erziehung. In: Schule NRW 09/10. Seite 436-438.

Jensen, Frances E. (2016). Teenager-Hirn: Was in der Pubertät im Kopf Ihres Kindes los ist - Survival-Guide für geplagte Eltern. München: Goldmann-Verlag.

Jung, Carl-Gustav, zitiert aus Alt, Franz (1983). Das C. G. Jung Lesebuch. Ausgewählt von Franz Alt. Olten: Walter Verlag.

Limbourg, M., Flade, A. & Schönharting, J. (2000). Mobilität im Kindes- und Jugendalter. Opladen: Leske & Budrich.

Lohaus, Arnold und Viehaus, Marc (2015, 3. überarbeitete Auflage). Entwicklungspsychologie des Kindes- und Jugendalters für Bachelor. Berlin: Springer-Verlag.

Montessori, Maria (1999). Kinder richtig motivieren. Freiburg/Basel/ Wien: Verlag Herder.

Nettle, David (2012). Persönlichkeit. Warum du bist, wie du bist. Köln: Anaconda-Verlag.

Programm Polizeiliche Kriminalprävention der Länder und des Bundes (Hrsg.) (2012). Kinderschutz geht uns alle an. Gemeinsam gegen Kindesmisshandlung und Vernachlässigung. Eine Handreichung für Lehrkräfte, pädagogische Fachkräfte und Ehrenamtliche in der Kinder- und Jugendarbeit.

Reza, Yasmina. Kunst. (1994 in Paris uraufgeführt). Hanser-Verlag.

Rijt, Hetty van de und Plooij, Frans X. (1988). Oje, ich wachse! Von den 10 »Sprüngen« in der mentalen Entwicklung Ihres Kindes während der ersten 20 Monate und wie Sie damit umgehen können. München: Mosaik-Verlag bei Goldmann.

Schulte-Markwart, Michael (2016). Burnout-Kids. Wie das Prinzip Leistung unsere Kinder überfordert. München: Knaur-Taschenbuch-Verlag.

Sichler, Axel (2015). Die vaterlose Gesellschaft und ihre Folgen: Der Mangel an Vaterfiguren in der institutionellen Erziehung. Hamburg: Diplomica Verlag GmbH.

Stahl, Stefanie (2009). Jein – Bindungsängste erkennen und bewältigen. Hilfe für Betroffene und deren Partner. Hamburg: Ellert & Richter Verlag.

Stahl, Stefanie (2011). Leben kann auch einfach sein. Hamburg: Ellert & Richter Verlag.

Stahl, Stefanie (2014). Vom Jein zum Ja! Bindungsangst verstehen und lösen. Hilfe für Betroffene und ihre Partner. Hamburg: Ellert & Richter Verlag.

Stahl, Stefanie (2015). Das Kind in dir muss Heimat finden. Der Schlüssel zur Lösung (fast) aller Probleme. München: Kailash-Verlag.

Stahl, Stefanie (2017). Jeder ist beziehungsfähig. Der goldene Weg zwischen Freiheit und Nähe. München: Kailash-Verlag.

Strüber, Nicole (2016). Die erste Bindung. Wie Eltern die Entwicklung des kindlichen Gehirns prägen. Stuttgart: Klett-Cotta-Verlag.

Tomuschat, Julia (2016). Das Sonnenkind-Prinzip: Selbstliebe, Leichtigkeit und Lebensfreude wiederentdecken. München: Kailash-Verlag.

Unfallkasse NRW (Hrsg.) (2010). Prävention in NRW. Kinder unterwegs im Straßenverkehr.

Widmer, Alexandra (3. Aufl. 2016). Stark und alleinerziehend: Wie du der Erschöpfung entkommst und mutig neue Wege gehst. München: Kösel-Verlag.

Williams, Robbie (2017). Reveal. Enthüllungen. Reinbek bei Hamburg: Rowohlt-Verlag.

INTERNET-ABRUFE

http://www.faz.net/aktuell/gesellschaft/kriminalitaet/kriminalstatistik-2016-mehr-gewalt-gegen-kinder-15104827.html

https://www.welt.de/wissenschaft/article172953205/Schulweg-Warum-Elterntaxis-der-Kindesentwicklung-schaden.html

Limbourg, Maria. Mobilität im Kindesalter - an der Universität Duisburg-Essen: https://www.uni-due.de/~qpd402/alt/texte.ml/pdf/Mobilitaet_im_Kindesalter_06.pdf

REGISTER

IMPRESSUM

Projektleitung: Monika Rolle

Lektorat: Carola Kleinschmidt, Anna Cavelius

Umschlaggestaltung und Layout: independent Medien-Design, Horst Moser, München

Herstellung: Petra Roth

Satz: Uhl + Massopust, Aalen

Reproduktion: Medienprinzen GmbH, München

Druck und Bindung: C.H. Beck, Nördlingen

ISBN 978-3-8338-6725-5

3. Auflage 2019

Printed in Germany

Die GU-Homepage finden Sie unter www.gu.de

GRÄFE UND UNZER

Ein Unternehmen der GANSKE VERLAGSGRUPPE

Bildnachweis
Umschlag vorn: Stocksy. Vordere Innenklappe: iStockphoto. Umschlag hinten und hintere Umschlagklappe oben: Roswitha Kaster. Hintere Umschlagklappe unten: Gaby Gerster.

Syndication:
www.seasons.agency
Ein Unternehmensbereich der StockFood GmbH, München

Wichtiger Hinweis
Die Gedanken, Methoden und Anregungen in diesem Buch stellen die Meinung bzw. Erfahrung der Verfasserinnen dar. Sie wurden von ihnen nach bestem Wissen erstellt und mit größtmöglicher Sorgfalt geprüft. Sie bieten jedoch keinen Ersatz für persönlichen kompetenten pädagogischen/psychologischen Rat. Jede Leserin, jeder Leser ist für das eigene Tun und Lassen auch weiterhin selbst verantwortlich. Weder Autorinnen noch Verlag können für eventuelle Nachteile oder Schäden, die aus den im Buch gegebenen praktischen Hinweisen resultieren, eine Haftung übernehmen.

www.facebook.com/gu.verlag

QUALITÄTS G|U GARANTIE

LIEBE LESERINNEN UND LESER,
wir wollen Ihnen mit diesem Buch Informationen und Anregungen geben, um Ihnen das Leben zu erleichtern oder Sie zu inspirieren, Neues auszuprobieren. Wir achten bei der Erstellung unserer Bücher auf Aktualität und stellen höchste Ansprüche an Inhalt und Gestaltung. Alle Anleitungen und Rezepte werden von unseren Autoren, jeweils Experten auf ihren Gebieten, gewissenhaft erstellt und von unseren Redakteuren/innen mit größter Sorgfalt ausgewählt und geprüft.

Haben wir Ihre Erwartungen erfüllt? Sind Sie mit diesem Buch und seinen Inhalten zufrieden? Haben Sie weitere Fragen zu diesem Thema? Wir freuen uns auf Ihre Rückmeldung, auf Lob, Kritik und Anregungen, damit wir für Sie immer besser werden können. Und wir freuen uns, wenn Sie diesen Titel weiterempfehlen, in Ihrem Freundeskreis oder bei Ihrem online-Kauf.

Sollten wir Ihre Erwartungen so gar nicht erfüllt haben, tauschen wir Ihnen Ihr Buch jederzeit gegen ein gleichwertiges zum gleichen oder ähnlichen Thema um.

KONTAKT
GRÄFE UND UNZER VERLAG
Leserservice
Postfach 86 03 13
81630 München
E-Mail: leserservice@graefe-und-unzer.de

Telefon: 00800 / 72 37 33 33*
Telefax: 00800 / 50 12 05 44*
Mo–Do: 9.00–17.00 Uhr
Fr: 9.00–16.00 Uhr
(*gebührenfrei in D,A,CH)